国家社会科学基金重大项目（21&ZD185）资助

数字赋能生态产品价值实现研究

谢花林　陈倩茹　温家明　陈彬 ◎ 编著

中国财经出版传媒集团

经济科学出版社
Economic Science Press

·北 京·

图书在版编目（CIP）数据

数字赋能生态产品价值实现研究／谢花林等编著.
北京：经济科学出版社，2024.12. -- ISBN 978 - 7
- 5218 - 6555 - 4

Ⅰ. F124. 5

中国国家版本馆 CIP 数据核字第 2024G3A353 号

责任编辑：白留杰　凌　敏
责任校对：杨　海
责任印制：张佳裕

数字赋能生态产品价值实现研究

SHUZI FUNENG SHENGTAI CHANPIN JIAZHI SHIXIAN YANJIU

谢花林　陈倩茹　温家明　陈　彬　编著

经济科学出版社出版、发行　新华书店经销
社址：北京市海淀区阜成路甲 28 号　邮编：100142
教材分社电话：010 - 88191309　发行部电话：010 - 88191522
网址：www. esp. com. cn
电子邮箱：bailiujie518@ 126. com
天猫网店：经济科学出版社旗舰店
网址：http：//jjkxcbs. tmall. com
北京联兴盛业印刷股份有限公司印装
710 × 1000　16 开　20. 25 印张　320000 字
2024 年 12 月第 1 版　2024 年 12 月第 1 次印刷
ISBN 978 - 7 - 5218 - 6555 - 4　定价：78. 00 元
（图书出现印装问题，本社负责调换。电话：010 - 88191545）
（版权所有　侵权必究　打击盗版　举报热线：010 - 88191661
QQ：2242791300　营销中心电话：010 - 88191537
电子邮箱：dbts@ esp. com. cn）

前　言

　　每一次重大的科技进步与革命，都极大地促进了人类的发展。无论是科学共同体公认的科学理论的"范式"革命，还是改造客观世界的技术革命，抑或是生产方式改变的产业变革，无不演绎从思想启蒙到科学、到技术，再到生产的科技革命和产业变革的大循环，引发各学科领域的群发性、系统性突破，并在强大的经济社会需求的牵引下，驱动传统产业不断升级换代、新兴产业兴起和发展，从而使社会生产力实现周期性跨越式发展。

　　从古希腊建立系统的数学和逻辑、伽利略把实验方法系统引入物理学，到21世纪进入信息时代、互联网大规模普及的若干次科技革命，从人工取火、农业技术、机械工业技术、重化工业技术、信息技术到智能软硬件技术为引领的六次技术革命，从纺织工业、重化工业、高科技产业到大数字化科技产业的产业革命，若干次科技革命、产业变革迭代更新、殊途同归，在新一轮的数字革命中均呈现出以数据为生产要素的数字经济引领的趋势，引发社会制度、生活方式、发展方式的新一轮变革。

　　2024年6月24日，习近平总书记在全国科技大会、国家科学技术奖励大会、两院院士大会上的讲话中指出，当前，新一轮科技革命和产业变革深入发展，科学研究向极宏观拓展、向极微观深入、向极端条件迈进、向极综合交叉发力，不断突破人类认知边界。技术创新进入前所未有的密集活跃期，人工智能、量子技术、生物技术等前沿技术集中涌现，引发链式变革。以5G、物联网、云计算、大数据、区块链等为基础的数字技术，正是引发这场巨大变革的科技体的主要组成部分和技术基础。

　　我们正经历着人类有史以来发展最快的时代。党的二十大报告明确指出要加快发展数字经济，这是把握新一轮科技革命和产业变革新机遇的战略选择。2024年中共中央、国务院《关于加快经济社会发展全面绿色转型的意见》提出加快数字化、绿色化协同转型发展。推进产业数字化、智能化同绿色化的深度融合，深化人工智能、大数据、云计算、工业互联网等在电力系统、工农业生产、交通运输、建筑建设运行等领域的应用，实现数字技术赋能绿色转型。

生态产品价值实现涉及调查监测、价值评价、流转储备、经营开发、质量追溯、保护补偿等多个领域，覆盖生态农业、生态工业、生态服务业等多种业态，是保护和修复生态系统、治理和改善自然环境的需要，是充分发挥市场在生态保护和修复中作用的生动实践，是践行"绿水青山就是金山银山"理念的具体体现，是对人民日益增长的优美生态环境需要的积极回应，是促进经济社会全面绿色转型的重要途径。习近平总书记高度重视生态产品价值实现工作，多次强调良好的生态蕴含着无穷的经济价值，能够源源不断创造综合效益，实现经济社会的可持续发展。2021 年 4 月 26 日，中共中央办公厅、国务院办公厅印发实施《关于建立健全生态产品价值实现机制的意见》，提出加快完善政府主导、企业和社会各界参与、市场化运作、可持续的生态产品价值实现路径，对生态产品价值实现机制作出顶层设计。建立健全生态产品价值实现机制，是贯彻落实习近平生态文明思想、践行"绿水青山就是金山银山"理念的重要举措，对生态文明与美丽中国建设具有重要意义。数字技术作为生态产品价值实现机制建设的"动力源"和"加速器"，有助于优化统计核算、丰富经营业态、提高实现效率，破解制约生态产品价值实现的突出难题，为拓宽生态产品价值实现路径与模式提供技术支撑。

作为新一轮科技革命和产业变革的战略选择，数字经济具有高创新性、强渗透性、广覆盖性等特征，已经深入融合到经济社会发展各领域，成为我国经济绿色高质量发展的重要引擎。2024 年 6 月 30 日，国家数据局发布的《数字中国发展报告（2023 年）》显示，数字中国赋能效应更加凸显，数字生态文明成色更足，"空天地"一体化智慧环境监测系统建设步伐加快，数字孪生水利建设实现多个新突破。生态数据资源体系不断完善，空间数字基础设施建设步伐加快，数字生态文明治理体系不断完善，数字技术赋能绿色低碳转型成效明显，能源供给加快绿色化转型。数字经济赋能生态产品价值实现是把握第四次科技革命契机、实现绿色高质量跨越式发展的必然要求，同时也具备人才、技术、制度等软硬件方面的可行性。

我国正处于信息化与经济社会全面绿色转型的历史交汇期。生态产品价值实现促进"两山转化"、生态文明建设和绿色高质量发展的任务艰巨，还存在生态产品价值评估机制不够完善、生态资源交易不够活跃、生态产业能级还需提高、生态投融资渠道不够通畅等不足。叠加生态产品价值实现从试点和前期建设阶段转向全域推进这一转折期，如何克服这一时期可能存在的价值核算算力不足、供需匹配失衡、应用场景单一等问题，亟须引入数字技术以促进生态产品价值实现的提质增效、融合创新和迭代升级。

基于此，本书在系统梳理数字经济赋能生态产品价值实现的国内外相关研究进展、理论基础和逻辑辨析基础上，阐释数字赋能生态产品价值实现的路径选择、模式分区和赋能机理，解析数字赋能生态产品调查监测、价值评价、流转储备、经营开发、质量追溯、保护补偿、融资增信的关键技术、数字平台、应用场景和典型案例。本书共14章，各章主要内容如下。

第1章，绪论。首先，介绍研究背景与研究意义，并界定相关概念；其次，提出研究目标，提炼研究内容；最后，梳理技术路线。

第2章，国内外相关研究进展。在系统梳理数字赋能生态产品调查与监测、价值评价、流转储备、经营开发、质量追溯、保护补偿、融资增信研究现状的基础上，力求进一步的突破。

第3章，数字赋能生态产品价值实现的基础理论。对偏向型技术进步理论、诱致性技术创新理论、内生经济增长理论、技术创新理论、"技术—经济范式"理论、外部性理论进行阐释，并探讨上述理论对数字经济赋能生态产品价值实现的启示与应用。

第4章，数字赋能生态产品价值实现的内在逻辑。包括数字赋能生态产品价值实现的理论逻辑、价值逻辑、技术逻辑、现实逻辑及其之间的互动关系。

第5章，生态产品价值实现参与社会再生产的数字赋能机理。从社会再生产的视角，阐释生态产品参与生产、分配、交换、消费各环节的机理与路径。

第6章，数字技术赋能生态产品价值实现的路径选择。解析大数据、云计算、人工智能等数字技术助力生态资源变成生态资产、生态资产变成生态资本、生态资本变成资金、资金变成股金的路径。

第7章，基于数据赋能的典型区域生态产品价值实现模式分区。在深入剖析生态产品属性、特征和利用的基础上，提出生态系统调节服务产品的分析框架，建立生态系统调节服务评价模型，最后提出生态产品价值实现适宜性评价体系及主导实践模式分区方法。

第8章，数字技术赋能生态产品调查与监测。在解析"3S"、数字孪生等生态产品调查监测关键数字技术基础上，梳理生态产品信息云平台和生态产品监测预警平台等的基本架构和主要功能，分析数字技术在生态产品信息普查、生态产品信息动态监测和生态产品信息共享等生态产品调查监测场景中的应用，最后介绍了宿迁市自然资源三维立体时空数据库及管理系统建设等典型案例。

第9章，数字技术赋能生态产品价值评价。在解析大数据分析、物联网等生态产品价值评价关键数字技术基础上，梳理生态产品价值评价数据获取平台、生态产品价值核算平台和生态产品价值评价成果应用平台等的基本架构和主要功能，分析数字技术在大型活动碳核算、生态环境导向开发模式和生态环境损害赔偿测算等生态产品价值评价场景中的应用，最后介绍了深圳 GEP 核算系统助推高质量绿色发展等数字技术赋能生态产品价值评价的典型案例。

第10章，数字经济赋能生态产品流转储备。在解析区块链等生态产品流转储备关键数字技术基础上，梳理生态产品数据管理平台、生态产品数字化流转平台、生态产品储备管理平台等的基本架构和主要功能，分析数字技术在生态产品数据采集与监测、生态产品信息管理与共享、生态产品流转优化与市场拓展等场景中的应用，最后介绍衢州市常山县"两山银行"助力富民增收等典型案例。

第11章，数字经济赋能生态产品经营开发。在解析物质供给类、调节服务类、文化服务类生态产品经营开发关键数字技术基础上，梳理生态产品交易数字监管平台、生态产品价值核算数字平台、生态产品产学研合作共享平台、生态产品运营开发数字平台等的基本架构和主要功能，分析数字技术在生态产品开发生产、经营销售、市场服务等场景中的应用，最后介绍北京市平谷区数字经济引领生态产品经营开发等典型案例。

第12章，数字经济赋能生态产品质量追溯。在解析数字孪生、区块链、机器学习和数字脱敏技术等生态产品质量追溯关键数字技术的基础上，梳理数字化生态产品质量追溯平台的基本架构和功能，分析数字技术在生态环境导向开发模式质量追溯、生态农产品质量追溯和生态司法等追溯场景中的应用，最后介绍了六盘水生态产品质量追溯体系等典型案例。

　　第 13 章，数字经济赋能生态产品保护补偿。在解析物联网、人工智能等生态产品保护补偿关键数字技术基础上，梳理生态产品保护补偿数字化监测平台、价值核算平台、考核评估平台等的基本架构和主要功能，分析数字技术在生态产品保护补偿跨区域治理数字化、价值核算数字化、信用体系数字化等场景中的应用，最后介绍浙江省德清县数字赋能"青山有价"等地的典型案例。

　　第 14 章，数字金融赋能生态产品融资增信。在解析供应链金融技术等生态产品融资增信关键数字技术的基础上，梳理生态产品融资增信信息共享平台、数字化监管平台、产融合作平台等数字平台的架构和功能，分析数字技术在生态环境导向开发、生态信用体系构建、数据集成与智能画像等场景中的应用，最后介绍"智慧牧场景＋智慧畜牧贷"服务模式等典型案例。

　　本书得到国家社会科学基金重大项目《生态产品价值实现与乡村振兴的协同机制研究》、国家社会科学基金项目《生态产品价值实现促进共同富裕的利益联结机制研究》等项目资助。数字赋能生态产品价值实现是多领域、跨学科、宽边界的复杂研究，具有集成性、前沿性、复杂性与深刻性，本书引用了大量文献，在此对相关文献的作者们表示衷心的感谢和诚挚的谢意！由于作者学识有限，书中难免有错误与疏漏，恳请同行专家、学者不吝斧正。

　　江西财经大学应用经济学院（数字经济学院）吴倩、刘思雨、李映江、吕中校、曾宏鸿、潘晔涵、宋国伟、刘储敏、陈雨颖等参与了本书部分研究工作；黄凌豪、饶思敏、陈文通、潘依玲、曾宏鸿、吕中校、李映江、郑棱毓、吴倩、刘储敏、陈雨颖、邓辉锦等参与了书稿的校对工作，在此对他们表示衷心的感谢！

　　本书适合自然资源管理、生态经济学、人口资源与环境经济学、生态学、环境管理、数字经济、环境科学、计算机科学与技术、数据科学、软件工程、人工智能等专业的本科生和研究生阅读，也可以作为自然资源领域、信息管理领域政府管理人员和专业技术人员的参考用书。

谢花林等

2024 年 10 月

目　录

第1章 绪 论

1.1 研究背景

当前，新一轮科技革命和产业变革如火如荼、方兴未艾，以大数据、物联网、云计算、人工智能为代表的数字信息产业是这次产业技术革命的典型代表（姚毓春和李冰，2023），抢占数字经济发展新高地将成为生态文明时代我国实现高质量跨越式发展的历史新机遇。党的二十大报告指出，加快建设数字中国是中国式现代化的重要内容。《"十四五"数字经济发展规划》强调，要发挥数字经济在促进绿色发展方面的重要作用，利用数字经济赋能全社会各领域的绿色发展。2022年11月，中央网信办提出"数字化绿色化协同转型发展计划"。2023年2月，中共中央、国务院印发《数字中国建设整体布局规划》，要求"建设绿色智慧的数字生态文明，加快数字化绿色化协同转型"，这为数字赋能生态产品价值实现指明了方向（方洁和严飞，2023）。

数字经济时代的典型特征是社会再生产的数字化、信息化，基础是数据要素化和要素数据化。以人工智能、区块链、云计算、大数据、"互联网+"等为代表的数字技术，不再只是作为单一的技术规范或技术要素，而是作为社会再生产的核心资源（冯科，2022），与资本、劳动力等传统生产要素融合成为一股新的数字生产力，转换为中国经济发展新动能。

党的十八大以来，以习近平同志为核心的党中央把生态文明建设摆在新时代中国特色社会主义事业战略全局的突出位置（见图1-1）。生态产品价值实现机制是生态文明建设的重要抓手，是对绿水青山就是金山银山理念的积极实践，2021年4月，中共中央办公厅、国务院办公厅印发《关于建立健全生态产品价值实现机制的意见》，指出建立健全生态产品价值实现机制，是贯彻落实习近平生态文明思想的重要举措，是践行绿水青山就是金山银山理念的关键路径，是从源头上推动生态环境领域国家治理体系和治理能力现代化的必然要求，对推动经济社会发展全面绿色转型具有重要意义。2024 年党的二十届三中全会审议通过《中共中央关于进一步全面深化改革、推进中国式现代化的决定》指出，加快完善落实绿水青山就是金山银山理念的体制机制，再次强调"健全生态产品价值实现机制"。以高通用性、高渗透性、高共享性为特征的数字技术，可以有效破解生态产品价值实现中资源错配、时间错配、空间错配等难题（吴宸梓和白永秀，2023）。如何融合新型数据生产要素与传统生产要素，通过革新生产资料、巩固生态资产、增值生态资本强化生态产品供给能力、实现生态产品多维价值，数字赋能生态产品价值实现，是数字经济时代生态产品价值实现的重要命题。

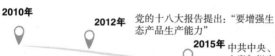

2010年
国务院印发《全国主体功能区规划》提出："把提供生态产品作为发展的重要内容"

2012年
党的十八大报告提出："要增强生态产品生产能力"

2015年
中共中央、国务院印发《生态文明体制改革总体方案》提出："树立自然价值和自然资本理念，自然生态是有价值的"

2017年8月
中共中央、国务院印发《关于完善主体功能区战略和制度的若干意见》确定江西、浙江、贵州和青海为生态产品价值实现机制试点

2017年10月
党的十九大报告进一步明确"提供更多优质生态产品以满足人民日益增长的优美生态环境需要"

2018年
习近平总书记在推动长江经济带发展座谈会上强调探索生态产品价值实现路径

2021年3月
"十四五"规划提出："建立生态产品价值实现机制，在长江流域和三江源国家公园等开展试点"

2021年4月
中共中央办公厅、国务院办公厅印发《关于建立健全生态产品价值实现机制的意见》，首次将"两山"理论落实到制度安排和实践操作层面

2022年10月
党的二十大报告进一步明确"建立生态产品价值实现机制，完善生态保护补偿制度，提升生态系统多样性、稳定性、持续性"

图 1－1　研究背景

基于此，本书在文献综述和理论梳理的基础上，阐释数字赋能生态产品价值实现的内在逻辑，解析生态产品价值实现参与社会再生产的数字赋能机理，辨析数字技术赋能生态产品价值实现的路径选择，实证探讨基于数据赋能的典型区域生态产品价值实现模式分区，并依次分析数字技术赋

能生态产品调查与监测、生态产品价值评价、生态产品流转储备、生态产品经营开发、生态产品质量追溯、生态产品保护补偿、生态产品融资增信的关键技术、数字平台、应用场景与典型案例。本研究旨在突破当下理论建构滞后于实践探索的困境，通过完善数字赋能生态产品价值实现从顶层设计到底层逻辑的贯通式理论与实践分析框架，促进数字赋能生态产品价值实现从学理认知到实践应用的转化，这对于加快数字技术与自然资源管理的深度融合，以及生态产品价值实现的智慧化水平提升具有积极作用。

1.2　研究意义

1.2.1　理论意义

（1）提升生态产品价值实现的效率和效果：数字技术通过提高生态环境治理的精准性和有效性，有助于提供优质生态产品，实现生态资源的智慧化、可视化管理。这为解决度量难、交易难等问题提供了新思路，提高了"绿水青山"向"金山银山"转化的效率。

（2）推动经济社会全面绿色转型：建立健全生态产品价值实现机制，是践行习近平生态文明思想的重要举措，对推动经济社会发展全面绿色转型具有重要意义。数字经济与绿色经济的协同发展，为可持续发展提供了新的理论支持。

（3）探索生态产品价值实现的新路径：数字经济能够通过多种方式赋能生态产品价值实现，如完善调查监测体系、增强价值核算效能、提升经营开发绩效等。这些新路径为解决生态产品价值实现的现实困境提供了理论指导。

1.2.2　实践意义

（1）促进生态产品的市场化：通过数字平台实现生态产品供需双方的高效精准匹配，拓展"两山"转化渠道，提升生态产品的市场竞争力。例如，丽水市利用数字经济赋能生态产品价值实现，打造了"丽水山耕"等区域公用品牌。

（2）推动绿色金融的发展：数字技术提升了绿色金融服务效率，创新了如"GEP 贷""两山贷"等金融产品，为生态产品价值实现提供了资金支持。这有助于破解生态产品价值实现的资金瓶颈。

（3）促进生态产品价值增值：数字化"两山"银行、碳汇交易平台等创新实践，推动生态资源资产化、资本化，实现生态产品价值的增值。

（4）优化政策制定与实施：数字技术提供的数据支撑使政策制定更加科学、合理，提高了政府决策效能。同时，实时监测与分析政策实施效果，及时调整优化政策方向。

综上所述，数字经济赋能生态产品价值实现不仅在理论上丰富了生态产品价值实现的路径和方法，而且在实践中取得了显著成效，为实现可持续发展目标提供了有力支撑。

1.3　概念界定

1.3.1　数字经济

"数字经济"这个名词首先是由美国学者唐·塔普斯科特（Don Tap-scott）于 1996 年在《数字经济：网络智能时代的前景与风险》中提出的，他认为数字经济是有关技术、智能机器的网络系统，将智能、知识及创新联系起来以促进财富及社会发展的创造性突破。这时的"数字经济"通常被认为是互联网经济或信息经济的代名词。同年，美国《商业周刊》（1996）首次提出"新经济"（new economy）概念，认为新经济是指以信息技术和全球化为基础的经济形态，也称知识经济，具有高增长率、低通胀率和低失业率的特征。1998 年，美国商务部发布了一份名为《新兴的数字经济》（the emerging digital economy）的报告，该报告认为数字经济是电子商务及其赖以实施的信息技术产业之和。这一报告的发布标志着数字经济概念首次被纳入政府层面的正式文件中。

随后，国内外有不少学者和组织对数字经济的概念进行梳理和研究。布伦特·默尔顿（Brent Moulton，1999）认为数字经济包括电子商务、信息技术、信息通信技术基础设施等。美国学者金范秀（Beomsoo Kim，2002）提出数字经济的本质是"商品和服务以信息化形式进行交易"。博卡尔森（Bo Carlsson，2004）指出，数字经济比传统经济更关注新形式的产品和行为，把数字经济称为"新经济"。孙德林（2004）认为数字经济的本质是信息化。何枭吟（2011）提出数字经济是在知识的基础上，以数字技术为动力，从制造、管理和流通领域发展经济的新形态。内森南德·罗索（Nathanand Rosso，2012）强调由数字技术以及数字通信设备等投入带来的新的经济产出部分就是数字经济。经济合作与发展组织（OECD，2014）指出，数字经济是一个由数字技术驱动的、在经济社会领域发生持续数字化转型的生态系统，该系统至少包括大数据、物联网、人工智能和区块链。美国经济分析局（2016）认为数字经济由三部分构成，一是与计算机网络运行相关的数字化基础设施；二是基于网络实现商业往来的电子商务业务；三是由数字经济使用者创造和使用的数字媒体。英国议会下议院（2016）将数字经济视为以数字化形式交易商品和服务的经济形态。

随着信息技术、数字技术的不断进步，特别是云计算、物联网、大数据、人工智能等数字技术在经济社会各个方面的广泛应用，"数字经济"的概念被广泛接受（石满珍，2023）。G20 杭州峰会发布的《二十国集团数字经济发展与合作倡议》（2016）将数字经济定义为"以使用数字化的知识和信息作为关键生产要素、以现代信息网络作为重要载体、以信息通信技术的有效使用作为效率提升和经济结构优化的重要推动力的一系列经济活动"。这一定义得到普遍认可。从本质上看，该定义反映了技术革命带来生产力进步和生产方式变革，进而产生新的经济形态，实现人类经济发展不断高级化的过程，即数字经济是当代的先进生产力。中国信通院（2017）认为，数字经济是继农业经济、工业经济之后的更高级经济阶段，是以数字化的知识和信息为关键生产要素，以数字技术创新为核心驱动力，以现代信息网络为重要载体，通过数字技术与实体经济深度融合，不断提高传统产业数字化、智能化水平，加速重构经济发展与政府治理模式的新型经济形态。包括数字产业化和产业数字化两大部分。2019 年扩展到"三化"（"两化"+数字化治理）。2020 年扩展为"四化"（数据价值化 +"三化"），数字产业化和产业数字化是核心，数字化治理是保障，数据价值化是基础。中国信息化百人会（2017）认为，数字经济是以数字化信息为关键资源，以信息网络为依托，通过信息通信技术与其他领域紧密融合，形成了基础型、融合型、效率型、新生型、福利型五个类型的数字经济。2021 年 12 月国务院印发的《"十四五"数字经济发展规划》指出，数字经济是继农业经济、工业经济之后的主要经济形态，是以数据资源为关键要素，以现代信息网络为主要载体，以信息通信技术融合应用、全要素数字化转型为重要推动力，促进公平与效率更加统一的新经济形态。2021 年 5 月国家统计局发布的《数字经济及其核心产业统计分类 (2021)》对数字经济也给出了一个定义，"数字经济是指以数据资源作为关键生产要素、以现代信息网络作为重要载体、以信息通信技术的有效使用作为效率提升和经济结构优化的重要推动力的一系列经济活动"。综上可见，从 G20 峰会到国家统计局对数字经济的概念界定，其最主要的变化在于数字经济的关键生产要素由"使用数字化的知识和信息"变为"数据资源"（赵彤彤，2024）。由此可见，数字经济可以认为是以数据资源为关键要素，以现代信息网络为主要载体，以信息通信技术融合应用、全要素数字化转型为重要推动力，来实现效率提升和经济结构优化的一系列经济活动，它也是促进公平与效率更加统一的新经济形态。

1.3.2 生态产品

"生态产品"这一词最早由我国学者在 20 世纪 90 年代提出（任耀武和袁国宝，1992），与之相似的概念是 eco-label products（生态标签产品）和 ecosystem services（生态系统服务），其中，生态标签产品是指通过清洁生产、循环利用、降耗减排等途径，减少对生态资源的消耗生产出来的有机食品、绿色农产品、生态工业品等物质产品（张林波等，2019）；生态系统服务功能则强调自然生态系统及其物种所提供的能够满足和维持人类生活需要的条件和过程（Daily，1997）。由于生态产品与生态系统服务的同源性，有学者认为生态产品是生态系统服务的中国化表达（Farley & Costanza，2010；Wunder，2015；靳诚和陆玉麒，2021），也有学者将局部的生态系统服务理解为生态产品（如原材料等产品供给服务），或将提供生态系统服务的载体（如土地、水源等）定义为生态产品。整体上看，当前对生态产品的界定主要从价值论、功能论、形成方式、产品形态四个维度展开（陈辞，2014；黄如良，2015；潘家华，2020；王金南和王夏晖，2020；廖茂林等，2021；张林波等，2021）（见图 1-2），并根据供给属性、表现形态等分为不同的类型（见表 1-1）。

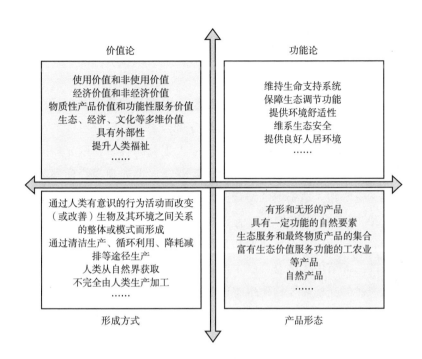

价值论

使用价值和非使用价值
经济价值和非经济价值
物质性产品价值和功能性服务价值
生态、经济、文化等多维价值
具有外部性
提升人类福祉
……

功能论

维持生命支持系统
保障生态调节功能
提供环境舒适性
维系生态安全
提供良好人居环境
……

通过人类有意识的行为活动而改变
（或改善）生物及其环境之间关系
的整体或模式而形成
通过清洁生产、循环利用、降耗减
排等途径生产
人类从自然界获取
不完全由人类生产加工
……

有形和无形的产品
具有一定功能的自然要素
生态服务和最终物质产品的集合
富有生态价值服务功能的工农业
等产品
自然产品
……

形成方式

产品形态

图 1 - 2 界定生态产品的四个维度

表 1 - 1   生态产品类型

生态产品分类	分类依据
生态物质产品、调节服务产品和文化服务产品	表现形态以及功能（沈辉和李宁，2021）
纯公共产品、公共资源生态产品、俱乐部生态产品、私人生态产品	竞争性与排他性
公益性产品、非公益性产品	经营性质（窦亚权等，2022）
自然要素类、自然属性类、生态衍生类以及生态标识类	供给属性（潘家华，2020）
公共性生态产品、准公共生态产品、经营性生态产品	生产消费特点（张林波等，2021；王金南等，2021）
市场生态产品、公共生态产品	生态产品销售的空间特点和品质优势（柴志春等，2020）

　　有别于生态标签产品或生态系统服务，生态产品不仅包括纯自然生产的生态系统服务，还包括人类参与与生产的产品，是包括生态设计产品、生态标签产品以及生态供给服务、调节服务、支持服务和社会服务等在内的一个连续的生态产品束（马涛，2012；黄如良，2015；沈茂英和许金华，

2017）。因此，本研究将生态产品定义为人类从自然界直接获取或经人类加工的具有物质供给、生命支持、环境改良和文化传承功能的产品与服务的集合（谢花林和陈倩茹，2022）。

与生态产品密切相关的一个概念是自然资本，它和生态产品在以物质产品和生态服务为表现形式这一方面具有重合之处，但自然资本是与人造资本相对应的概念，以人工林为例，形成人工林的种子、阳光、雨水及土壤中的营养成分是自然资本，但种植、抚育及虫害处理等管理服务是人造资本，自然资本与人造资本的结合产生了人工林这一生态产品（朱洪革和蒋敏元，2006）。自然资本本质上具有经济学中"资本"的属性与特征，而生态产品则是适应于市场交换和环境保护提出的概念。在生态产品参与社会再生产的环节中，生态产品生产能力的提升有赖于自然资本的良性运营，生态产品的交换需要构建生态产品的定价和付费机制，有赖于生态产品市场机制的有效运行，生态产品的消费则与其数量和质量密切相关。可以说，自然资本的良性运营是生态产品有效供给的前提和基础，而生态产品是自然资本参与物质和价值循环流动的主要形式，也是自然资本与其他生产要素相结合参与社会生产的一个主要方向（宋猛和刘伯恩，2021）。

1.3.3　生态产品价值实现

生态产品中凝结的无差别人类劳动，既包括生态产品的维护、经营、保护和治理投入，也包括为了保护生态产品而放弃的人类活动介入和发展等机会成本。人们有意识地保护和改造自然的过程就是生态产品凝结无差别人类劳动的过程，赋予了生态产品物质性产品价值和功能性服务价值。本研究所说的生态产品价值是生态产品为人类生存发展提供的物质性产品和功能性服务的价值之和。

学界对于生态产品价值实现的界定还不一致，主要从价值转化、价值转移、产品开发和利益调整等视角展开（见表1－2）。从价值转化来看，生态产品价值实现强调生态产品不同价值之间转化的过程；从价值转移来看，生态产品价值实现是引入市场机制挖掘自然资源内在价值的过程；从产品开发来看，生态产品价值实现强调通过开发利用自然资源并获得其经济价值；从利益调整来看，生态产品价值实现是生态保护过程中主体间利益关系的调整。

表 1-2　　　　　　　　　　　　生态产品价值实现的概念

视角	概念
价值转化	生态产品价值实现的实质就是生态产品的使用价值转化为交换价值的过程（张林波等，2021；王晓欣等，2023）
	生态产品价值实现的核心内涵是隐性生态产品价值的显性化（刘哲等，2022）
	生态产品价值实现的经济学本质就是生态系统生产总值（GEP）到国内生产总值（GDP）的转化过程（孔凡斌等，2022）
价值转移	生态产品价值实现本质上是一种市场交易，是生态产品供给者在市场中发现生态产品价值并实现生态产品价值的过程（靳乐山和朱凯宁，2020）
	生态产品价值实现，是基于多源数据作基础、多种技术为支撑、多项政策工具作保障而进行的市场化、半市场化的交易行为（杨锐等，2020）
	生态产品价值实现既是使用价值与价值在买卖双方之间相反方向的转移，也是一个完整的生产、分配、交换和消费的过程（庄贵阳和丁斐，2020）
	生态产品价值实现，是通过多种政策工具的干预真实反映生态产品的价值，通过已有或新建的交易机制进行交易，实现外部性的内部化，建立"绿水青山"向"金山银山"转化的长效机制（高晓龙等，2020）
	生态产品价值实现的本质在于发掘自然资源优势，利用市场化的手段将资源优势转化为产品优势以及实现其内在价值，将"绿水青山"转化为"金山银山"，促进生态产品价值实现（孙博文和彭绪庶，2021）
产品开发	生态产品价值实现是在生态优先的前提下，通过生态产业化和产业生态化的双向发力，培育社会经济发展新的增长点（高艳妮等，2022）
	生态产品价值实现是指在保证生态系统不受损害的前提下，人类通过建立创新政策、市场和技术机制来合理开发利用生态产品，为生态产品创造现金流，使其生态价值转化为经济效益的过程（林亦晴等，2023）
利益调整	生态产品价值实现的范畴是生态保护中利益主体之间利益关系的调整（王会等，2022）

　　2021 年 4 月，中共中央办公厅、国务院办公厅印发《关于建立健全生态产品价值实现机制的意见》，提出生态产品价值实现"保护优先、合理利用"的首要原则，本书基于此提出生态产品价值实现导向和价值构成（见图 1-3）。

　　结合生态产品价值实现保护和利用这两个导向，根据生态产品对维持环境健康完整性、人类生存福利重要性及受威胁程度（Mac Donald et al.，1999；De Groot et al.，2003），大气调节、遗传资源等生态产品的价值可视为保护优先价值，原材料、文化、娱乐等的价值可视为合理利用价值

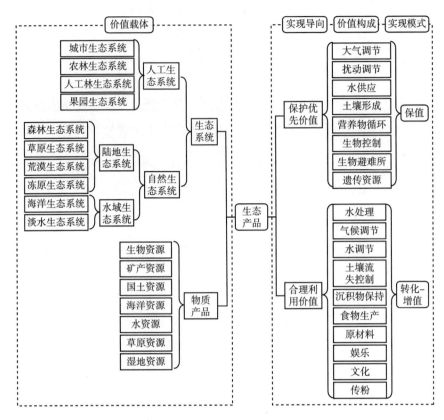

图1-3　生态产品价值构成

（Costanza et al.，1997）。其中，保护优先价值宜采用转移支付等价值实现方式，合理利用价值可采用市场化、产业化等方式。在条件变化时，保护优先价值可转化为合理利用价值；反之则相反。每一类生态产品价值也并不局限于保护或利用某一单一的价值实现导向，如大气调节的 CO_2/O_2 平衡价值在碳汇交易市场存在的条件下可转化为合理利用价值。从交换价值理解，无论是保护优先还是合理利用的生态产品，其价值实现都需要将其蕴含的物质性产品价值和功能性服务价值用科学的经济价值量进行衡量。有生态经济学家提出极端重要的关键自然资本价值无法用价格来衡量，因此对关键自然资本形成的生态产品进行货币价值核算是毫无意义的（Greenberg，1993）。然而，对关键自然资本形成的生态产品进行经济价值评价可以为生态补偿等保护方式提供依据，拓宽关键自然资本和生态产品的保护渠道。因此，生态产品价值实现可以理解为对生态产品进行保护与合理利用的过程，强调通过经济手段解决生态产品使用价值与价值的双向转化与环境保护问题；自然资源领域生态产品价值实现聚焦于土地、水、湿地、森林、草地、矿山、国家公园、海洋、农业资源等自然资源为载体的生态产品保护与利用过程，在自然资源载体的禀赋特征、保护利用模式等方面更具有针对性。在这一过程中自然资源领域生态产品的价值通过交换价值或环境改良等方式得到体现，其中运用生态补偿、市场交易等多种方式对自然资源领域生态产品的经济价值进行支付是价值实现的主要方式，运用经济价值对自然资源领域生态产品的保护成本或利用价值进行货币化表达是其中的关键环节（Wang，2016；Ma et al.，2020）。

1.3.4　数字经济赋能生态产品价值实现

在数字经济时代，以互联网、云计算、大数据和人工智能为代表的数字技术蓬勃发展，成为引领各行业各领域发展的新动能（魏成龙和郭诚诚，2021）。数字赋能是通过新一代数字技术的深入运用，对传统生产方式、管理方式、商业模式和服务模式进行创新和重塑（邬晓燕，2022）。数字技术是数字赋能的技术基础，目前的技术形态主要有人工智能、大数据、新媒体、区块链、云计算等。孙新波等（2020）完善了数字赋能的定义，认为数字赋能是指"特定系统基于整体视角创新数据的运用场景以获得或提升整体的能力，最终实现数据赋能价值的过程"。在微观层面上，数据要素及数字化生产方式具有低边际成本的显著优势，可以形成规模经济；数字化平台的出现带来了范围经济，可以最大化拓展经营范围，服务海量用户；数字化技术可以促进供需精准匹配，降低交易成本，提高资源配置效果和效率（丁志帆，2020）。李慧泉和简兆权（2022）认为，数字技术至少能够从降低企业成本和推动企业科技创新两个方面实现技术企业的资源配置效应。数字化技术通过广泛参与、精准匹配和价值共享机制实现企业供需双侧联动，实现要素驱动、融合激发、协同提升，促进结构优化和模式创新（刘启雷等，2022）。目前，关于数字赋能的研究已经开始广泛涉及商业、医疗、媒体、政务等不同领域（陈海贝和卓翔芝，2019）。

部分文献已经开始关注数字经济赋能生态产品价值实现的相关问题。杨凤华（2024）认为，数字技术在助推生态产品价值实现的过程中发挥着重要作用，其不仅能通过数字采集、计算与分析预测优化生态产品供给质量，借力数字创新与宣传提升生态产品价值溢价，还能够在一体化动态监控与多元联动协同中实现资源信息共享管理。部分学者指出，大数据赋能产品研发、生产、交换和消费可以促进农业生态产品价值实现（匡后权等，2023）；利用遥感、物联网、区块链等数字技术理清碳汇资源账本，可以促进碳汇生态产品价值实现（袁晓玲，2023）；利用区块链、大数据等技术赋能生态产品价值实现，可以构建生态资产加密数字货币化（王晓丽，2024），形成不同生态产品的价格形成机制、成本监审制度和价格调整机制，完善市场交易机制（刘耕源等，2020）。这些都说明数字经济赋能生态产品价值实现具有理论上的可靠性和实践上的可行性。

1.4　研究目的

（1）整理国内外数字经济赋能生态产品价值实现研究的成果和进展，借鉴国内外有益经验，系统归纳国内外数字经济赋能生态产品价值实现的基础理论，包括偏向型技术进步理论、诱致性技术创新理论、内生经济增长理论、技术创新理论、技术—经济范式理论以及外部性理论。

（2）梳理数字赋能生态产品价值实现的内在逻辑，包括理论逻辑、技术逻辑、价值逻辑和实践逻辑。完善数字赋能生态产品价值实现的逻辑体系。

（3）分析数字经济赋能生态产品价值实现参与社会再生产的数字赋能机理，包括"生产""分配""交换"和"消费"环节。为如何融合新型数据生产要素与传统生产要素，通过革新生产资料、巩固生态资产、增值生态资本强化生态产品供给能力、实现生态产品多维价值、数字赋能生态产品价值实现提供参考。

（4）阐释数字赋能生态产品价值实现的调查与监测、生态产品价值评价、生态产品流转储备、生态产品经营开发、生态产品质量追溯、生态产品保护补偿以及生态产品融资增信七个领域的关键技术、数字平台和应用场景，并结合典型案例进行解析，为数字赋能生态产品价值实现从顶层设计到底层逻辑的贯通式理论与实践研究提供思路。

1.5　研究内容

基于上述研究目标，本书主要内容如下：

（1）数字技术赋能生态产品价值实现的研究进展。结合数字技术赋能生态产品调查与监测、价值评价、流转储备、经营开发、质量追溯、保护补偿研究进展及融资增信相关研究进展，界定数字技术赋能生态产品价值实现的相关概念。

（2）数字赋能生态产品价值实现的基础理论。梳理国内外各类数字赋能生态产品价值实现的理论模型，介绍偏向型技术进步理论、诱致性技术创新理论、内生经济增长理论、技术创新理论、技术—经济范式理论、外部性理论等相关基础理论，为数字赋能生态产品价值实现研究奠定理论基础。

（3）数字赋能生态产品价值实现的内在逻辑。从理论、技术、价值、实践各个层面出发，阐述数字赋能生态产品价值实现的内在逻辑关联。

（4）生态产品价值实现参与社会再生产的数字赋能机理。设计以数字赋能生态产品"生产—分配—交换—消费"机制，依次解释生态产品参与社会再生产的数字赋能机理。

（5）数字技术赋能生态产品价值实现的路径选择。通过大数据、云计算、人工智能等数字技术助力生态产品价值实现中资源变资产、资产变资本、资本变资金、资金变股金，深入探索生态产品价值实现路径。

（6）基于数据赋能的典型区域生态产品价值实现模式分区。以江西省赣州市为研究区，依据生态调节服务的供给方式、作用范围及排他性特征，构建模式分区分析框架，对生态调节服务产品的空间分布特征进行评估，划分生态农业、生态工业、生态康养和生态补偿四种价值实现模式的适宜性等级。

（7）数字技术赋能生态产品调查与监测。包括数字赋能生态产品摸底调查、权属登记、信息普查，自然资源资产清查、确权登记、自然资源数字治理等内容。

（8）数字技术赋能生态产品价值评价。借助智能计算、卫星遥感等数字技术赋能价值核算，加强对生态环境数据的动态监测，建立整体联动、开放共享的生态产品价值数据库，实现生态产品价值的清晰量化，并以生态系统生产总值为核心构建评估体系，用核算结果指导生态产品价值有效变现、促进绿色经济发展。

（9）数字经济赋能生态产品流转储备。推动数字化平台建设，利用生态产品数字化交易平台和大数据与物联网技术应用，智能化管理仓储物流，通过数字平台赋能生态产品流转储备，推动生态产品的有效管理和高效利用。

（10）数字经济赋能生态产品经营开发。包括品牌打造、渠道拓展等，例如充分利用大数据、物联网等技术，建设生态产品经营开发大数据平台，坚持"分散输入、集中输出"，强化对生态资源的集中存储整合，精准匹配项目资源，推动生态产品经营开发高效化。

（11）数字经济赋能生态产品质量追溯。通过建设追溯系统，集成多源数据，利用区块链技术等确保信息的真实性和可信度，赋能生态产品质量追溯，提高生态产品的质量和安全性。

（12）数字经济赋能生态产品保护补偿。建立生态补偿数字化、智能化管理平台，统筹山水林田湖草沙系统管理，科学测算生态服务增量，研究制定符合我国实际的补偿计算方法与标准，以期建立生态补偿长效机制。

（13）数字金融赋能生态产品融资增信。利用数字孪生等技术，构建数字化融资平台，提供创新有效的融资模式，降低生态产品融资成本与融资风险，提高生态产品融资效率。

1.6　技术路线

首先分析数字经济赋能生态产品价值实现的研究背景和意义，在概念界定、文献梳理、理论阐释的基础上，构建数字经济赋能生态产品价值实现的逻辑体系，分析数字经济赋能生态产品价值实现的赋能机理，辨析数字技术赋能生态产品价值实现的路径选择，实证探讨数据赋能典型区域生态产品价值实现模式分区。随后依次介绍数字经济赋能生态产品价值实现在七个不同领域的具体应用。最后进行讨论并提出政策建议。技术路线如图1-4所示。

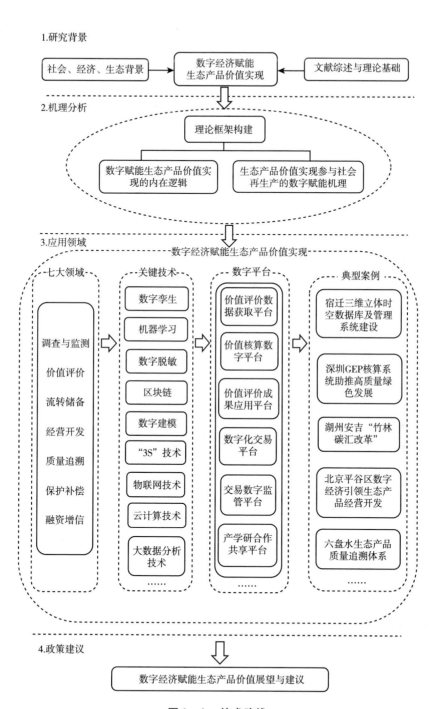

图1-4　技术路线

第2章　国内外相关研究进展

2.1　数字技术赋能生态产品调查与监测研究进展

建立生态产品调查监测机制，有利于明确自然资源产权和生态产品权益归属，形成生态产品基础信息和产品目录、实施动态监测，为生态产品价值实现提供支撑①。2024年3月，生态环境部制定了《关于加快建立现代化生态环境监测体系的实施意见》，要求以监测先行、监测灵敏、监测准确为导向，以更高标准保证监测数据"真、准、全、快、新"为目标，以科学客观权威反映生态环境质量状况为宗旨，健全天空地海一体化监测网络，加速监测技术数智化转型。目前，数字经济的蓬勃发展，大数据、物联网、云计算等数字技术在生态产品调查与监测领域的应用日益广泛，为生态产品价值的实现提供了强大动力和崭新路径。

随着生态文明建设与数字化进程的深入推进，部分学者对数字技术赋能生态产品调查与监测进行了初步的探讨与研究。高世楫（2021）指出，要建立生态产品基础信息调查和动态监测机制，打造开放共享的生态产品信息云平台，以夯实生态产品价值实现的基础。王晓丽等（2024）进一步聚焦森林生态产品，强调数字技术赋能森林生态产品调查与监测，需明确生态产品产权与底数，并依托对地监测技术、AI与大数据技术，构建动态监测数字化体系与信息云平台。杨凤华和王璇（2024）拓展了数字技术应用的边界，认为数字技术不仅能通过数字采集、计算与分析预测优化生态

---

① 中共中央办公厅，国务院办公厅. 关于建立健全生态产品价值实现机制的意见［EB/OL］.（2023－4－26）［2024－08－20］. https：//www. gov. cn/gongbao/content/2021/content_5609079. htm.

产品供给质量，借力数字创新与宣传提升生态产品价值溢价，还能够在一体化动态监控与多元联动协同中实现资源信息共享管理。唐萍萍和任保平（2024）主张利用大数据、物联网、区块链、云计算等技术，建立和完善生态资产数字化监测台账，以优化生态资产调查监测体系，跟踪掌握生态资产的种类分布、数量多寡、质量高低、功能特征、权益归属、保护与开发利用情况等信息，摸清中国生态资产的底数。数字技术已成为生态产品调查与监测的重要技术手段，学者们为数字技术赋能生态产品调查与监测的方向展开了初步构想，未来随着技术的不断进步和应用场景的持续拓展，数字技术在生态领域的应用前景将更加广阔。

目前，数字技术赋能生态产品调查与监测可以概括为以下几个方面：（1）提高数据采集效率和精度。利用遥感技术、物联网等数字技术，可以实时收集生态产品的数量、质量和分布等数据，并且高精度定位、高分辨率遥感等能极大提高监测的精度和分辨率，更准确地掌握生态产品的状态。例如，福建顺昌将遥感、地理信息系统（GIS）和互联网大数据等技术整合到森林资源数据库建设中，形成全县林地"一张网、一张图、一个库"数据库管理（王晓丽等，2024）。潘德寿等（2019）利用物联网技术、遥感技术、GIS 和云计算技术，构建了湿地生态实时监测与集成管理系统，能够为湿地公园提供生态监测数据实时获取、数据高效集成管理与生态监测信息可视化服务功能。（2）加强信息整合与分析。通过大数据和云计算技术，整合各类生态产品信息，进行深入分析，为生态产品价值核算和政策制定提供科学依据。陈贵珍等（2023）通过对自然资源大数据三维应用平台的设计，不仅实现海量空间数据的管理、三维数据全要素实时在线更新、三维 GIS 分析及应用，还涵盖了地上、地表及地下的三维空间建模和可视化展示等功能，为自然资源相关的三维数据生产、数据库建设、功能模块设计等提供支撑和保障。此外，宿迁市自然资源三维立体时空数据库及管理系统的建设，构建了满足调查监测、耕地保护、空间规划、执法监察、生态管控等多维应用场景，实现调查监测数据的汇总建库、立体展示、高效查询、灵活统计、实时分析。（3）实现动态监测。数字技术可以对生态产品进行持续的动态监测，及时跟踪掌握生态产品的产权、数量质量与开发等情况，为生态保护和资源管理提供及时信息。兰玉芳等（2021）利用中分卫星遥感技术对青海省试点县森林资源变化情况进行动态监测和实证研究，发现整体精度能够满足青海省森林资源高频次动态监管要求，可实现全省森林资源管理快速发现、精准核实和依法查处，提高森林资源过程监管效能。除此之外，丽水市构建生物多样性智慧监测网络和数字监管系统，实现了监测数据的实时查看、联网共享和自动生成生物多样性评价指数和监测报告。（4）促进信息共享。建立开放共享的生态产品信息云平台，加快生态产品信息流动，消除数据孤岛实现信息互联互通。兰玉芳等（2020）研究采用开源移动 GIS 和 WebGIS 技术，结合"互联网＋"与云计算技术成功构建了森林资源动态监测智慧云平台，成功实现了森林资源监测工作的全过程信息化，为改进森林资源动态监测工作工序提供了一种科学可行的思路。此外，福建率先在全国建成省级生态环境大数据生态云平台，通过打造"一平台、一中心、三大体系"，让海量数据跑起来、用起来，助力福建环境监管形成一盘棋、一本账，环境决策更高效、更精准、更智慧（赵雪等，2024）。

然而，目前数字技术在助力生态产品调查与监测中同样面临着一定困难。首先，生态产品动态调查监测数字技术支撑机制不完善，数字技术市场需求未有效激发（陈倩茹等，2023）。一是因为生态产品信息普查尚未完成，各类生态产品构成、数量、质量等底数不够清晰。二是因为生态产品动态监测制度尚未全面建立，生态产品数量分布、质量等级、功能特点、权益归属、保护和开发利用情况等信息零散分布在各相关部门，有待整合监测。其次，生态环境监测网络覆盖不够全面。我国生态环境监测网络主要集中在城市和重点流域，对于生态功能区、自然保护地、边远地区等监测覆盖不足，同时伴随各地生态文明建设的不平衡，使得难以全面掌握生态资源的真实状况①。此外，生态产品监测数据共享程度和开放程度不够高，"数据烟囱"和"信息孤岛"等现象依然存在。企业能耗、碳排放和环境影响等基础数据分散于政府各职能部门，彼此间软件系统和数据采集尚无统一标准，数据兼容性差，大数据挖掘和决策应用水平较低（胡熠和黎元生，2023）。

因此，尽管数字技术在赋能生态产品调查与监测方面展现出巨大潜

---

① 科学网．"十四五"生态环境领域科技创新的挑战与对策［EB/OL］．（2023－12－4）［2024－8－29］．https：//blog. sciencenet. cn/blog－3244891－1412435. html.

力，但仍需克服诸多挑战以实现其全面应用。未来研究与实践应着重于完善生态产品的产权制度体系，明确产权边界，促进生态资源向生态资产的转化，并实现其经济价值。同时，需加强生态产品信息的普查工作，建立全面的动态监测制度，整合各部门的生态产品信息，以提高监测的全面性和准确性。此外，还应关注生态产品数据要素的价值实现，通过完善数字技术支撑机制，促进信息共享和智能化管理，进一步提升生态产品调查与监测的效率和效果，为生态保护和资源管理的科学化、精准化提供持续的动力。

2.2　数字技术赋能生态产品价值评价研究进展

自 2021 年中共中央办公厅、国务院办公厅印发《关于建立健全生态产品价值实现机制的意见》以来，各地方也根据自身情况积极探索，取得了一系列生态产品价值实现的理论和实践成果。但由于生态产品价值实现工作是一项复杂的系统工程，生态产品"难度量、难抵押、难交易、难变现"等问题尚未完全破解。生态产品价值评价是贯彻落实"两山"理念的具体行动以及推动生态产品价值实现的基础性工作，如何对生态产品进行合理定价也是学术界探讨的一个重要议题。作为对传统经济治理模式的变革与升级，数字经济治理运用大数据技术建立动态化、协同化的分析系统，能够精准掌握经济发展中的各类生态信息为提高生态治理能力，实现生态治理决策的科学化、生态数据监管的全面化、生态治理主体的协同化提供基础和支撑（唐萍萍等，2024），也为生态产品价值评价提供了数据基础、方法支撑和平台底座，促进了生态产品价值评价成果的落地和应用，有助于解决生态产品价值"度量难"的突出问题（见图 2-1）。

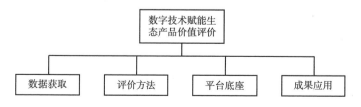

图 2-1　数字技术赋能生态产品价值评价

（1）数字技术为生态产品价值评价提供基础数据。生态产品价值评价涉及对物质产品（农业产品、林业产品和畜牧业产品等）、调节服务产品（洪水调蓄、气候调节和防风固沙等）和文化服务产品（旅游观光、休闲娱乐和景观感受等）的价值评估，既涉及实物量的核算，也涉及货币价值量的评估，需要大量地理空间数据、生态系统数据和社会经济数据才能保证核算和评价结果的准确性。在生态产品价值评估数据获取上，遥感技术可以通过卫星、无人机等手段获取生态系统的空间数据和时间序列数据；GIS技术可以对遥感数据等空间数据进行处理、分析和可视化（黄林等，2024），例如基于多源遥感大数据计算单位面积生态系统服务价值当量因子，以多源遥感信息为基础数据源，可计算得出高精度的量化及空间化生态系统服务价值成果（程滔，2018）。通过大数据和物联网技术"感知层—网络层—应用层"的功能集成，能够对生态资源（森林、草地、水等）进行数字化采集、存储和分析，实现对生态产品的量化表达、核算审计和动态评估（白福臣等，2023），例如依托农业大数据技术对农作物生长状态进行实时监控和信息分析，能够精准预测农作物的质量和产量（匡后权等，2023）。湿地生态系统服务形成机制复杂，驱动因子多样，湿地生态产品价值表现出显著的时空特异性和综合性特征，在大数据科学时代，利用对湿地观测大数据开展湿地生态系统服务研究、探索湿地生态产品价值大数据评估方法，可以解决生态系统服务价值评估中的地域异质性问题，是建立健全湿地生态产品价值实现的重要突破口（高岑等，2017）。区块链技术具有数据分布式存储、去中心化、不可篡改、开放性和透明化等特征，构建"区块链＋物联网"一体化数据管理平台可以实现传感器采集数据实时上链、存储、共享和验证，可减少基础数据采集、汇总和处理过程中存在数据失真或被篡改的可能，保证数据的安全性和可追溯性（涂平生等，2022；管志贵等，2019）。通过城市数字大脑，集成系统反映各类生态资源的数量、分布、质量等，形成可视化、可触摸的基础数据（黄林等，2024），例如基于森林资源管理"一张图"，可整合权属、生态区位、起源、林种、龄组、树种结构、群落结构以及植被覆盖、植被生长状况和森林质量等数据，提升生态产品价值评估效率和精度（陈静和于世勇，2023）。但同时相关数据必须真实有效，运用任何出现纰漏的数据或缺乏客观性和真实性的数据进行分析，那么最终的生态产品价值评价结果是无效的，进而影响到政府决策的正确性，以及市场主体和个人参与生态产品价值实现的积极性（郑少华和张翰林，2023）。为此，也需要进一步推动多源、多部门数据间的共享和融合。

（2）数字技术是生态产品价值评价的方法基础。数字经济时代信息交换的快捷性和数字化使各类产业高度融合的高渗透性，伴随着信息技术的高速发展，数字技术为生态产品价值评估提供了必要技术手段（张璐和王浩名，2023）。通过机器学习、大数据分析和深度学习等数字化技术和方法的应用，可以更加全面、准确、科学地评估生态产品的价值，为打通"资源—资产—资本—资金"的增值转化路径提供重要的支持和保障（黄林等，2024）。机器学习可自动处理、分类和分析数据，并自动建立模型来描述生态系统服务价值与其他因素之间的互动关系，实现对生态产品价值走向的预测。何锋等（2023）基于机器学习提出了一种面向国家公园生态产品总值核算的方法，建立了一个面向国家公园生态产品总值核算的空间–属性大数据耦合分析框架（见图 2 – 2）。此外，为制定合理的生态补偿标准，学者基于可解释机器学习模型 XGBoost-SHAP 分析了居民生态补偿支付意愿的影响因素，并基于改进的 SobolSSA-ANP 机器学习算法评估了生态补偿的效果（邓梦华等，2023；2024）。大数据分析方法可以对大量的生态系统数据进行处理和分析，进一步挖掘生态产品的潜在价值和关联性（黄林等，2024）。刘洋等（2023）采用多源时空大数据和 InVEST 模型评估了流域生态产品价值实物量，并据此确定理论上流域生态补偿标准的基础值。吴海鹏等（2023）运用 Google Earth Engine 遥感大数据平台，分析量化了土地利用变化对生态系统服务价值的影响。在土地利用变化模拟中深度学习方法可以更好地捕捉地类变化的空间特征，刘等（2021）结合长短期记忆网络（long short-term memory，LSTM）、卷积神经网络（convolutional neural network，CNN）和元胞自动机模型（cellular automata，CA）评价和模拟了不同城市扩张情境下生态系统服务价值的时空变化（Zhai et al.，2020）。但从目前的研究来看，数字技术相关方法在生态产品价值评价中的应用多以实物量的核算为主，用于生态产品价值量的理论研究和实践应用较少。

（3）数字技术为生态产品价值评价提供平台底座。面向政府管理的生态产品价值评价数字化平台建设有助于提高生态产品价值核算效率，通过

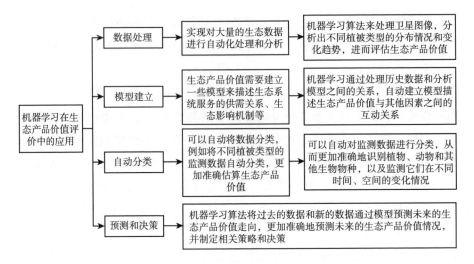

图 2 - 2　机器学习在生态产品价值评价中的应用

资料来源：郝博，王建新，王明阳等. 基于数字孪生的装配过程质量控制方法 [J]. 组合机床与自动化加工技术，2021，(4)：146 - 149，153.

将分散在各组织内部的农林业、污染物、水利、气象等基础数据整合入生态产品价值评价平台，依据指标体系和核算规范进行精准化、自动化的分析处理，核算与评估区域生态系统生产总值，同时确保科学性和准确性，从而形成可供交易的生态产品价值数据（杨凤华和王璇，2024；黄林等，2024）。在国外，InVEST（integrated valuation of ecosystem services and trade offs）是由美国自然保护协会开发的开源生态产品价值核算平台，常用于水资源管理、森林健康、土壤侵蚀、河流湿地恢复等方面单一或多重价值的评估（李柳鑫等，2023）；由澳大利亚联邦科学与工业研究组织开发的MESH（mapping ecosystem services to human wellbeing）生态产品价值量化平台，可将水净化、食物供应和自然风景等生态系统服务和人类福祉之间的关系进行量化和评估（Johnson et al.，2019）；环境与可持续发展人工智能平台（artificial intelligence for ecosystem service，ARIES）利用人工智能和大数据技术，将生态社会经济模型与地理信息系统相结合，实现了对生态系统资源服务的智能评估（Bagstad et al.，2011）。中国科学院生态环境研究中心开发了面向城市生态系统评估、规划与管理的在线平台的城市生态智慧管理系统（intelligent urban ecosystem management system，IUEMS），该平台可以实现生态产品类型选取、数据清单自动生成、数据填报分配、自动化核算、自动化报表、地图化结果展示等功能①。在国内生态产品总值核算工作中，常运用物联网、人工智能等数字技术建立的数字化平台，实现了生态环境部门与农业农村、林草、气象、水利、应急管理等各关联主体之间的资源和服务在云端的统筹共享，打破了多部门之间的数据壁垒，拓宽了生态产品价值实现评价结果的应用渠道（杨凤华和王璇，2024），可实现统计数据的在线填报、数据审查、自动核算、自动报表、结果地图化展示等功能，同时可以对数据的提供进行追溯，减少传统烦琐计算过程的人工误差，极大地提高了生态产品价值评价的效率。北京空间机电研究所开发的生态产品价值卫星立体监测系统可在线提供包括生态分类、水源涵养、大气监测、碳汇监测等多项空间基础数据，形成"天—空—地一体化"的空间信息数据资源库，实现生态资产价值一键核算（李莉等，2023）。

（4）数字技术促进生态产品价值评价成果的应用。一方面，数字技术的应用提高了生态产品价值评价效率。数字技术通过拓宽生态评价数据来源、评价方法和数字化平台的构建，在时间上实现生态产品价值评价的"一键核算"和"实时更新"，在空间上实现图斑、地块、项目和全域生态产品价值的精准核算，促进生态产品价值评价成果在生态补偿、生态修复、生态产品交易和自然资源资产审计与考核中的运用（曹钰等，2023），从而促进生态产品价值评价结果在部门间和各级政府间的成果互认和成果应用。另一方面，数字技术的应用促进了生态产品"资源—资产—资金—资本"的价值转变与提升。在生态产品价值评价环节，通过对采集数据的分析、加工、计算和校验，可以准确编制生态资源资产负债表，实现生态资源的智慧化、可视化、便捷化管理，完成生态资产价值动态核算，促使优质生态系统资产以数字化形式呈现（黄林等，2024）。通过搭建数字平台，实现生态产品一二三产业的深度融合，引起社会各界对生态产品价值实现的关注，大幅吸引人才、资金的流入，进而依托数字平台带动生态产品价值实现（李红梅和张吉维，2023）。通过电商平台、短视频和自媒体等数字化方式，将生态农产品生产者与消费者进行信息传导、匹配，实现生态农产品价值增值，并不断提升生态农产品投入产出效率和发展效益，增强生态农产品发展的内生动力（栾晓梅等，2024）。通过引入数字技术，

---

① 城市生态智慧系统管理［2024 - 08 - 21］．https：//www. iuems. com/eco/index. html.

实现对采集数据的数据化分析、加工、计算和校验，可以准确编制生态资源资产负债表，实现生态资源的智慧化、可视化、便捷化管理，促使优质生态系统资产以数字化形式呈现。以数字化为支撑的生态价值估算体系，可以为投资主体提供明确的投资前景，还可以推动绿色金融机构以"信用＋收益权"和"信用＋经营权"的抵押模式，发行"两山贷""GEP 贷"等绿色金融产品，激发投资要素活力（黄林等，2024）。

2.3　数字经济赋能生态产品流转储备研究进展

2.3.1　生态产品流转储备的相关研究

关于生态产品流转储备主要围绕生态银行等开展研究。"生态银行"是生态产品价值实现价值网具化的典型代表，其创新性侧重于资源的整合与优化，目的是破解生态产品价值实现中普遍存在的生态资源分散化、碎片化、优质化、资本化等具体问题（吴翔宇和李新，2023）。针对上述问题，张林波等（2023）提出资源产权流转类"生态银行"模式，将"生态银行"作为自然资源收储平台，将零散的生态资源进行整合，形成优质的资源资产包，该模式是将具有明确产权的生态资源通过所有权、使用权、经营权、收益权等产权流转实现价值增值。当前，"生态银行"模式试点区域分布越来越广（见表 2 - 1），南平市已成为"生态银行"目前最具规模的试点区域，其管辖的顺昌县"森林生态银行"于 2020 年入选第一批生态产品价值实现典型案例，2021 年入选第二批林业改革发展典型案例（杜健勋和卿悦，2023）。学者们围绕福建省南平市顺昌县"森林生态银行"的生态产品流转收储开展了一系列的研究。"森林生态银行"在资源端主要进行集中收储、专业评估、信息管理、提质增效四方面的运作，其中收储方式分别是租赁、购买/赎买、入股合作和托管模式（黄颖等，2020）。"森林生态银行"收储中心负责对区县的相关自然资源通过收购、租赁、托管等多种方式进行流转和收储，属于中端交易窗口（崔莉等，2019）。其中，赎买收储是在做好市场调查、资源评估、充分论证的基础上，制定森林资源赎买方案，合理确定各类林分的赎买价格，化解重点生态区位商品林不能采伐等矛盾，保障林农合法利益；托管经营是针对老弱病残等无劳动能力的贫困户，"森林生态银行"对其林地林木资源提供托管经营业务，一个轮伐期内每年按照林木资源评估价值的 8.5% 固定分利（张文明，2020）。根据各个县域及行政村的可开发强度和生态资源特色，对低效、闲置、分散的生态资源通过储蓄银行平台进行登记、存储、收储，形成生态资源库，并按照区域和行业进行分类整合、生态修复、污染治理，将"碎片化"资源和"分散化"产权形成规模优势效应，变成具有可开发利用价值的优质资源（张洁和夏婷，2023）。在资源收储阶段，行动焦点在于资源的聚合，即最大限度地将分散的、碎片化的资源连成片，集中管理与运营，聚合主要体现在流转经营权、撬动多元资本、精准确权三个方面（林永民等，2024）。通过"分散化输入、整体式产出"的模式，将区域内的森林资源整合，利用市场手段进行集中收储和提质增信，形成优质"资源包"，在此基础上，引入社会资本将其与市场对接，最终实现资源增值（杜健勋和卿悦，2023）。

表 2 - 1　　　　　　　"生态银行"部分试点地区

省份	试点模式	市县称号	省级称号	数量
福建省	南平市建阳区"建盏生态银行"		2016 年国家生态文明试验区 2021 年国家自然资源领域生态产品价值实现机制试点 2022 年第六批生态文明建设示范区	8
	南平市延平区"古厝生态银行"			
	南平市光泽县"水生态银行"	2019 年第三批国家生态文明建设示范市县		
	南平市顺昌县"森林生态银行"	2020 年第四批国家生态文明建设示范市县		
	武夷山市"文化生态银行"	2018 年第二批国家生态文明建设示范市县 2021 年第五批"绿水青山就是金山银山"实践创新基地		
	南平市浦城县"森林生态银行"	2017 年第一批国家生态文明建设示范市县		
	南平市松溪县"金土地生态银行"	2019 年第三批国家生态文明建设示范市县		
	建瓯市"竹生态银行"			

省份	试点模式	市县称号	省级称号	数量
浙江省	台州市天台县"生态银行"	2019 年第三批国家生态文明建设示范市县	2018 年生态产品市场化省级试点	5
	湖州市安吉县"两山银行"	2016 年第一批"绿水青山就是金山银山"理论实践试点县 2018 年第二批国家生态文明建设示范市县		
	杭州市淳安县"生态银行"	2020 年第四批"绿水青山就是金山银山"实践创新基地		
	丽水市云和县"两山银行"	2018 年第二批"绿水青山就是金山银山"实践创新基地 2019 年国家生态产品价值实现机制试点城市 2022 年第六批生态文明建设示范区		
	衢州市常山县"两山银行"	2016 年第一批"绿水青山就是金山银山"理论实践试点县 2022 年第六批生态文明建设示范区		
江西省	抚州市资溪县"两山银行"	2019 年国家生态产品价值实现机制试点城市	2017 年国家生态文明试验区 2018 年国家生态产品市场化省级试点	4
	抚州市乐安县"生态银行"	2017 年第一批国家生态文明建设示范市县		
	九江市武宁县"生态产品储蓄银行"	2022 年第六批生态文明建设示范区		
	吉安市峡江县"生态银行"（建设中）	2022 年第六批生态文明建设示范区		
山东省	临沂市"两山银行"	2020 年第四批国家生态文明建设示范县 2018 年第二批"绿水青山就是金山银山"实践创新基地		2
	枣庄市山亭区"生态银行"			
四川省	雅安市宝兴县"生态银行"	2019 年第三批国家生态文明建设示范市县		1

续表

省份	试点模式	市县称号	省级称号	数量
黑龙江省	伊春市"兴安岭生态银行"（建设中）	2022 年第六批生态文明建设示范区		1
内蒙古	阿尔山市"生态银行"（建设中）	2018 年第二批国家生态文明建设示范市县 2019 年第三批"绿水青山就是金山银山"实践创新基地	2018 年第二批国家生态文明建设示范市县 2019 年第三批"绿水青山就是金山银山"实践创新基地	1

资料来源：杜健勋，卿悦．"生态银行"制度的形成、定位与展开 [J]．中国人口·资源与环境，2023，33（02）：188－200．

2.3.2　数字经济赋能生态产品流转储备的关键技术

随着物联网、区块链和数字孪生等数字技术的出现，数据的使用降低了信息摩擦，能够更高效、更精准地获取生态产品流转信息，使生态产品流转供需主体间存在的信息失衡问题得以缓解，生态产品流转搜寻的广度和质量上升，大幅削减生态产品流入方的搜寻成本，摆脱了"熟人社会"对生态产品流转的限制（王晓丽等，2024）。生态产品流转储备主要聚焦于精准确权，即对分散的、碎片化的、动态变化的生态产品进行精准的测量与产权的确立，通过遥感、区块链等技术对生态产品进行精准测量与确权，汇总到生态产品大数据平台的数据中心，形成可信数据（林永民等，2024）。基于"3S"技术，以高分辨率卫星图为基础，利用高清遥感影像和地形图及实地调查作比对，对域内生态产品分布、质量、保护等级、权属分布等因子进行逐块登记，建立生态产品数字档案，形成全域生态产品"一张网、一张图、一个库"数据库管理（崔莉等，2019）。在地方实践中，南平市顺昌县"森林生态银行"基于遥感、地理信息系统、全球定位系统技术，在林地确权地类分布、林地确权森林类别、林地确权起源分布、林地树种分布等方面协调区域自然资源产权边界的界定，对辖区内的林业资源进行确权颁证，明确自然资源所有权主体，划清产权主体的边界；在产权界定的基础上，通过林权赎买、林权股份合作、林地租赁、林地托管获得林地经营权和林木所有权，实现实物形态的林木资源管理转变为以价值形态的林业资产管理（陈水光等，2022）。利用遥感图像对县域范围内的生态资源摸底分析，实现信息资源整合，为资源收储、项目选址预判、投资分析进行辅助决策参考；运用全生命周期的动态监管，提高生态资源的管护水平；通过设立信息管理中心，同时结合农村集体产权制度改革和自然资源资产"一张图"的工作，形成生态资源的信息中介服务平台，实现生态资源的智能化管理（黄颖等，2020）。利用数字孪生明晰产权，结合集体林权改革等工作，对全县林业资源进行摸底确权，明确所有权主体、承包权主体、经营权主体，构建线下资源资产的线上数字孪生，为经营权的有序流转建立产权基础；利用区块链技术成立生态资源区块链系统共识校验中心，与溯源交易数据区块链系统展开联动，经过统计确权收储的各项生态资源数据上链，实现生态数据可信化、透明化（林永民等，2024）。

2.3.3 数字经济赋能生态产品流转储备的数字平台

生态产品流转储备平台数字化、智能化是大势所趋。搭建数字交易平台，推动水权、排污权、碳排放权等调节服务类生态产品供需精准对接，推广数字化"两山银行""绿色生态保险"模式，推动生态产品流转储备，着力解决生态资源和生态产品抵押变现难问题，逐步实现生态资源信息化管理平台与交易平台的嵌套管理（方洁和严飞，2023）。同时，数字平台可以将分布于不同地区的农业生产者与消费者聚集在一起，双方可简单快捷地进行信息交互和买卖对接，供销信息的有效匹配提高了流通速度，拓展了流通范围和效率，比如我国一些大型电商平台企业在各农产品主产区建立了数字农业产地仓，整合线上线下零售分销渠道，形成数字化仓配分销网络，再通过互联网货运物流平台，加速碎片资源的集聚，实现农产品物流的有效组织，拓宽农产品销售渠道，极大地促进了产销对接（王娜，2023）。一些地区在数字经济赋能生态产品流转储备的数字平台建设中取得了良好成效。龙泉市建设运行"益林富农"多跨场景应用这项数字化改革，积极探索创新森林生态产品价值实现路径，"益林富农"多跨场景应用平台具有普惠性和共享性，应用平台内交易信息公开透明，实现了供需双方信息共享，数字经济对于数据的使用降低了信息摩擦风险和交易成本；通过设计"流转交易"这个核心业务来打造"生态资源流转中心"，农户可将手中的生态资源流转由"碎片发布、零散求租"的形式，转变为"线上集成发布—系统智能评估—供需精准对接—资源高效流转"的全流程线上操作，推进林地流转供需精准适配，实现了"一键流转"交易；在"益林富农"多跨场景应用创新新型交易平台上进行林地流转信息发布，数字化赋能林地流转交易机制，消除了交易在时间和空间上的限制，极大地增加了林地买卖双方之间的信息对称程度，促进林地流转线上线下相互融合，推动数字技术与林地流转深度融合发展，促进林地流转降本增效（王晓丽等，2024）。吉安市生态资源储蓄运营平台归集耕地、林地、湿地等各类生态资源数据 2811 万条，实现全市生态资源"清单 + 底图"大数据存储和"一张图"应用场景展示，推进生态产品线上交易，市县两级通过多种现有交易渠道，完成林权、矿权、水权、水面经营权等生态资源交易 685 宗、金额达 65.45 亿元①。

2.3.4　数字经济赋能生态产品流转储备的应用场景

各地市在生态产品流转储备过程中加强了数字技术的应用。浙江省安吉县竹林碳汇数智应用场景，以数字化改革为引领，着力实现竹林碳汇全周期智能化管控，推动竹林碳汇产业化发展，探索出一套"林地流转—碳汇收储—基地经营—平台交易—收益反哺"的全链业务体系，搭建了数据监管、业务操作、任务派发、收益核算推送、驾驶舱展示等多个应用场景②。浙江省龙泉市创新林权流转线上服务，开发运行"林权流转"子场景，搭建"线上发布 + 系统评估 + 供需互荐"的高效流转平台，助推林地经营权流转③。浙江省常山县搭建数字化平台应用场景，实现收储资源可视化呈现、核心数据动态化更新、资源资本自动化匹配④。

①　中国发展改革报社. 吉安：点绿成金，变"高颜值"为"高价值"［EB/OL］.（2024 - 07 - 02）［2024 - 08 - 20］. https：//baijiahao. baidu. com/s?id = 1803435281593801691&wfr = spider&for = pc.

②　杭州日报."竹林碳汇的价值会越来越高！"今天，中国绿色低碳创新大会绿色金融支持竹林碳汇发展论坛在安吉举行［EB/OL］.（2022 - 08 - 15）［2024 - 08 - 20］. http：//apiv4. cst123. cn/cst/news/shareDetail?id = 743909116216344576.

③　国家林草局. 林业改革发展典型案例（第四批）［EB/OL］.（2023 - 11 - 30）［2024 - 08 - 20］. https：//www. forestry. gov. cn/c/www/lcdt/534434. jhtml.

④　中国新闻社浙江分社.［浙西大门，"两山银行"］—"中国县域治理大讲堂"第十五讲［EB/OL］.（2021 - 05 - 29）［2024 - 08 - 20］. https：//new. qq. com/rain/a/20210529A0C7BU00.

2.3.5 文献述评

生态产品流转储备是具有明确产权的生态产品，通过租赁、托管、股权合作、特许经营等方式，将分散的生态产品所有权、使用权、经营权、收益权等产权流转到特定收储机构，形成集中连片优质的资源资产包。然而，生态产品流转储备过程中存在供需主体间信息失衡、搜寻成本高、资源管理不佳等问题。而数字经济赋能生态产品流转储备能够降低信息摩擦，提升流转效率，实现生态产品智能化管理。当前，部分地区开展"生态银行"试点，基于"3S"、区块链和数字孪生等关键技术，搭建生态产品信息化管理平台、交易平台、"益林富农"多跨场景应用平台等数字平台，实现竹林碳汇全周期智能化管控、林权流转线上服务、收储资源可视化呈现、生态产品自动化匹配等场景应用。鉴于此，在数字经济时代，生态产品流转储备亟须加强关键技术开发，搭建多元化数字平台和应用场景，高效精准实现生态产品集中化规模化流转储备。

2.4 数字经济赋能生态产品经营开发研究进展

2.4.1 生态产品经营开发的相关研究

生态产品经营开发是要在严格保护生态环境前提下，充分发挥市场在资源配置中的决定性作用，通过市场交易实现生态产品价值（宋昌素，2023）。首先，关于生态产品经营开发的理论内涵。潘丹和余异（2022）、周维浩（2024）认为，生态产品经营开发的重点是将生态产品转化为物质产品和文化服务产品来实现其价值的模式，主要有生态农业、生态旅游和"生态+"产业融合三种实现方式。黎元生（2018）、于丽瑶等（2019）认为，生态产品经营开发利用是经营性生态产品的主要价值实现方式，是生态产品生产者通过物质原料利用和精神文化开发与受益者本着互惠互利、平等协商原则而开展的直接交易。丘水林和黄茂兴（2023）认为，生态产品经营开发主要通过基于科斯定理的生态产业化经营、"生态银行"、生态资源权益交易等手段最大化实现生态产品的价值。余东华（2022）认为，生态产品经营开发需要以产业生态化和生态产业化的方式挖掘和显化自然生态价值，其中，生态产业化是将"山、水、林、田、湖、草"等生态资源及其衍生物作为特殊资产和生产投入品，通过资本化操作实现生态资源的转化与应用，盘活生态资源和生态资产，并使其与一二三产业融合发展。在此基础上，按照社会化生产、市场化经营、规模化运作的方式来提供生态产品和服务，通过优化资源配置的手段实现生态资源保值增值；产业生态化是以生态平衡、经济增长、社会和谐、民生改善为主要目标，从研发投入、生产制造、经营销售和组织管理等环节出发，在自然系统承载能力范围内对生产制造的全流程进行生态化改造，引入环境友好型的新技术、新工艺和新设备，对特定区域空间内的产业系统、生态系统和社会系统进行系统化的融合、协调和优化，通过各类资源循环利用、高效利用和充分利用，消除资源浪费、环境污染和生态破坏，在实现产出增加和利润增长的同时保持良好的生态环境，实现经济效益、社会效益和生态效益协同进步，促进产业与环境、产业与生态、人与自然的和谐共生。

其次，关于生态产品经营开发机制。秦国伟等（2022）认为，生态产品经营开发机制需要从丰富生态产品价值实现模式，促进生态产品价值增值，推动生态资源权益交易，建立生态产品市场交易平台四方面构建。唐萍萍和任保平（2024）认为，生态产业化是指将生态资源转化为生态资产，实现产业化发展的过程。数字产业的发展可以有效解决制约生态资源资产化过程中存在的"度量难、交易难、抵押难、变现难"等问题，提高生态产品交易效率，实现经济价值。宋昌素（2023）认为，生态产品经营开发机制关键是要多方共同探索、企业和社会各界参与、市场化运作、可持续的生态产品价值实现路径，要建立科学合理的生态产品开发机制；要建立生态产品品牌认证机制和质量溯源机制，促进生态产品价值增值；要建立健全生态资源权益交易机制。张丛林等（2024）认为，建立健全生态产品经营开发体系，加快建设生态产品交易中心，拓展生态产品多方位实现模式，政府应引导当地村民以旅游为主导产业，在最大限度减少人为干扰的情况下，大力发展特色手工业、服务业等。

再次，关于生态产品经营开发融资方面。张黎黎（2022）认为，GEP核算为生态产品市场交易、生态产品开发投资提供了信息支撑，金融机构通过差异化信贷、保险等金融政策，引导和支持对生态产品产业化的投资。雷硕等（2022）认为，应改良生态产品价值核算方法，推动价值核算结果应用到生态产品的经营开发之中，推动生态产品保护、转化一体化发展。胡熠和黎元生（2023）认为，应定期发布区域生态产品经营开发项目库，完善"金融支持生态产品价值实现目录指引"，以生态产品经营开发资金需求为导向，开发更加丰富、灵活、便捷的金融产品，依托产业链龙头企业，发展供应链金融业务，加大对生态产业经营开发的中长期信贷支持力度。孙博文（2023）认为，通过生态产品资产证券化途径为生态产品经营开发主体提供更广泛的场外资金支持；通过生态产品经营开发主体不断健全生态经营性产品种类、场景、品牌，打通生产、流通、分配、消费堵点，促进市场交易变现。

最后，关于生态保护修复与生态产品经营开发权益挂钩。王金南等（2021）认为，应着力提高生态产品供给能力，培育生态产品市场经营开发主体，形成一批综合性、创新性、专业性的龙头骨干企业；积极开展生态环境保护修复与生态产品经营开发权益挂钩等市场经营开发模式创新，实施生态环境治理和产业综合开发等经营模式试点示范；保障参与生态产品经营开发的村民利益，鼓励将生态环境保护修复与生态产品经营开发权益挂钩，建立生态建设反哺机制，确保生态产品开发经营实现的经济收益要按一定的比例反哺村民，反哺生态保护—恢复—建设，从而确保村民获益的同时实现生态系统服务保值增值，在政府监管基础上，合理给予相应优惠政策、配置相应基础资源，支持流域公司形成经营开发的良性闭环，提高生态产品溢价。吉富星（2022）认为，政府、流域公司应积极与各领域专业主体合作，探索生态环境导向开发（EOD）、全要素资源统筹一体化开发等模式和激励相容机制，将生态环境治理与生态产品价值、资源（土地等）开发、资产经营、产业发展有效结合，实现全流域"一盘棋"的高效资源开发，鼓励生态保护修复与生态产品经营开发权益挂钩，允许利用一定比例的土地发展生态农业、生态旅游等获取收益。

2.4.2　数字经济赋能生态产品经营开发的关键技术

随着大数据、云计算、物联网、5G、数字孪生等数字技术的出现，借助数字技术助推现代产业的融合发展，实现产业的生态化、数字化和智能化，正成为中国产业发展的新引擎、新动力、新支点（陈文烈和寿金杰，

2023）。数字产业的发展推动了生态产业的多元演化升级，突出数据作为新型生产要素的作用，推动互联网、大数据等技术与生态产业有机结合，以关键技术突破支撑生态产业经营开发和重点行业绿色低碳发展，进而带动整个社会实现可持续发展（唐萍萍和任保平，2024）。余东华（2022）认为，应以数字化转型、融合化升级和生态化发展为动力，建构特色化、有竞争力和创新发展的产业链和产业集群，大力发展以提升文化旅游休闲等服务业，形成现代产业体系；产业数字化发展是应用以数字技术为代表的新一代信息技术，对产业体系进行提升、改造和融合发展的过程。余东华和李云汉（2021）认为，应采用数字技术推动产业数字化转型和发展，以数字化转型驱动生态化改造，加快产业链、价值链、供应链、创新链等融合发展，优化产业生态体系，推动产业组织创新，实现高质量发展。孙博文（2022）认为，应加强生态产业化与产业生态化中的数字技术应用，推广"商业互联网平台＋网店""文旅互联网＋民宿""工业互联网＋数字工厂"等模式，利用数字技术平台，突破生态产品交易区域限制，促进企业绿色化、智能化、数字化转型。梁冠等（2023）认为，技术赋能推动生态产业化高质量发展，探索特色模式，建设生态产品价值自动化核算系统，综合灵活应用各类数字网络，探索开展物联网技术运用，使生态产品监测更直观；将数字技术与生态产品推向市场化相结合，使生态产品能够在网上交易，促进企业绿色化、智能化、数字化转型。

部分学者对数字赋能不同类型生态产品经营开发亦展开了研究。关于数字经济赋能畜牧业生态产品，生态数字牧场模式结合 5G 技术在大数据、云计算和物联网等方面的优势，利用其信息采集自动化、成本精细化管理、养殖管理智能化和产销履历溯源管理等平台，优化高原畜牧业在"饲养—销售—管理—服务"各环节的发展方式，构建完整的信息服务体系，提升畜牧产业经营和交易主体信息和产品知识的获得、处理、传播和利用效率，加快对传统畜牧业的改造，大幅提高畜牧产业的生产水平、畜牧产品的质量控制水平和管理决策水平，使畜牧业的产、供、销体系紧密结合，使畜牧业的生产效率、品质、效益等得到明显改善，实现畜牧业现代化（陈昭彦，2023）。关于数字经济赋能林业生态产品，利用数字技术优化生产、加工和销售环节，提高整体运营效率；管理群体可借助"互联网＋"和大数据资源，简化交易流程，促进优质森林生态产品流通；为提升数据管理水平和数据安全性，区块链技术在森林生态产品的产业链和供应链中发挥重要作用，如利用分布式账本、加密算法、点对点网络和密码学等核心技术，确保数据的去中心化、可追溯性、自治性、匿名性、去信任化、可编程性、开放性、安全性、不可篡改性和自动执行性，这种整合为林业经营带来了巨大机遇，推动了产业转型升级，为保护生态环境和提升林业产业可持续发展能力做出了贡献（王化宏等，2024）。关于数字经济赋能农业生态产品，以数字技术提升生态产品经营开发绩效，建设数字化生态产品价值转化示范基地，推广农田智能检测、养殖环境检测、设施精准控制等数字化农业技术（方洁和严飞，2023）。关于数字经济赋能调节服务产品和文化服务产品，加快推进移动互联网、人工智能等数字技术与服务业融合发展，推进智慧旅游、智慧康养、智慧养老等新业态发展（方洁和严飞，2023）。关于数字经济赋能生态产品流转实证研究，魏丽莉等（2022）以国家级大数据综合试验区的设立为准自然实验，利用我国 2012~2019 年 276 个城市的数据构建双重差分模型，考察数字经济对城市产业生态化转型的影响，产业生态化转型受到制约的城市应进一步加快数字经济发展步伐，助力城市产业生态化转型。

2.4.3 数字经济赋能生态产品经营开发的数字平台

当前，学者们关于数字经济赋能生态产品经营开发的数字平台展开了部分研究。黄林等（2024）认为，数字平台可以为生态产品的生产、销售和消费提供信息交流和共享的渠道，提高生态产品市场的信息透明度和流通效率；电子商务平台可以实现生态产品的线上销售和线下配送，扩大生态产品的市场覆盖面和销售渠道。李红梅和张吉维（2023）认为，"数字平台搭建"的乡村生态产业模式是指通过搭建数字平台实现一二三产业的深度融合，引起社会各界对乡村生态产业的关注，大幅吸引人才、资金的流入，进而依托数字平台带动创收。王化宏等（2024）认为，通过互联网等数字平台，可以开发新的产业模式，如林木深加工、林下经济生态种植、森林康养旅游等，这些模式有助于调整产业结构，增加生态经营效益。数字化平台的发展也为森林资源的资本化提供了便利，使资金、技术、人才的引入更加灵活，不受地理位置限制，可以吸引更多的社会资本参与，通过资产整合、权属转让、项目合作等方式，实现森林资源的规模化和专业化经营，从而提高森林生态产品的市场竞争力和经济回报。雷德雨（2024）详细说明了数字赋能物质供给类、调节服务类、文化服务类生态产品经营开发，对物质供给类生态产品，可充分发挥数字电商平台的资源和渠道优势，实现与消费市场的直接对接，创新互联网传播手段，加强生态产品区域公用品牌的培育和保护；对水权、排污权、碳排放权等调节服务类生态产品，可搭建数字交易市场和平台实现供需精准对接；对文化服务类生态产品，可以通过加大对自然资源和文化资源的数字化开发，提升文化服务价值，实现更大经济效益。比如利用数字技术盘活各种文化资源，丰富文化服务的供给；通过反映地方传统文化、自然风景、地域风貌的优秀短视频创作，催生文化服务新内容。

2.4.4　数字经济赋能生态产品经营开发的应用场景

关于生态产品经营开发的数字化场景应用存在一些问题，受"梅特卡夫法则"的限制，数字技术应用具有明显的门槛效应，单一经营主体数字化改造往往存在规模不经济或者范围不经济，生态产品经营开发环节数字化场景应用不多等问题，制约了产业链数字化运营能力的提升（胡熠和黎元生，2023）。针对场景应用不多问题，王颖（2022）认为，应将数字经济与生态产品经营流转进行融合赋能，实现多场景智慧模拟与应用。周吉等（2023）认为，应加快推进数字化平台建设，开发资源调查、经营、开发等重要环节数字孪生场景，提高资源运营效率。胡熠和黎元生（2023）认为，在全面建设美丽中国的新征程上，以数字化拓宽生态产品价值实现的路径，要聚焦当前我国自然资源资产底数不清的"痛点"、生态环境权益流转不顺的"堵点"、生态资产融资变现不便的"难点"和价值转化效率不高的"弱点"，将自然资源产权制度改革和数字化转型有机结合起来，创建更多协同高效的生态产业数字化应用场景，提高生态产品市场化配置的广度、深度和效度。雷德雨（2024）认为，应利用虚拟现实、增强现实、全息互动投影等技术开发文化旅游新场景，积极拓展生态文旅数字化发展模式，增强文化服务新体验；挖掘生态产品的文化资源，打造数字内容产业链，培育数字文创产业。王晓冬和董超（2020）认为，应利用大数据等相关技术和共享经济、体验经济发展理念，促进场景科技与文旅场景的融合，重点发展以自然景观、人文历史、乡村体验为核心要素的新型数字文旅新业态，打造一批休闲小镇、共享农庄，采用最新数字信息技术、旅游大数据、旅游体验内容创新、体验提升等促进数字文旅形成以保护为前提的创新发展。

2.4.5　文献述评

生态产品经营开发是以产业生态化和生态产业化的方式经营开发生态产品，挖掘和显化自然生态价值，主要途径包括生态农业、工业、旅游业等。然而生态产品经营开发面临动力不足、基础薄弱、技术短缺、收益有限、升级困难等多重现实挑战（李红梅和张吉维，2023）。而数字经济赋能生态产品经营开发，能够有效破解生态产品经营开发面临的现实困境与挑战，促进生态产品经营开发效率的提升。当前，生态产品经营开发主要是以生态产业化和产业生态化将生态产品转化为物质产品和文化服务产品来实现其价值，基于大数据、云计算、物联网、5G、数字孪生等关键技术，搭建数字电商平台、数字交易平台等数字平台，实现资源调查、经营、开发等多场景模拟与应用。鉴于此，在数字经济时代，生态产品经营开发亟须加强关键技术开发，搭建多元化数字平台和应用场景，提升生态产品经营开发数字化能力，实现生态产品价值倍增。

2.5　数字技术赋能生态产品质量追溯研究进展

党的二十大报告提出要构建新发展格局，广泛形成绿色生产生活方式，加快发展数字经济，建立生态产品价值实现机制。数字经济是新时代背景下中国完整、准确、全面贯彻新发展理念、扎实推进经济高质量发展和生态环境高水平保护的重要发展力量，是创造和实现生态产品价值的有效路径（栾晓梅等，2024）。聚焦于生态产品领域，数字技术能够与现有管理体系相结合，依靠自身强大的数据处理分析能力，融合进生态产品生产、分配、交换和消费全过程环节中，从而达到优化生态产品供给质量、保障生态产品安全、确保产品质量达标以及公平交易的目的（杨凤华等，2023）。其中数字经济的发展为产品溯源体系注入了新的活力和动力。通过应用先进的数字技术，产品溯源体系变得更加高效、透明和可靠，极大地提升了产品的安全性和质量保障能力。

加快建立生态产品质量追溯机制，实施生态产品供给端、加工端、流通端全过程质量监管，有助于提升生态产品市场认可度和信任度①。在政策支持方面，2016 年《国务院办公厅关于加快推进重要产品追溯体系建设的意见》强调，要以落实企业追溯管理责任为基础，推进信息化追溯，建设覆盖全国、先进适用的重要产品追溯体系。针对数字经济赋能生态产品质量追溯，2020 年国家发展改革委指出，实现生态产品价值是一项复杂的系统工作，其中一项重要工作是生态产品的认证和溯源。生态产品质量可追溯体系，是基于互联网、大数据、云计算等多项先进技术构建的多功能网络平台，依此对体系内的企业和产品进行全面的市场监管②。2021 年中共中央办公厅、国务院办公厅印发的《关于建立健全生态产品价值实现机制的意见》强调，要健全生态产品交易流通全过程监督体系，推进区块链等新技术应用；2022 年 1 月《中共中央　国务院关于做好 2022 年全面推进乡村振兴重点工作的意见》指出，要"完善全产业链质量安全追溯体系"，以促进农产品质量安全追溯体系在保障食品安全、促进产销对接、推动城乡互动、推进乡村振兴和助力社会治理等多方面发挥重要作用。

在技术应用方面，当前应用于产品溯源的两大主流方法分别是产品标识溯源法和区块链溯源法（黄敏等，2023）。（1）产品标识溯源法是指通过图像码和无线传感技术进行产品信息的标记和识别，包括直接、间接与混合标识三种类型。比如有学者利用响应面法来改良二维码在运动状态下的可读性，实现了连续链溯源（Qian et al.，2017）。张等（2021）通过将 IDcode 编码规则与其开发的彩色二维码技术结合，设计了基于二维码技术的产品溯源方法。基于 RFID（无线射频识别）、NFC（近距离无线通信技术）和 WSN（无线传感器网络）技术，与密码学结合形成产品防伪机制溯源体系（刘汉烨等，2017）；同时搜集整个供应链信息，实行全环节溯源方法（Danny et al.，2017）；还有立足于生产到消费各个时点的产品信息监测，对产品质量进行全域链的保护（Alfian et al.，2017）。（2）区块

---

① 国家发改委. 加快完善生态产品价值实现机制 拓宽绿水青山转化金山银山路径［EB/OL］.（2024 - 05 - 07）［2024 - 08 - 21］. https：//www.ndrc.gov.cn/.

② 经济参考报. 做好认证溯源助力生态产品价值实现［EB/OL］.（2020 - 08 - 18）［2024 - 08 - 21］. http：//m.tanpaifang.com/article/73370.html.

链溯源法因具有去中心化、不可篡改、可信等特点，被广泛应用于各行各业供应链管理系统中。区块链技术与物联网技术相结合（张雅倩等，2022），将产品所有交易信息存储，保证多方共同进行产品追溯数据的记录和维护（王晶等，2019），实现了产品溯源过程中的快速定位。该方法提供了透明度高、可用性强、防篡改的可追溯数据，并在产品可追溯场景中实现了自动化的法规遵从性检查和适配（Xu et al.，2019）。

在弥补传统溯源技术不足上，主要聚焦于降低时间成本、满足需求个性化、降低信息不对称危害，以及建立供需双方信任机制和提升产品价值溢价等方面。比如政府部门利用二维码标识技术，建立生态产品认证与溯源平台，将全域生态产品质量可追溯体系应用到企业中，保障生态产品全过程、全种类的可追溯性，以此减少消费者的时间成本同时满足消费者需求（匡后权等，2023）。将区块链纳入生态产品传统供应链中，利用其来源可查、去向可追、责任可究的特点，以此来确保生态产品防伪溯源，从而完善生态产品供给方与受益方的信任机制（刘耕源等，2020）。除此之外，森林生态产品由于自身产品特性的问题，其交易难度更大，资源配置效率更低（Wegner et al.，2016）。区块链技术能够控制森林生态产品供应链中的成本、质量、速度和风险，消费者由此对森林生态产品质量进行追溯，可以实现流通全过程的监督，有利于其区域公共品牌的打造，帮助提升产品价值溢价（王晓丽等，2024）。还有利用 FRID、GPS、物联网等技术，采集生态产品供给流通端的全部数据，建立可视化数据库管理平台，实现生态产品来源可追溯，提高生态产品流通过程中的透明度，打破供需双方之间的信息不对称问题（陈倩茹等，2023）。

总体来看，数字经济时代为生态产品质量追溯带来了新的机遇与挑战。从政策层面来看，中国政府不断强调和推进生态产品价值实现机制的建设，特别是在数字经济赋能生态产品质量追溯方面，出台了一系列政策文件，明确了发展方向和具体要求。从技术应用层面来看，产品标识溯源法和区块链溯源法成为当前主流的追溯技术，它们以其独特的优势在提升产品溯源效率和安全性方面发挥着重要作用。同时，随着新技术的不断涌现，生态产品质量追溯将向更高效、更智能、更可靠的方向发展，有必要进一步加强政策支持与技术创新相结合，推动数字经济在生态产品质量追溯领域的应用不断深入，助力生态产品价值实现、消费者权益保障和经济社会可持续发展。

2.6　数字经济赋能生态产品保护补偿研究进展

2.6.1　生态产品保护补偿的相关研究

生态保护补偿是实现生态系统服务价值的重要方式之一，通过财政转移支付、异地开发等形式促进生态产品可持续和多样化供给（张丛林等，2024）。孙康慧等（2019）认为，生态补偿是一种为促进保护生态环境和修复生态系统实现人与自然协调发展，通过财政转移支付等方式对生态环境保护者和修复者给予合理经济补偿的政策措施。靳乐山和朱凯宁（2020）认为，生态补偿是用政策手段激励生态环境的保护者，其目的是对生态保护区域内的政府、单位和个人因经济发展活动受限而丧失的利益进行补偿。雷硕等（2022）认为，生态补偿型生态产品是指以生态系统整体功能的发挥为核心而构建的跨区域生态补偿产品。杜健勋和卿悦（2023）认为，生态保护补偿本质上是对生态系统服务功能提供者发展机会的补偿，以机会成本为限，而生态产品价值实现更强调"奖励"属性，期望实现高于成本的利益。丘水林和黄茂兴（2023）认为，生态产品保护补偿主要通过基于庇古理论的生态保护补偿和生态环境损害赔偿实现生态产品的价值。

（1）关于生态产品保护补偿方式。生态产品保护补偿方式包括政府主导型生态补偿（政府直接购买生态产品）和市场主导型生态补偿（建立碳排放权交易、排污权交易和用能权交易等生态产品交易市场）（潘丹和余异，2022）。由中央政府主导建立健全以生态保护成本为主要依据的转移支付（生态补偿）制度，包括进一步明确补偿主体、扩大补偿范围、加大补偿力度、完善补偿标准、加强跨地区跨部门合作和健全法制保障等（李维明等，2020）。完善市场化的生态保护补偿配套措施主要包括：建立生态保护补偿的组织协商制度、构建市场化生态保护补偿的技术支撑体系、健全生态产品市场交易法律法规体系、加强生态保护补偿舆论宣传教育（彭文英和藤怀凯，2021）。市场化生态保护补偿的典型模式主要包括：无形产品的市场化支持性补偿、有形产品的市场交易性补偿、生态权益的市场配额交易补偿、对口援助型生态保护补偿、生态产业的市场选择性补偿、绿色金融性生态保护补偿（彭文英和藤怀凯，2021）。秦国伟等（2022）认为，生态产品保护补偿是生态产品价值实现的重要方式，可以从三个方面发力，完善纵向生态补偿制度，保障重要生态系统和国家生态功能重要区域生态安全；完善横向生态保护机制，促进不同区域间生态环境协同发展；完善市场化生态补偿机制，促进优质生态产品供给和生态产品价值实现。

（2）关于生态产品保护补偿路径。在生态保护补偿路径上，需要进一步总结包括纵向补偿、横向补偿在内的多元化补偿方式的动力机制，科学评价生态保护补偿的实施效果；需要进一步提升生态保护补偿测算的科学性，探索依据生态产品价值量确定生态保护补偿标准（靳诚和陆玉麟，2021）。范振林（2020）认为，纵向生态保护补偿制度是以实现区域综合均衡和公共服务均等化为目标，利用中央财政转移支付，采用生态补偿的方式对提供生态产品的地方政府、企业或个人进行补偿，弥补因提供生态产品导致的区域发展差距。刘桂环等（2023）认为，横向生态保护补偿是按照责任对等的基本理念，由生态服务受益地区就享受的生态环境正外部性价值补偿生态服务提供地区，有效解决了区域生态产品供给与消费错位和不平衡问题。赵斌等（2022）认为，横向生态转移支付（生态补偿）涉及流域上下游之间或不同流域之间、生态产品受益区与保护区之间、资源产品消费区与产区之间等众多维度，横向转移支付、生态补偿和对口帮扶是构建实现生态产品价值的横向补偿制度的关键路径。蒋金荷等（2021）认为，生态产品保护纵向补偿制度是指中央和省级财政根据生态产品价值核算结果、各种类型生态功能区面积等因素，完善转移支付资金分配机制；鼓励地方政府探索通过设立市场化生态产业发展基金、发行企业生态债券和社会捐助等方式，拓宽生态产品保护补偿资金渠道，对生态产品的主供给区居民实施生态补偿；生态产品保护横向补偿制度针对生态产品供给方和受益方按照自愿协商原则，主要考虑生态产品数量、质量及生态产品价值核算结果等因素，开展横向生态产品保护补偿。考虑到生态产品的跨区域性，应当加强探索异地开发补偿模式，健全利益分配和风险分担机制。

（3）关于生态产品保护补偿机制。生态产品保护补偿机制是调控各利益主体生态保护和经济发展权益关系的有效措施，重在保持和提升生态系统功能，促进人与自然和谐共生和区域协调发展（彭文英和藤怀凯，2021）。沈辉和李宁（2021）认为，建立健全生态产品价值实现的补偿体系，应建立以中央政府补偿为主和地方政府补偿为辅的生态补偿机制；增加对重点生态保护区和生态产品相关企业的补偿比例；建立健全生态保护区损害赔偿机制。彭文英和藤怀凯（2021）提出，构建基于"产品—价值—交易"的市场化生态保护补偿机制，应科学确定生态产品及价值核算、公平公正配置权益生态产品市场配额、因地制宜拟定生态产业化项目、合理确定生态产品供给者、建立市场化生态保护补偿体系。周斌和陈雪梅（2022）认为，完善生态补偿制度从有助于形成谁开发谁保护、谁破坏谁治理、谁受益谁补偿的利益格局出发，对生态补偿的途径、标准、方式等进行明确，真正让生态补偿成为各利益方共同的选择和习惯做法，防止出现生态改善无人负责、生态环境保护地区群众受困等现象，为生态环境保护和经济发展的可持续奠定基础，从而更加有助于生态产品的价值实现。刘桂环等（2023）认为，优化完善生态保护补偿资金"分配—使用—评价"全链条管理机制，促进生态协同保护和生态产品优质优价，建立健全经济社会生态目标集成的综合生态保护补偿机制，不断提升区域生态产品价值转化能力。张丛林等（2024）认为，建立生态保护补偿长效机制，应加大财政转移支付力度，积极建立生态产业帮扶资金，设立环境整治与保护专项资金。

（4）关于生态产品保护补偿案例研究。蒋凡等（2020）以三江源地区为案例，发现该区域生态产品价值实现主要依赖于中央财政购买为主的生态补偿，主要包括生态管护公益岗位设置、草原生态保护补助奖励和生态公益林补偿等。靳乐飞等（2021）以主体功能区为研究对象，提出主体功能区生态补偿制度优化策略选择，应推动主体功能区生态补偿政策与生态产品价值实现的深度融合，强化主体功能区生态补偿的环境保护目标，拓展主体功能区生态补偿覆盖范围，优化补偿标准测算方法。朱臻等（2021）基于钱塘江源头山水林田湖草生态保护修复案例点的实地调查，运用选择实验法对涉及的补偿产品方案进行情景模拟与分析，利用随机参数 Logit 模型分析农户对不同生态补偿产品方案的受偿意愿（WTA），以期为完善我国大江大河源头流域山水林田湖草一体化的生态补偿机制提供参考。

2.6.2 数字经济赋能生态产品保护补偿的关键技术

当前，中国已经初步建成了符合本国实际的生态补偿制度体系，但在生态补偿对象精准性和补偿标准合理性等方面还存在一定的不足，数字经济赋能我国生态现代化就是要采用数字技术，建立数字化和智能化的生态补偿机制，以此提高生态补偿精准度和科学性（唐萍萍和任保平，2024）。(1) 关于数字经济赋能生态产品保护补偿机制构建方面。赵斌等（2022）认为，在利用数字技术科学测算生态服务增量和因地制宜制定补偿标准的基础上，健全生态补偿数字化机制，对生态产品价值增量和保护水平进行网上考评与补偿，并以价值增减量实施奖惩，起到引导、监督、激励的作用。杨凤华和王璇（2024）提出，应根据实际扩充生态补偿的内容，除拨付资金以外，可通过数字化补偿系统提供技术咨询、人才培训等服务，使生态补偿更具针对性与实用性。唐萍萍和任保平（2024）指出，通过数字技术建立数字化的生态账户，做到对大到区域、小到个人的生态贡献、生态受益或生态破坏程度进行长期跟踪和精准核算，从而精准确定生态补偿的对象及补偿标准，提高生态补偿效率；构建数字化的生态补偿效果评价体系，采用数据仿真模拟技术对生态补偿流程进行仿真模拟，从而寻找存在的问题并提出后续改进对策。(2) 关于数字经济赋能生态产品保护补偿的数字技术应用方面。滕飞（2020）认为，将平台型技术、连接性技术、体系性技术、仿真性技术合理应用好，有助于我国生态补偿事业的开展与顺利展开，不仅有助于提升我国生态治理绩效水平，也能够切实提高生态治理效率，更好地服务生态保护。(3) 关于数字经济赋能生态产品保护补偿的数字化监测方面。刘桂环等（2021）提出，应依托自动化、数字化、信息化的生态环境监测评估系统，促进生态补偿的精细化管理。开展生态产品总量、类型、时间、空间等方面的监测工作，动态更新生态保护和环境治理投入、机会成本、经济发展条件等基础数据，形成生态补偿全周期动态监测体系，为生态补偿标准定价提供依据，为生态补偿绩效评估及预警、管理提供数据和技术支撑。胡珂和王程（2023）指出，数字化的生态监测系统与生态补偿系统的结合，利用虚拟仿真技术和 Web 服务，模拟现实场景，对生态环境污染破坏情况和补偿效果进行调查、预测和估价，个体可以使用转移支付手段对生态进行精准化补偿。(4) 关于数字经济赋能生态产品保护补偿的成本核算方面。刘畅和胡卫卫（2024）认为，在补偿成本核算方面，引入市场机制并通过数字技术精准计算区域环境治理的机会成本，以此指导生态补偿资金的设置，解决"饿着肚子守护绿水青山"的问题。（5）关于数字经济赋能生态产品保护补偿方式完善方面。刘畅和胡卫卫（2024）提出以数字技术推动横向支付机制的建立。通过数字技术进行数据分析和智能测算，实现对环境治理隐性效益的显性测量，明晰各区域、各主体的受益情况，并按照"谁受益谁补偿"的原则，建立起受益区政企民对保护区政企民的横向支付机制，通过数字技术实现对责任主体及其担责程度的明确，在保护区机会成本这一"压力"不变的情况下，增加责任主体来扩大"受力面积"，从而降低对中央财政的"压强"，解决过去生态补偿资金不足和主体单一的问题。（6）关于数字经济赋能生态保护补偿考核方面。刘畅和胡卫卫（2024）认为，数字技术能够通过完善生态补偿和助力考核优化，建立稳固、公平的利益共享机制，进而赋能跨域生态整体性治理的实现和碎片化的整合。

2.6.3　数字经济赋能生态产品保护补偿的数字平台

数字经济赋能生态产品保护补偿的数字平台搭建，能够减少因信息不对称、沟通不顺畅所造成的生态补偿成本高、补偿效率低等问题（唐萍萍和任保平，2024）。强化数字技术生态保护与修复支撑作用，以矿山修复为例，要加强数字化修复技术应用，掌握矿山生态环境质量大数据信息，并根据修复的检测数据、土地利用、土地覆盖等遥感信息数据，进行生态环境检测系统监测、管理和评价（孙博文，2022）。唐萍萍和任保平（2024）认为，通过数字技术搭建数字化的生态补偿信息共享平台，实现生态补偿机制运行过程中各类信息全链接与合理共享，使不同的生态补偿主体可以依托这一平台在统一的制度安排下进行平等的补偿谈判与沟通。罗序斌（2024）认为，生态补偿数字平台与"生态数字银行"的建立，能够统筹城乡生态资源，测度生态服务增值，完善城乡生态产品补偿机制。许周迎等（2024）认为，数字经济支持建立平台化的生态补偿机制，政府部门可以利用在线平台向企业或个人提供森林资源的拓展服务，提供生态补偿金、环境修复资金或相关资金扶持，将经济利益与生态保护结合，促使森林生态产品供给更加可持续。刘畅和胡卫卫（2024）认为，应积极探索利用数字技术创新生态补偿方式，鼓励经济发展区通过开发智能化、数字化的生态文旅平台、生态产品信息平台和交易平台，帮助功能区生态产品价值变现，既增加功能区的"造血"能力，也缓解发展区的"供血"压力。

2.6.4 数字经济赋能生态产品保护补偿的应用场景

当前，数字经济赋能生态产品保护补偿的应用场景不多。孟夏风（2024）基于计算机视觉和深度学习，使烟火识别算法在满足能见度的条件下，识别准确率高于 97%，热成像林火定位误差在监测范围内低于 50 米，做到预防火警、保护生态环境，同时提高了森林防火监测预警手段。俞淑和魏亦书畅（2021）认为，应建立优质表土生态补偿制度，实时更新"批准占用"子场景模块的已批准占用可剥离优质表土信息，与"整治修复"子场景模块信息互通，为可剥离优质表土就近寻找再利用的乡村全域土地整治项目地块，在确保优质表土不流失的同时，提高乡村全域土地整治项目耕地质量和生态。向廷贵和郭晓伟（2023）认为，应利用新一代信息技术，接入安全生产监管、自然资源、地质灾害、森林消防、水利等数据，从数据交换共享出发，在生态环保场景中关注"事前、事发、事中、事后"全面感知、动态监测、智能预警、分析决策、快速处置、精准监管。闫瑞华（2023）认为，5G、北斗卫星、大数据和云计算等信息技术支撑构建林草生态网络感知的"技术应用场景"，以数字化技术打造生态补偿场景。

2.6.5 文献述评

生态产品保护补偿是指在维护自然生态系统持续为人类提供资源环境功能的基础上，通过一定的经济手段激励和约束一定组织或个人行为的制度安排。然而，我国生态保护补偿机制建设虽成效显著，但仍存在市场化生态保护补偿范围小、企业和社会公众参与度不高，以及优良生态产品和生态服务供给不足等问题（彭文英和藤怀凯，2021）。数字经济赋能生态产品保护补偿能够精准确定生态补偿的对象及补偿标准，提高生态补偿效率。当前，生态保护补偿工作需要明确补偿主体、扩大补偿范围、加大补偿力度、完善补偿标准、加强跨地区跨部门合作和健全法制保障，基于平台型技术、连接性技术、体系性技术和仿真性技术等关键技术，搭建生态补偿信息共享平台、生态产品信息平台和交易平台等数字平台，实现生态整治修复、生态监测预警、生态网络感知等场景应用，以数字化打造生态产品保护补偿场景。鉴于此，在数字经济时代，生态产品保护补偿亟须加强关键技术开发，搭建多元化数字平台和应用场景，提升生态产品保护补偿数字化能力，实现生态产品价值补偿精准高效。

2.7　数字金融赋能生态产品融资增信研究进展

2021 年 4 月，中共中央办公厅、国务院办公厅印发《关于建立健全生态产品价值实现机制的意见》，该文件在总结国内生态产品价值实现的基础上提出指导性意见，明确加大绿色金融支持力度，鼓励金融产品创新、鼓励绿色信贷业务，探索生态产品证券化道路，为生态产品价值实现提供资金保障。而《我国数字金融政策重点聚焦五个方面》指出，数字金融是未来我国金融的重点发展方向之一，打造数字化金融生态，将有效丰富数字金融服务体系，依托于平台生态和开放银行，以"金融＋"服务模式，构建智能便民生活圈和平台数字经济体系，实现金融与个人、企业、政府建立数字连接、共建开放生态，将金融服务延伸至社会生活的方方面面，赋能数字经济快速发展。

在金融与生态产品的关系中，已有诸多学者进行了深入研究。陈明衡和殷斯霞（2021）从金融支持的角度，探讨了生态产品价值实现的途径。他们认为，提供融资保障、助力价值变现、推动市场价格发现和促进价值增值是实现生态产品价值的关键步骤。张黎黎（2022）认为，金融支持生态产品价值实现可归结为提供融资服务、助力保值增值、形成公允价值、促进环境保护四个方面。生态产品在市场流通中面临着诸多挑战，这些问题主要表现为"难度量、难抵押、难交易、难变现"。这些难题不仅严重影响了生态产品的有效融资，还显著增加了融资的成本和风险（吴倩茜，2023）。面对这一现状，传统的融资模式显得力不从心，难以解决生态产业开发主体在信贷要素上的不齐全问题。因此，迫切需要探索新的融资途径。而兰志贤和黄忠（2024）在研究中提出，借助大数据、区块链、物联网等数字化手段，可以为生态产业的融资提供新的解决方案。这些数字技术的应用不仅可以提高融资的可操作性，还能降低融资过程中的风险和成本，从而推动生态产业的健康发展。

数字金融作为一种新兴的金融形态，能够利用大数据、人工智能和云计算等信息技术，准确评估信贷需求者的信用水平和还贷能力，增强金融风险防控能力，实现金融服务供需的精准匹配，提升授信审批速度（翟华云等，2024）。有研究发现，利用大数据、人工智能等技术，互联网金融平台的服务效率较传统金融提高了约60%，风险识别率提高了约40%，互联网金融交易的坏账率降低约30%（刘萍，2024）。在数字金融如何赋能生态产品融资增信中，陈卫洪（2023）的研究成果显示，数字普惠金融在生态林业的发展中扮演着重要角色，不仅提供了必要的金融支持和信贷供给，还有效缓解了信息不对称的问题，成功打通了融资过程中的"最后一公里"。李璞和欧阳志云（2021）强调了生态征信机制的重要性，认为这是金融支持生态产品价值实现的关键。他们提出，金融机构可以通过收集和汇总企业和个人在生态环境方面的行为信息，评估其生态信用等级，并据此实施相应的金融激励和约束政策。进一步地，吴倩茜（2023）指出，生态产品由于其抗风险能力较弱，亟须融资增信支持体系和风险补偿机制的介入，以提升其融资活动的效能。这为后续研究奠定了基础。例如，江西抚州建立了"信用＋多种经营权抵押贷款"模式，通过生态信用机制支持生态产品价值实现。

数字金融在赋能生态产品融资增信的过程中，尽管展现出巨大的潜力和前景，但在实际操作中仍面临着一系列挑战。这些问题不仅限制了数字金融在生态产品融资中的作用，也影响了生态产品价值的有效实现。首先，金融产品创新不足，缺乏针对性的金融产品和服务模式。尽管一些地区如丽水市通过创新金融产品和服务模式取得了一定的成效，例如推出"生态贷""两山贷"等金融产品，但这些创新举措尚未在更广泛的范围内推广和应用。其次，技术应用和推广难度大。尽管数字技术如大数据、人工智能、区块链等在生态产品融资中具有显著的优势，但其在实际应用和推广中仍面临诸多挑战。技术壁垒和高昂的资本需求是主要的制约因素。例如，生态产品的价值评估需要大量的数据支持和复杂的算法模型，而这些技术的应用往往需要较高的成本和专业的技术团队。此外，技术的推广还涉及到数据安全和隐私保护等问题，增加了技术应用的复杂性和难度。

最后，容错机制不完善。传统的信贷模式主要以抵押贷款和担保贷款为主，这种模式虽然风险较小，但条件严格，限制了中小微企业的融资渠道。相比之下，基于数字技术的信贷模式更注重信用评估和风险控制，需要金融机构在信贷决策中进行更多的尝试和试错。然而，现有的容错机制尚不完善，金融机构在面对信贷风险时往往缺乏灵活性和创新性。这不仅影响了金融机构对中小微企业信贷的支持力度，也限制了数字金融在生态产品融资中的应用。

因此，尽管数字金融在赋能生态产品融资增信方面展现出巨大潜力，但仍需克服诸多挑战以实现其全面应用。首先，金融机构需要进一步探索和开发更多符合生态产品特性的金融产品，以满足不同生态产品的融资需求。这不仅需要金融机构具备敏锐的市场洞察力，还需要它们在产品设计和风险管理上进行创新和突破。其次，如何有效降低技术应用的成本，提升技术的普及率和应用效果，是数字金融赋能生态产品融资亟须解决的问题。最后，建立和完善容错机制，鼓励金融机构在信贷决策中进行创新和尝试，是推动数字金融赋能生态产品融资的重要途径。

第 3 章　数字赋能生态产品价值实现的基础理论

3.1　偏向型技术进步理论

3.1.1　偏向型技术进步理论的理论发展沿革

在经济学领域，技术进步被广泛认为是推动经济增长和社会发展的关键动力，对于推动人类文明进步及世界经济的发展功不可没。偏向型技术进步理论作为技术进步研究的一个重要分支，主要探讨技术进步对不同生产要素（如劳动、资本）的影响，以及这种影响如何塑造经济结构和收入分配。新古典增长理论认为，只有技术进步才会引起人均产出的持续增长，并且新古典增长模型假定资本与劳动的替代弹性为 1，从而生产函数为柯布—道格拉斯（Cobb-Douglas）形式，在这种情况下技术进步是中性的。但是在很多情况下，技术进步不是中性的，它偏向于某一生产要素而演进，从而有利于经济中某些生产要素和个体。技术进步的偏向型不但决定了技术进步过程中的收入分配格局，而且对于深入理解技术进步的内涵及其决定因素也非常重要。可以这么说，理论上，偏向型技术进步理论将技术进步的方向内生化，从微观层面分析技术偏向的决定因素，从而打开了技术进步方向的黑箱，进一步完善了内生技术进步理论；经验上，偏向型技术进步理论能够解释现实生活中许多重要经济现象，如技能溢价、劳动收入占比下降、国家间的收入差距、环境技术变迁、对要素间替代弹性的估计、技术偏向的决定因素、技术创新的路径依赖，以及要素相对供给与技术偏向之间的双向因果问题等（张俊和钟春平，2014）。

　　从现有研究来看，最早关于偏向型技术进步的讨论出现于希克斯（1932）"工资理论"中的诱导性创新思想，稀缺的生产要素成本较高，而技术进步能够减少使用这类一生产要素以降低成本，增加利润。20 世纪 60 年代，诱导性创新理论取得一定进展，肯尼迪（1964）从技术供给的角度，引入了"创新可能性边界"，认为创新可能性边界决定了要素收入分配，并且诱导性创新使得经济实现均衡，均衡状态下要素收入份额保持不变。之后，达纳基尔和费尔普斯（1965）、塞缪尔森（1965）也得出了类似结论。然而，早期的诱导性创新文献存在共同的缺陷——缺乏微观基础，以至于这一研究方向逐渐沉寂，很长一段时间里进展缓慢。直到 20 世纪 90 年代，随着罗曼（1990）、格罗斯曼和埃尔普曼（1991）、阿吉翁和豪伊特（1992；1998）等对内生技术变迁理论的发展，西方学者重拾偏向型技术进步理论，直到 20 世纪 90 年代，技术进步的方向重新引起了学者们的兴趣，其中尤其以阿齐默鲁（2002；2003；2007）等的相关论文树立了最近十多年关于偏向型技术进步理论研究的标杆，为推动这一理论的发展做出巨大贡献。他们的研究是从微观厂商出发，在以往内生技术进步理论的基础上，把具有偏向的技术进步命名为"偏向型技术进步"，很好地弥补了以往关于技术进步理论微观基础缺失的不足（周丽云，2017）。

　　而后，喜马尔（2007）利用标准化供给面系统法，测算出 20 世纪 60～90 年代末美国和欧元区的要素替代弹性和技术进步偏向。计算结果显示，要素替代弹性在样本期内均小于 1，并由此推知技术进步偏向资本。而中国学者也逐渐关注到这一问题并展开了丰富的研究。戴天仕和徐现祥（2010）首先从已有研究的基础上出发，根据定义将技术进步的方向进行量化推导，并通过这种估计方法，利用中国 1978～2005 年的数据，得出在该样本期内中国的要素替代弹性小于 1，技术进步偏向于资本。随着偏向型技术进步理论的完善成熟，这一理论在经济学各个领域都有着广泛的应用。国内外学者尝试从偏向型技术进步理论的视角，对经济学和社会发展各领域中的一些社会经济现象进行解释，如劳动经济学中的技能溢价之谜，发展经济学中收入分配不均等。20 世纪 80 年代以来，发达国家的劳动力市场中，高技能和高教育水平劳动力所占的就业比重大大提高，不同技能和教育水平劳动力之间的收入不均等现象也日益加剧。这些现象引起了经济学界广泛的关注，目前占主流地位的研究，是从技术进步的角度来解释，认为快速的技术进步加大了对高技能劳动力的需求，从而改变了就业中的技能结构，加剧了收入不均等现象，而这也就是所谓的"技能偏向性技术进步效应"。20世纪末至21世纪初，技能偏向型技术进步成为热点议题。随着信息技术的发展，对高技能劳动力的需求增加，导致技能溢价上升。这一现象引发了对技术进步与劳动力市场结构变化关系的深入分析。

近年来，随着全球气候变化和环境问题的日益严峻，绿色技术进步成为研究的新方向。学者们探讨如何通过技术进步实现经济发展与环境保护的双赢，以及这种进步对于不同行业和地区的影响。当前，数字经济、人工智能和自动化技术的发展正在重塑全球经济和社会结构。研究者们关注这些技术如何改变劳动市场的需求结构，即它们对不同技能层次工人的影响，以及这些技术作为生产要素对产品生产的影响。

偏向型技术进步理论的发展沿革，反映了经济学界对技术进步影响的深入理解。从早期的宏观分析到当代的技能偏向性、绿色技术进步以及数字经济与人工智能技术进步的研究，该理论不断适应新的经济现象和技术变革。未来，随着技术的不断进步和经济社会的发展，偏向型技术进步理论将继续演化，为理解技术进步与经济发展之间的关系提供了更加丰富的视角。

3.1.2　偏向型技术进步理论的主要内容

偏向型技术进步的方向：假设生产函数为 $Y = F(At, Kt, Bt, Nt)$，其中包含劳动与资本两种生产要素（Kt，Nt），而且还考虑到资本增强型与劳动增强型技术（At，Bt），分别表示技术进步导致的资本生产效率和劳动生产效率的提升程度，这是对以往中性技术进步假设的改进。在这个生产函数中，$[\partial(Fx/Fn)/\partial(A/B)]$ 表示技术进步的偏向，更进一步地，也代表着技术进步对劳动与资本边际报酬之比的影响。当 $[\partial(Fx/Fn)/\partial(A/B)] > 0$ 时，技术进步偏向资本；反之，当 $[\partial(Fx/Fn)/\partial(A/B)] < 0$ 时，技术进步偏向劳动。也就是说，如果技术进步会提高生产要素的边际产出，但是它对两者的作用程度并不是相同的，当它更利于资本边际产出的提升时，就是偏向资本的；反之偏向劳动（周丽云，2017）。

另外，阿齐默鲁（2002）的研究中，探讨了不同生产要素的禀赋情况对厂商技术研发的决定性作用，以及如何促使技术进步偏向某种生产要素，他的研究是基于微观角度的生产厂商和生产理论，弥补了希克斯关于技术进步方向的研究中缺少微观基础的不足。在他们的设定中，要素具有稀缺性，企业追求利润最大化，这两种因素的共同作用导致了技术进步具有偏向性。并在最后的结论指出，当经济达到均衡状态时，"市场规模效应"和"价格效应"是影响企业选择和技术进步偏向的决定因素。"市场规模效应"是指丰裕生产要素价格便宜、成本较低，能够与更多生产要素相关联，市场广阔，技术能够作用于更多的生产要素，因此技术创新应当向要素充裕的那一方发展。"价格效应"是指稀缺的生产要素价格昂贵，最终商品定价也会相对昂贵，那么技术进步往稀缺要素方向发展比往丰裕要素发展获取的利润也就更多，即技术进步应该偏向稀缺生产要素。可以看到，这两种不同的作用导致厂商关于技术进步方向的抉择恰好是相反的，而厂商最终选择哪种效应或者受哪种效应影响更大，由要素替代弹性的大小来决定。通常来说，当两种生产投入品互为互补品，即两者的替代弹性较小（$\sigma < 1$）时，厂商的决策受价格效应影响超出规模效应，技术朝稀缺生产要素方向发展；当两种生产投入品互为替代品，即两者替代弹性较强（$\sigma > 1$）时，厂商的决策受市场规模效应的影响会超过价格效应，技术朝丰裕生产要素方向发展。基于此，厂商会考虑要素禀赋以及要素价格等因素，根据价格效应和市场规模效应来选择不同要素偏向的技术进步。

3.2　诱致性技术创新理论

3.2.1　诱致性技术创新理论的发展沿革

诱致性技术创新理论的发展沿革是一段从概念提出到理论形成、完善和实证检验的演进历程。诱致性技术创新理论将技术变革与资源禀赋结合，通过把技术变革视为内生变量，成功地解释了在自然资源给定的条件下技术生成和变化的偏向问题。

诱致性技术创新理论最初是从厂商理论中发展而来的，包括两个分支。（1）一个分支是"施莫克勒－格里利切斯"（Schmookler-Griliches）假说，重点关注增长的产品需求对技术变革速度的影响，也可称其为市场需求诱致的技术创新理论。格里利切斯（1957）采用这一理论对美国杂交玉米的发明和推广进行研究，并解释了这一过程中市场需求所起的作用，但是并没有给出一个比较完全的理论模型描述。而修默克尔（1966）则非常肯定地指出，引致发明的因素在于市场力量的作用，而不是其他可获得的基础科学知识。尽管如此，"施莫克勒－格里利切斯"假说并没有被广泛接受而是遭遇了一些批评。例如，莫厄里和罗森博格（1979）认为，"市场需求'决定'创新过程的这一看法没有经验分析来加以支持"。谢雷尔（1992）也指出，需求拉动与不断地创新之间的联系相当微弱。虽然林（1991）对中国农业发展及杂交水稻的实证研究部分地支持了该假说，但是，"施莫克勒－格里利切斯"假说并没有提供一个非常好的理论分析基础，也没能得到足够的支持与关注。（2）另一个被普遍采用的诱致性技术创新理论，是经典的"希克斯－速水－拉坦－宾斯旺格"（Hicks-Hayami-Ruttan-Binswager）假说，该理论关注由资源稀缺变化所引起的要素相对价格变化对技术变革的诱致性作用，因此也可称之为要素稀缺诱致性技术创新理论（何爱和曾楚宏，2010）。

希克斯在《工资理论》一书中，首次提出了诱致性发明这一概念。希克斯对诱致性发明进行了这样的描述："生产要素价格的变化本身就能刺激发明，并且是引起一种特殊类型的发明——用以直接节约变得相对昂贵的要素使用。"由要素相对价格变化所引起的发明，我们可以将之称为"诱致性"发明，至于其他的，我们可以将之称为"自发性"发明（Hicks J. R.，1932）。虽然希克斯提出了诱致性创新概念的雏形，但是并没有对"如何诱致"这一机制进行理论阐述。因而在相当长一段时期，这一概念没有引起人们的重视。直到20世纪60年代，经济学家们才开始对该问题逐渐产生兴趣。斯莱特（1960）最先指出了希克斯诱致性发明概念缺乏解释的事实。另外一些学者在给出该理论的解释框架方面作出了尝试。例如，肯尼迪（1961）将"诱致性发明"的概念表述形式转化为"诱致性创新"，并试图建立一个以创新可能性边界为分析基础的增长理论模型或宏观模型。塞缪尔森（1965）的研究也从这一角度出发，尝试在要素禀赋、相关价格以及技术进步引起的要素份额变化基础上建立一个宏观模型。但是，这些尝试最终也遭到了批评，其中，诺德豪斯（1973）比较尖锐地指出肯尼迪的 IPF 方法缺乏充足的微观经济基础。首位为该理论建立分析基础的学者是阿哈默德（1966）。他在传统的比较静态基础上，考虑劳动和资本两个要素，引入创新可能性曲线这一概念，清晰地建立了最初的诱致性技术创新的理论分析框架。后人将这一分析框架称为"希克斯—阿马德"诱致性技术创新理论。但是，阿哈默德（1966）的分析方法只是一个特例，因为有一个固定研究预算的限制性假定（宾斯瓦格，1974；1978）。宾斯瓦格再次批评肯尼迪的 IPF 方法的同时，也发展出一个诱致性技术创新的微观经济学解释模型。宾斯瓦格的分析框架也建立在比较静态分析框架之上，但却无须求助于固定研究预算的假定。在宾斯瓦格模型中，技术变革是由相对要素价格的变化而引致其沿着 IPC 移动，而 IPC 本身则是由于产品需求增长的诱致而向内移向原点，因此可以说是将"希克斯 – 阿马德"模型和"施莫克勒—格里利切斯"假说进行了一定程度的结合。更为重要的是，宾斯瓦格给出了一个数学模型，对于理解该理论提供了更为便利的方式。速水和拉坦（1970；1971）指出，"希克斯—阿马德—宾斯旺格"诱致性技术创新理论是从厂商理论中发展出来的，因而也是主要关注私人厂商的创新行为，却大大忽视了公共部门的创新行为。在这一缺憾的基础上，他们以农业发展中的技术变革为基础，提出了一个四要素的诱致性农业技术创新模型，该模型与私人厂商和公共机构的资源配置过程相一致，并且包括了生物和机械技术进步相联系的要素替代性和互补性的特点。此外，速水和拉坦还特别强调，应该将诱致性技术创新看作一个动态的发展过程，其中不平衡或不均衡的出现是诱致技术变革和经济增长的一个关键因素。他们的理论对于如何研究农业发展作出了贡献。诱致性创新理论也因此成为重要的农业发展理论。鉴于以上学者对于诱致性技术创新理论方面的贡献，后人也将该理论称为"希克斯—速水—拉坦—宾斯旺格"假说。

3.2.2　诱致性技术创新的实证研究

诱致性技术创新理论主要被应用于研究农业发展，且早期多数研究以发展中国家农业为对象。速水和拉坦（1970）不仅提出了一个被广为接受的诱致性技术创新模型，还首次对该理论进行了实证检验。该研究通过分析 1880 ~ 1960 年美国和日本的农业发展，揭示了在资源约束极不相同的条件下，美国（人少地多）和日本（人多地少）的农业技术发展变化都是由于该时期国内要素价格变化所引起的，验证了诱致性技术创新的假说。在

《农业发展的国际分析》一书中，他们将研究时段扩展为 1880～1980 年，所得出的结论不变。宾斯瓦格（1974）则发展了一个多要素的超对数成本函数模型，来分析美国 1912～1968 年农业要素价格变化带来的要素份额变化，研究结果支持了诱致性技术创新假说。严（1979）在宾斯瓦格（1974）的超对数成本函数基础上，提出了一个修正的超对数成本函数模型，考察日本 1900～1940 年农业部门的技术变革情况，结果显示存在诱致性技术变革偏向。此外，川越等（1986）研究得出的美国农业技术变革偏向与宾斯瓦格（1974）的结论非常一致；得出的日本农业技术变革偏向与严（1979）的结论非常一致。对于发展中国家农业的研究也逐渐增加。除了施透等（1995）对南非农业的研究之外，其他基本集中于对亚洲国家农业的研究。菊池和速水（1978）通过对日本、中国台湾、韩国和菲律宾的比较，揭示了膨胀的人口压力如何造成土地资源限制，从而诱致了土地基础设施投资，进而节约土地型技术得以产生。袁（1991）对韩国农业的研究也很有意义，其结果显示农业技术变革偏向符合诱致性技术创新假说，基本上与美国和日本所得出的结论一致。研究中国农业发展更加有意义。林毅夫（1991；1992）是第一个运用诱致性技术创新理论研究中国农业发展的学者，他的研究结果支持了该理论假说，为诱致性技术创新的存在性和正确性提供了更加有力的证据。在现有研究文献中，安特尔（1984）的研究样本与宾斯瓦格（1974）的样本基本相同，却没能得出相同的结论。一方面两者的研究基础不同，宾斯瓦格（1974）立足于成本最小化，安特尔（1984）则立足于收益最大化；另一方面的原因，也是主要的原因，在于假设有所不同。宾斯瓦格（1974）的研究指出，当假定肥料价格对于农业是外生的，那么肥料价格的快速下降阐明了一个一贯的诱致性创新模式。此外，如果再假设工资率外生于农业，那么在研究时期劳动价格的上升所产生的节约劳动倾向也符合诱致性创新假说。而安特尔（1984）则认为在 1910～1946 年，农业技术主要偏向机器的使用，这一发现与宾斯瓦格（1974）对这一时期得出的结论刚好相反。而安特尔（1984）对战后期间的分析显示了一个劳动节约倾向以及肥料施用的偏向，与宾斯瓦格（1974）的结论一致。但是，安特尔（1984）认为，如果从相对比率来看，可以认为 1925～1940 年工资率相对机械和肥料的价格有所下降，从这个角度看，即使是战前时期也能验证诱致性技术创新假说。上述研究基本都在验证诱致性技术创新理论的存在性和正确性，而没有利用该理论进行更深层的分析。在这一点上，纳帕辛特望（2004）以诱致性创新理论为分析框架，考察美国移民政策和劳动力市场的变化对于佛罗里达州和美国农业技术变革比率和方向的影响，并评价了该移民政策的成效。希克曼和蕊木定（2007）运用诱致性创新理论对俄罗斯农业技术变革进行考察，以解释1991~2005年的转型危机。他们认为俄罗斯的制度摩擦严重影响了农业技术的变革和应用，误导了其自然发展方向，进而导致转型危机的产生（何爱和曾楚宏，2010）。

3.2.3　数字经济时代诱致性技术创新理论在生态产品供给中的应用

诱致性技术创新理论与数字经济之间存在着紧密的联系和互动关系。诱致性技术创新理论将技术变革视为内生变量，解释了在自然资源给定的条件下技术生成和变化的偏向问题。这一理论最初主要应用于农业技术变革和农业发展的研究，但随着时间的推移，其应用范围已扩展至更广泛的经济领域，包括数字经济。

（1）从资源稀缺性的角度来解释：随着传统资源的稀缺性日益显现，技术进步逐渐向节约这些资源的方向发展。数字技术作为一种节约传统资源并提高效率的技术形式应运而生。而大数据、云计算、物联网等通用数字技术逐渐成为新产业革命的基础，正是传统资源的稀缺性推动了这些技术的广泛应用和发展。

（2）从市场需求变化的角度来解释："施莫克勒—格里利切斯"假说指出，市场需求的增长会诱致技术创新。数字经济中，消费者对便捷、高效服务的需求推动了数字技术的不断创新和应用。而且随着市场对数字化产品和服务的需求增加，各类企业纷纷进行数字化转型，以满足市场需求并获得竞争优势。数字技术创新为生态产品消费者带来了更好的服务体验，从而促进消费者对数字化生态产品供给的需求，进而又推动了数字技术的不断创新和应用。

（3）从要素相对价格变化的角度来解释：数字技术降低了信息处理和传递的成本，使得企业能够以更低的成本提供更多样化的服务。由要素相对价格变化引起的成本结构改变，推动了企业在技术和模式上的创新，如从传统商业模式向平台经济的转变。

综上所述，诱致性技术创新理论为理解数字经济中的技术创新在生态产品价值实现中的作用提供了重要视角。通过分析资源稀缺性、市场需求变化、要素相对价格变化等方面，可以更好地理解数字经济的发展路径和未来趋势。

3.3　内生经济增长理论

3.3.1　内生经济增长理论的发展沿革[①]

在经济思想的长河中，对于推动经济增长的要素，学界曾有一段相当长的时期达成共识，认为经济增长主要依赖于三个核心要素（Tanzi & Zee，1997）：首先，随着时间的推移，生产性资源的积累；其次，在一国的技术知识既定的情况下，资源存量的使用效率；最后，技术进步的作用。然而，经济增长理论主要关注劳动和资本等生产要素对经济增长的影响，将技术进步视为外生因素，认为经济增长主要依赖于内部因素，如物质资本和劳动力的投入。这种外生增长理论在 20 世纪 60 年代占据主导地位，其中柯布—道格拉斯生产函数是一个典型的例子，它以劳动投入量和物质资本投入量为自变量，将技术进步等作为外生因素来解释经济增长。

然而，新古典增长理论的局限性逐渐显现。例如，哈罗德和多马的充分就业增长模型，由于其增长条件极为苛刻，被称为"刀刃条件"，即要求储蓄—产出比与产出—资本比的乘积，必须恰好等于技术进步速度与劳动力增长速度之和。这种模型由于缺乏对实现条件的机制约束，使得增长本身并不稳定，加之忽略了技术进步和人力资本等关键因素，难以充分解释现实世界中的经济增长现象。

---

① 百度百科. 内生增长理论 [EB/OL]. [2024 – 08 – 21]. https：//baike. baidu. com/item/%E5%86%85%E7%94%9F%E5%A2%9E%E9%95%BF%E7%90%86%E8%AE%BA/9789538?fr = ge_ala.

百度文库. 内生增长理论发展综述 [EB/OL]. （2023 – 06 – 06）[2024 – 08 – 21]. https：//wenku. baidu. com/view/bf42dc21cb50ad02de80d4d8d15abe23492f031e. html?_wkts_ = 1725370356602.

豆丁网. 内生增长理论的产生、发展与争论 [EB/OL]. （2023 – 12 – 07）[2024 – 08 – 21]. https：//www. docin. com/p – 4560880141. html.

为了克服这些局限，在 20 世纪 80 年代，罗默和卢卡斯等经济学家提出了内生增长理论的概念，强调的是经济增长的内在动力和机制。他们认为，技术进步和人力资本是经济增长的关键因素，而这些因素是由市场机制和内部力量推动的。因此，内生增长理论也被称为"新增长理论"。在内生增长理论的发展过程中，经济学家们提出了许多不同的模型和假说，例如罗默的知识溢出模型、卢卡斯的创造性破坏模型，旨在更全面地捕捉经济增长的复杂性和动态性。这些模型不仅为理解经济增长提供了新的视角，也为政策制定提供了更为丰富的理论依据。

在进入 20 世纪 90 年代以后，经济学家对于内生增长理论的研究不断深入，并取得了新的进展。一方面这些进展主要体现在对原有内生增长模型的丰富化，另一个方面是新熊彼特主义（neo-Schumpeterism）的复兴。首先是对原有内生增长模型的丰富化，如对 R&D 投入与经济增长之间关系的定量模型的建立、对熊彼特的创造性毁灭的重新探索等。另外，在实证分析方面，正如本·范尔（2000）所指出，增长理论的实证研究面临着以下三个方面的问题：（1）变量的独立性（模型的检验假设了数据的独立性，但在实际上，变量之间是相互影响的，独立性无法保证）；（2）数据基于模型所进行的选择性，这种选择忽略了增长过程而注重增长的结果；（3）数据的随机性与变量随机性的匹配，模型中所使用的是随机变量，但现实中的数据却是各种随机冲击的后果。但是，20 世纪 90 年代在估计方法（如对于 Barro 模型回归的突破）、变量的调整（如多国的长时期数据）、数据的调整（如对于各国经济增长率的调整）、定性因素的量化（如对于民主与增长关系的研究）等方面均取得了一定的成就。其次是在新熊彼特主义（neo-Schumpeterism）的复兴方面，自阿吉翁和豪伊特于 1992 年提出了增长过程中创造性破坏的作用后，在他们于 1998 年出版的《内生增长理论》一书中，花了大量的篇幅讲述熊彼特方法，并对技术进步的创造性破坏作用进行详尽的分析。阿吉翁和豪伊特在他们所建立的模型中，引入了新技术使原有技术过时的概念，从而使技术进步成为一种具有创造性的破坏过程。新熊彼特主义的另一个特点与技术进步的微观机制有关。在 20 世纪 90 年代关于增长理论的文献中，很多模型发展了市场结构与技术进步的关系（Aghion & Howitt，1998）。

从未来的发展来看，内生增长理论的发展将沿两个方向进行，一个方向是沿非线性动态模型路线进行，以更复杂的数学模型更精确地模拟现实经济世界；另一个方向是计量检验的研究，包括引入更多变量、对变量进行调整以具有现实性、定性因素的定量化等。

3.3.2 内生经济增长理论的主要内容

（1）罗默的知识溢出模型。

1986 年，罗默发表了文章《收益递增经济增长模型》，该模型新增了除资本和劳动以外的人力资本、技术水平两个生产要素。模型中所列入的劳动是指非熟练劳动，而人力资本则指熟练劳动，人力资本用正式教育和在职培训等受教育时间长度来表示，这样就把知识或教育水平在经济增长中的作用考虑了进去。关于模型中所列入的技术水平这个要素，罗默认为它体现于物质产品之上，如新的设备、新的原材料等，它们表示技术创新的成果。换言之，知识的进步体现在两方面：一方面是体现于劳动者身上的熟练程度，它在模型中用人力资本来表示；另一方面是体现于新设备、新原材料等物质产品之上的技术先进性，它在模型中用技术水平表示出来。在模型中，他将社会生产划分为研究部门、中间品生产部门和最终生产部门。其最终的生产函数：

$$Y = H_y^\alpha L^\beta \int_0^A X(i)^{1-\alpha-\beta} di \qquad (3-1)$$

其中，H_y 是直接投入到最终生产品中的人力资本量；$X(i)$ 是部门中间品投入量；A 是最大知识总量。这与事实相符，但是其存在的主要缺陷是没有研究初始的人力资本状况和对人力资本总量不变的假定。

（2）卢卡斯的创造性破坏模型。

卢卡斯将舒尔茨的人力资本和索洛的技术进步概念结合起来，提出来人力资本的积累是产业发展和经济进步的动力源泉，且人们的人力资本水平（知识、技能）是可以相互传递的，经济则在人力资本自我形成的基础上运行。卢卡斯的内生经济增长模型把整个经济分成两个部门。在第一个部门中，每个劳动者根据其拥有的物质资本（与产品同质）和一部分的人力资本生产消费品。在第二个部门中，人力资本自我形成。假定每个劳动者能力和他贡献给人力资本的时间（可视作受教育和培训的时间）决定了他进一步获取知识的速度。而人力资本的积累通过两条途径实现：一是通过学校教育，提升一般人力资本水平；二是通过在实践中学习，提升专业化人力资本水平。模型还进一步假定，所有个人都是同质的，因而可以得到加总的生产函数和人力资本形成函数：

$$Q_t = A_t K_t^{\alpha} (\mu_t H_t^{1-\alpha}) \qquad (3-2)$$

$$H_t = B(1 - \mu_t)^{\beta} H_t \qquad (3-3)$$

其中，A、B 都是正的参数；Q 是产出；K 是物质资本存量；H 是人力资本存量，是人力资本中用于生产的部分，是人力资本用于人力资本形成的部分。

3.3.3　数字经济时代内生经济增长理论在生态产品供给中的应用

内生增长理论将资源、环境污染及科学技术作为内生变量来研究，试图通过提高资源生产率，来实现经济和环境的可持续发展（杨永华等，2007）。张新春（2021）也指出，内生经济增长理论认为技术进步和全要素生产率是推动经济持续增长的重要因素，数字技术在各领域的渗透效应带来了以数据要素为核心的新型生产资料的普及，改变经济运行方式，通过一系列互补性技术、制度的构建牵引生产力、生产方式的全面变革。数字赋能生态产品价值实现，通过数字确权赋能生态资源资产化、智能化价值核算赋能生态资产资本化、数字化管理赋能生态资本产品化、数字平台赋能生态产品市场化、数字政府赋能生态价值持续化（黄林等，2024），形成"技术—数据—平台"的内生增长理论框架。具体来说，各地区应利用城市数字大脑、大数据和云计算等先进技术，全面反映生态资源的数量、分布和质量，形成可视化、可触摸的基础数据。利用遥感技术、GIS等手段全面评估生态系统，可以为生态产品投资和运营维护提供科学依据（Benjamin Burkhard et al.，2014）。同时，大数据和云计算技术的应用，系统反映各类生态资源数量、质量、分布、价格、权属等信息，有助于绘制市域"生态产品价值地图"，实现 GEP 地块级精细化动态核算。通过探索"大数据＋绿色金融"模式，构建绿色企业和项目的集成方阵，建立绿色评级公共数据库，为投资决策提供数据支持。依托数字技术，打造碳汇数字化交易平台，推动碳汇产业的聚集效应。数字政府在生态产品价值转化中扮演着关键角色，提供数据共享平台，加强生态产业的管理和发展，促进生态产品的高效生产、销售和消费，实现生态产品价值的高效转化。这些措施共同促进了生态产品价值转化和经济的可持续发展。

3.4　技术创新理论

3.4.1　技术创新理论的发展沿革[①]

技术创新理论（technical innovation theory）首次由熊彼特（Joseph A. Schumpeter）的《经济发展理论》系统地提出。"创新"就是一种新的生产函数的建立，即实现一种生产要素和生产条件从未有过的新结合。技术创新理论自其诞生以来，经历了漫长而不断深化的演进过程。这一过程可以大致划分为四个关键阶段，每个阶段都标志着理论认识和实践应用新的突破。

（1）早期理论探索：创新理论首次是由奥地利经济学家熊彼特提出的。他于1912年出版《经济发展理论》，书中首先提出"创新"的基本概念和思想，形成了最初的创新理论。1939年和1942年，熊彼特又相继出版了《经济周期》和《资本主义、社会主义和民主主义》两部专著，对创新理论进行补充完善，逐渐形成了以创新理论为基础的、独特的创新经济学理论体系。他将创新视为经济发展的根本动力，提出了"创造性破坏"的概念，强调了新技术、新产品和新生产方法的引入对现有经济结构的冲击和更新。

（2）中期理论发展：由于西方经济学家认为熊彼特的学说具有社会主义倾向，同时受到同时期的"凯恩斯革命"的理论影响，在相当长的时期，创新经济学理论一直受到西方国家的冷遇，未能引起理论界的关注。20世纪50年代以后，以微电子技术为核心的世界新一轮科技革命兴起，许多国家的经济出现了长达近20年的高速增长"黄金期"，这一现象已不能用传统经济学理论中资本、劳动力等要素简单地加以解释。由此，西方经济学理论界重新对熊彼特的创新经济学理论进行认识，开始对技术进步

---

① 百度文库. 技术创新理论的演化研究 [EB/OL]. (2024 – 03 – 11) [2024 – 08 – 21] https：// wenku. baidu. com/view/409ccea4ed06eff9aef8941ea76e58fafab045bc. html?_wkts_ = 1725370845990.

与经济增长的关系产生兴趣，从而使技术创新理论得以发展。学者们开始关注技术创新的过程和机制，探索其与企业战略、组织结构、市场环境之间的相互作用。例如，罗斯韦尔提出了技术创新的线性模型，强调了科学研究、技术开发、市场应用等阶段的有序衔接。

（3）后期理论深化与多元化：随着科技的飞速发展和全球化的推进，技术创新理论在后期逐渐呈现出多元化和深化的趋势。学者们开始关注技术创新的社会文化因素、网络合作、知识管理等方面，提出了诸如开放式创新、用户创新、生态创新等新型创新模式。同时，技术创新与其他领域如制度创新、组织创新、管理创新等的融合也成为研究热点。

（4）当代理论前沿：进入 21 世纪，技术创新理论继续演进，更加注重跨学科的研究方法，涉及复杂系统理论、演化经济学、创新生态学等多个领域，开始转向技术创新理论的生态化。学者们开始探讨技术创新系统的自组织性、涌现性、路径依赖等复杂特性，以及技术创新在全球价值链、创新驱动发展战略中的重要作用。

技术创新理论的发展历程是一个不断深化、扩展和细化的过程，已成为一个涵盖自组织性、涌现性、路径依赖等复杂特性的多学科交叉领域的理论体系。未来技术创新将更加注重环境、资源和社会发展的可持续性。技术创新理论将更加深入地融入到演化经济学和创新生态学等学科领域，形成更为全面的理论体系。

3.4.2 技术创新理论的主要内容

熊彼特认为"创新"是指建立一种新的生产函数，在生产过程中将所能支配的原材料和力量组合起来，引入新的生产体系。创新一般包含 5 个方面的内容。一是制造新的产品：制造出尚未为消费者所知晓的新产品；二是采用新的生产方法：采用在该产业部门实际上尚未知晓的生产方法；三是开辟新的市场：开辟国家和那些特定的产业部门尚未进入过的市场；四是获得新的供应商：获得原材料或半成品新的供应来源；五是形成新的组织形式：创造或者打破原有垄断的新组织形式①。

---

① 百度百科. 技术创新理论 [EB/OL]. [2024 – 08 – 21]. https：//baike. baidu. com/item/% E6% 8A%80% E6%9C% AF% E5% 88%9B% E6% 96%B0% E7% 90%86% E8% AE% BA/12748428?fr = ge_ala.

（1）以索洛（R. Solow）等为代表的技术创新的新古典学派，运用了新古典生产函数原理，表明经济增长率取决于资本和劳动的增长率、资本和劳动的产出弹性以及随时间变化的技术创新。1957 年，索洛发表《技术变化和总量生产函数》，指出了经济增长中技术进步所作的巨大贡献。他提出，技术创新是经济增长的内生变量，是经济增长的基本因素；技术与其他商品一样在带来创新收益的同时，也受到非独占性、外部性等市场失灵因素的影响，适当的政府干预将极大地促进技术创新的进行。并建立了著名的技术进步索洛模型，专门用于测度技术进步对经济增长的贡献率（王蕾和曹希敬，2012）。

（2）技术创新的新熊彼特学派强调技术创新在经济增长中的核心作用，并将技术创新视为一个相互作用的复杂过程（段平方，2009）。该学派重视对"黑箱"内部运作机制的揭示，分析了技术创新的过程，并提出了多个技术创新模型（余志良和谢洪明，2003）。新熊彼特学派的研究重点包括新技术推广、技术创新与市场结构的关系、企业规模与技术创新的关系等问题（叶明，1990）。他们认为，技术创新不仅仅是技术或工艺发明，而是一个持续运转的机制，对原有生产体系产生震荡效应才是真正的创新。

（3）技术创新的制度创新学派以新制度经济学的理论从产权、技术创新的外部环境等方面来分析制度对技术创新的影响（段平方，2009），其认为制度创新决定技术创新，好的制度选择会促进技术创新；不好的制度设计将扼制技术创新或阻碍创新效率的提高（张磊和王淼，2008）。纪光欣和覃欣（2017）认为，该理论探讨了技术创新与制度创新的关系、制度创新的需求和供给以及国家制度创新职能等问题，同时发掘出了技术创新中的制度原因、推动机制和社会环境。爱迪尔·贾茨鲁索等（2013）认为，要实现可持续发展，在文化、组织和技术变革的同时还需要制度的变革，即制度的创新，只有使得各个方面共同朝着可持续发展目标发展并与之保持一致，才能更好地实现可持续发展。

（4）技术创新的国家创新系统学派认为，技术创新不仅仅是企业家的功劳，也不仅仅是企业的孤立行为，而是由国家创新系统推动的（李永波和朱方明，2002）。弗里曼指出，只有将技术创新和政府职能结合起来，才能形成国家创新系统。国家创新系统是参与和影响创新资源的配置及其利用效率的行为主体、关系网络和运行机制的综合体系，在这个系统中，企业和其他组织等创新主体通过国家制度的安排及其相互作用，推动知识的创新、引进、扩散和应用，使整个国家的技术创新取得更好的绩效（张磊和王森，2008）。同时，该学派认为科学和技术的发展过程充满不确定性，国家创新系统中的制度安排应当具有弹性，发展战略应该具有适应性和灵活性（段平方，2009）。

3.4.3　数字经济时代技术创新理论在生态产品供给中的应用

创新并不仅仅是某项单纯的技术或工艺发明，而是一种不停运转的机制，只有引入生产实际中的发现与发明，并对原有生产体系产生震荡效应，才是创新。在数字化改革背景下，数字技术是创新生态产品价值转化实现机制最直接有效的方式（奚家亮，2021）。数字技术具有基础性、渗透性、外溢性等特点，能够渗透到社会再生产、分配、交换、消费等全部环节（张银银，2021）。近年来的试点实践表明，数字技术能够为生态产品价值实现的各个环节提供支持。通过加强数字技术应用，有效打通生态产品生产、分配、流通、消费各个环节的瓶颈，为促进生态保护与修复、自然资源资产确权、生态产品市场化交易以及品牌塑造等目标提供有效的路径（孙博文，2022）。

3.5　"技术—经济范式"理论

3.5.1　"技术—经济范式"理论的发展沿革

"技术—经济范式"理论是由委内瑞拉演化经济学家卡萝塔·佩蕾丝在继承、修正熊彼特技术创新理论的基础上于1983年创建的，该理论旨在描述技术创新如何引发经济变迁和社会变迁（袁菲，2022）。"技术—经济范式"是一个宏观概念，它指的是"一个最佳惯行模式"，由一套通用的、同类型的技术和组织原则所构成。其包括技术范式和经济范式，它深刻影响着经济系统以及产业的技术经济系统，是一个相互关联的产品和工艺、技术创新、组织创新和管理创新的结合，包括全部或大部分经济潜在生产率的熟练跃迁和创造非同寻常程度的投资和盈利机会。"技术—经济范式"

理论自提出以来，经历了提出、构建和完善三个理论发展阶段。经济学家弗里德曼和卢桑（2013）认为，"技术—经济范式"是将创新型技术应用于社会经济生产的实际过程，对经济结构、社会运行以及经济制度产生影响的过程。

"技术—经济范式"理论可以分为三个阶段。第一阶段是理论的提出。库恩（1962）首先提出"范式"一词，并将其定义为在某一专业领域为各学派所广泛接受的概念方法和实践规范。20年后，这一词汇被引入对技术创新的研究，产生了"技术范式"的概念，即由技术潜力、相对成本、市场需求和产业竞争等因素共同决定的技术及其演变方式。佩蕾斯（1983）在论文《结构性变革及新技术在经济社会体系中的吸收》中用"技术—经济范式"的表达取代了"技术范式"，来描述"生产组织的一种理想形式或最佳技术法则"，因为该范式所带来的变化超出了特定产品或工艺的技术轨迹，而影响到整个经济系统的相对成本结构和生产分配条件。这篇论文是"技术—经济范式"理论的开山之作，界定了"技术—经济范式"的概念，阐述了技术—经济范式变革即技术革命中不同经济部门所起到的作用。第二阶段是理论的构建。佩蕾斯和弗里曼（1988）合作发表论文《结构性调整危机，商业周期和投资行为》，基本构建了理论的框架。佩蕾斯（2022）在其著作《技术革命与金融资本》中对理论框架进行了扩充。该书对范式变革的周期性规律进行了总结，在此基础上勾画了一次技术革命的生命周期曲线，并将金融资本的作用融入对生命周期的考察中。第三阶段是理论的完善。佩蕾斯（2010）发表了《技术革命与技术经济范式》一文，标志着"技术—经济范式"理论的成熟。这篇论文对过往讨论的技术革命与技术经济范式的关系、引发范式变革的四种创新类型、范式变革中不同经济部门的作用、范式的演变过程等问题进行了观点的修正和补充，强调技术经济范式的演变对经济发展具有重要作用。

3.5.2 "技术—经济范式"理论的内容与应用

在不同领域的应用中，"技术—经济范式"理论可以用来解释和预测重大技术变革与经济增长创新的规律。在技术经济学的专业研究与应用中，技术—经济范式理论被用于研究科技创新如何推动新质生产力发展和提升全要素生产率的本质特征（夏明等，2023）。它同时涉及了从管理学的视角研究如何适应新质生产力发展要求的新质生产关系，以及相应的体制机制创新和管理制度建设（欧阳日辉，2023）。在绩效评价方面，"技术—经济范式"理论被应用于识别、揭示和评价科学技术转化为新质生产力的效率、效果、影响和可持续性，涵盖了多个方面的绩效呈现样态。"技术—经济范式"理论拥有几大特征：（1）技术特征——一系列相互关联的技术创新，这些创新具有共同的科学原理或解决同一技术问题的模式。（2）经济特征——技术进步能够带来经济结构的调整、生产方式的变革和经济增长的加速。（3）社会影响——"技术—经济范式"的变革不仅影响经济系统，还影响社会生活、文化意识形态等多个领域（程广斌等，2022）。

在产业领域研究中技术经济范式理论被用于研究新质生产力的发展路径和实践策略，包括改造提升传统产业、发展新兴产业等（王超贤，2023）。它有助于聚焦国家战略需求，推动建设现代化产业体系和现代化基础设施体系，促进现代服务业健康发展，以及构建新发展格局。在数字经济涉及的技术和应用领域中，"技术—经济范式"看数字经济弥补了产业视角的两大缺陷，也是其核心优势所在：一是覆盖范围更广更全；二是演进逻辑更加清晰（王超贤，2023）。"技术—经济范式"看数字经济也有相对的不足。一是存在某种程度上的技术决定论（Kohler J.，2012）。在"技术—经济范式"看来，数字经济的发展演化等都来源于技术创新，对制度创新的来源和反作用的分析不足。比如杨虎涛（2020）就认为"技术—经济范式"对制度变革的发生做了过于乐观的设想和简化的抽象。二是没有将具有能动性的市场主体纳入分析。"技术—经济范式"理论对技术进步和扩散、制度变革等都是由谁来执行的，受什么因素的影响等缺少认识。佩蕾丝（2007）虽然认识到了这一缺陷，并在后来的分析中引入了金融资本和生产资本代理人，但总体仍较为简单，企业家（生产型企业家，资本家）、创业者、制度和政策制定者、用户、媒体等主动作为的空间极小。三是阶段划分不清晰。数字经济如果只是一种"技术—经济范式"，那么其周期通常是 50 年。但这和现实世界中数字经济蓬勃发展的当前实践并不吻合。此外，对于"ICT'技术—经济范式'结束后的下一个周期是什么"这一问题的认识也缺少分析，佩蕾丝（2019）认为当信息和通信技术与绿色增长相结合时，第五次浪潮将得到全面部署，也就是数字技术和绿色技术相融合的"技术—经济范式"。也有人认为是生物"技术—经济范式"，或者"数字技术—生物技术"融合的新"技术—经济范式"。但究竟应该如何划分其演化的阶段，存在较大争议。

以下案例展示了"技术—经济范式"在不同领域的具体应用和经济效益。海洋生态产品数字赋能，通过物联网技术实现智能养殖系统的实时监控和调控，提高养殖效益和生产质量；使用海洋渔业大数据平台为渔业管理者提供决策支持，提高渔业生产的效率和可持续性；通过海洋生态产品溯源系统确保产品质量和安全，增强消费者信任和满意度等。利用云计算、大数据分析和人工智能技术，对海洋生物样本进行分析和筛选，加速海洋生物医药研发的速度和效率（李淑娟，2023）。开发计算机辅助设计软件，对海洋生物材料的结构和性能进行模拟和优化，提高材料的研发效率和产品的使用性能。在林草、农业、生态环境等领域，数字技术也被广泛应用于生态产品的生产、管理和销售等环节，实现生态产品价值（陈倩茹等，2023）。亚马逊通过"技术—经济范式"理论的应用，成功实现了物流体系的优化（查图拉·科姆达·德席尔瓦，2022）。通过先进的数据分析和物流系统，亚马逊能够合理规划仓库的位置和布局，减少货物在仓库中的存储时间和运输距离，从而降低了成本。亚马逊还引入了机器人技术和自动化设备来实现仓储的智能化管理，机器人能够在仓库中高效地转运货物，进一步降低了人力成本和时间成本。雷克萨斯作为汽车制造商，成功应用了"技术—经济范式"理论中的精益生产方法。通过价值流分析来识别生产过程中的非价值增加环节和浪费，进而优化生产流程。雷克萨斯还采用了快禅（Kaizen）的理念，即持续改进，通过员工的参与和反馈来不断优化生产环节和工作方式。这种持续改进的精神使得雷克萨斯能够不断追求卓越和效率。与供应商建立的紧密合作关系和供应链的协同管理也是雷克萨斯"技术—经济范式"理论应用的重要体现，通过共享信息和资源，实现供应链的高效运转，降低成本和提高产品质量。太阳能作为可再生能源的代表，在"技术—经济范式"理论的应用下，得到了广泛的经济应用（姚玉璧，2022）。太阳能技术的创新和应用，使得太阳能发电成本不断降低，逐渐接近甚至低于传统能源发电成本。太阳能技术的广泛应用还推动了能源结构的转型和升级，促进了能源行业的可持续发展。太阳能技术的应用不仅有助于减少温室气体排放和缓解环境压力,还能够为经济发展提供稳定的能源供应。通过数字技术的应用,我们可以实现太阳能技术有效供给的扩大、资源配置的优化以及价值创造方式的变革。"技术—经济范式"理论为理解技术进步与经济发展之间的关系提供了重要的理论框架(梁正等,2020)。它有助于政策制定者把握技术变革的趋势,制定符合时代特征的发展战略。

3.5.3 小结

在当前数字经济与实体经济融合发展的背景下,"技术—经济范式"理论为理解数字经济的内涵、辨析数字经济与实体经济的关系提供了理论支持(王姝楠等,2019)。"技术—经济范式"理论是一个关于技术进步与经济发展之间关系的综合性理论,它揭示了技术进步如何作用于经济增长。

"技术—经济范式"理论的应用需要根据具体的情境和问题进行调整和优化,以确保其有效性和实用性。同时,随着技术的不断发展和经济环境的变化,该理论也需要不断的更新和完善。

3.6 外部性理论

3.6.1 外部性理论的定义以及发展

外部性,又称外部成本、外部效应或溢出效应,是指一个经济主体的行为对另一个经济主体产生的非市场化影响,即这种影响无法通过市场价格机制进行买卖。这种影响可能是正面的(正外部性)或负面的(负外部性),并且通常不会在市场价格中得到充分反映(余鹏凌,2023)。外部性理论探讨了市场可能因外部性而无法实现最优结果的情况。例如,负外部性如环境污染可能导致社会成本超过了私人成本;而正外部性如教育可能带来社会收益超过了个体的私人收益。经济学家研究外部性的原因、影响以及可能的解决方案,以确保经济活动的社会效率和公平性。

外部性最早是由马歇尔(Alfred Marshall)和庇古(Arthur Cecil Pigou)

提出的。外部性，也称外在效应或溢出效应，是指一个人或一个企业的活动对其他人或其他企业的外部影响，这种影响并不是在有关各方以价格为基础的交换中发生的，因此，其影响是外在的。更确切地说，外部经济效果是一个经济主体的行为对另一个经济主体的福利所产生的效果，而这种效果很难从货币或市场交易中反映出来。经济外部性可用消费者的效用函数表示。

外部性可以分为正外部性和负外部性。正外部性（positive externality）是指某个经济行为个体的活动使他人或社会受益，而受益者无须花费成本。例如，某人去注射了甲流疫苗，这场消费不仅对于他自己有好处，对他周围的人也有一定的好处，即减少了接触到病毒的传染源。私人花园的美景给过路人带来美的享受，但过路人无须付费。教育水平的提升提高了整个社会的劳动生产率，但接受教育者并未因此直接支付给社会费用。植树造林改善了空气质量，使得周围居民受益，但植树者并未从居民那里获得直接的经济补偿。外部经济的存在往往会导致某些具有正外部性的活动（如生态环境、教育等）供给不足，因为从事这些活动的个体或企业无法获得全部的社会收益（林凯，2024）。负外部性（negative externality）是指某个经济行为个体的活动使他人或社会受损，而造成负外部性的人却没有为此承担代价。例如，工厂在生产中所排放的污染物就是一种负外部性，它所造成的社会成本包括政府治理污染的花费、自然资源的减少以及污染物对人类健康造成的危害。例如，工厂排放的污染物对周边居民的健康造成损害，但工厂并未为此支付赔偿。过度捕捞导致渔业资源枯竭，影响其他渔民的收入，但过度捕捞者并未为此付出代价。私家车的过度使用导致交通拥堵和空气污染，但车主并未为此支付全部的社会成本。负外部性的存在往往会导致某些具有负外部性的活动（如污染、过度开发等）过度供给，因为从事这些活动的个体或企业无须承担全部的社会成本（芮韦青等，2024）。

为了解决外部经济和外部不经济带来的问题，政府可以通过多种手段进行干预，如征税、补贴、法规制定等（汪李冰，2023），以鼓励正外部性的活动并限制负外部性的活动。同时，也可以通过市场机制（如排污权交易）来内部化外部性，使得经济主体的行为更加符合社会整体利益（苏丹妮，2021）。

3.6.2　外部性理论的应用领域

外部性是一种人为的活动，非人为事件造成的影响，无论它给人类带来的是损失还是收益，都不能被看作是外部性；外部性应该是在某项活动的主要目的以外派生出来的影响；外部性是不同经济个体之间的一种非市场联系（或影响），这种联系往往并非有关方面自愿协商的结果，或者说非一致同意而产生的一种结果；外部性有正有负或为零；外部性包括对生态环境等与社会福利有关的一切生物与非生物的影响（张谦等，2023）。

根据外部性表现形式的不同，外部性可以从多个角度进行分类，如外部经济和外部不经济、生产外部性和消费外部性、可转移外部性和不可转移外部性、稳定外部性和不稳定外部性。

外部性问题已经不再局限于同一地区企业与企业之间、企业与居民之间的纠纷，而是扩展到了区际之间、国际之间，即：代内外部性的空间范围在扩大。同时，代际外部性问题日益突出，生态破坏、环境污染、资源枯竭、淡水短缺等。因此，外部性理论的实际应用非常重要：（1）环境保护方面，工厂污染对周围居民健康造成危害，这是典型的负外部性，政府通过征税或给予环保补贴来内部化这种外部性，从而激励工厂减少污染；资源的过度开发和过度捕捞导致资源枯竭和生态系统崩溃。考虑资源利用的外部成本，有助于制定更合理的资源管理政策（周小亮等，2024）。（2）教育政策方面，个人接受教育不仅影响自身，还会对整个社会的生产力和经济发展产生积极影响（丁亮，2022）。政府通过投资教育资源、制定教育补贴政策等方式来内部化教育外部性，促进社会的长期发展。（3）公共卫生方面，接种疫苗不仅保护自己，也减少周围人的感染风险。政府通过公共卫生宣传、提供免费疫苗接种等方式来内部化健康外部性（孙东琪，2022）。（4）政策制定方面，政策影响评估方面在制定任何政策时，都需要考虑其可能产生的外部性影响，这有助于更全面地评估政策的利弊，并作出更合理的决策。（5）公平与效率权衡方面，外部性理论也提醒政府在制定政策时需要平衡环境保护和经济发展之间的关系，以实现公平与效率的双重目标（陈一博，2023）。（6）学术研究方面，外部性理论是分析市场失灵的重要工具之一。通过研究外部性，可以更深入地理解市场资源配置的失灵问题，并寻找相应的解决策略。（7）成本效益分析方面，在评估某个项目或政策的成本效益时，需要考虑其可能产生的外部性成本或效益，这有助于更准确地评估项目的真实价值。

3.6.3 外部性理论为如何解决技术创新外部经济性问题提供思路

熊彼特（Joseph A. Schumpeter）在《经济发展理论》中首次系统地研究了创新理论，强调创新对经济增长和社会发展的重要性。创新被视为"建立一种新的生产函数"，即将生产要素和生产条件进行新的组合并引入生产体系。创新包括五个方面的内容：制造新的产品、采用新的生产方法、开辟新的市场、获得新的供应商以及形成新的组织形式（施雄天等，2023）。

技术创新必然产生较大的社会收益，整个社会的技术进步是技术创新的累积，创新的潜在效应通过模仿、扩散逐渐得以发挥，进而引起产业结构的改变（宋汉远，2023）。然而开展技术创新的个人或企业给社会带来的额外收益并没有得到应有的补偿。因此外部性理论为解决此类问题提供了相关思路。（1）政府干预：政府可以通过制定相关政策来纠正外部性。例如，对于具有显著正外部性的技术创新，政府可以给予创新者财政补贴、税收优惠等激励措施，以降低创新成本，提高创新动力。同时，政府还可以通过制定法律法规来规范技术创新成果的利用，防止创新成果被非法侵占或滥用。（2）建立知识产权保护制度：知识产权是保护技术创新成果的重要法律制度。通过加强知识产权保护，可以确保创新者对其创新成果享有独占权，从而防止其他经济主体无偿利用创新成果。这不仅可以激发创新者的创新积极性，还可以促进技术创新的持续发展。构建技术交易市场方面，技术交易市场是连接技术创新供需双方的桥梁。通过构建完善的技术交易市场，可以促进技术创新成果的流通和转化，使创新成果得到更广泛的应用。同时，技术交易市场还可以为创新者提供融资、评估等服务，降低创新风险，提高创新效率（赵丹妮等，2024）。（3）推动产学研合作：产学研合作是技术创新的重要模式之一。通过加强企业、高校和科研机构之间的合作，可以共同开展技术创新活动，共享创新资源和成果。这种合作模式有助于减少技术创新中的重复投入和浪费，提高创新效率。同时，产学研合作还可以促进技术创新成果的快速转化和应用，从而发挥

创新成果的经济效益和社会效益。（4）实施技术创新战略：国家层面可以
实施技术创新战略，以鼓励和支持技术创新活动。这包括制定长期的技术
创新发展规划、增加对技术创新的投入、加强技术创新人才培养等。通过
实施技术创新战略，可以营造一个有利于技术创新的环境和氛围，促进技
术创新活动的蓬勃发展（祝滨滨等，2024）。

第 4 章　数字赋能生态产品价值实现的内在逻辑

4.1　数字赋能生态产品价值实现的理论逻辑

生态产品价值实现的目标是实现经济增长和环境可持续的同频共振，实现经济增长与环境资源负荷的脱钩。"环境库兹涅茨曲线"拐点是经济增长与环境污染绝对脱钩的临界（夏勇和钟茂初，2016），如何跨越这一拐点、跳出"环境库兹涅茨发展陷阱"，是生态产品价值实现的关键问题。新古典经济学框架下长期经济增长来源于要素投入增加或要素生产率提升（刘守英，2018）。其中，土地、资本等传统生产要素扩张或引致资源加快衰竭，与生态产品价值实现要义不符，因此，经济增长更需要依赖以数据为代表的绿色生产要素扩张和生产率提升（高新才和魏丽华，2022）。偏向型技术进步理论（Acemoglud et al.，2012）启迪了数字技术具有帕累托改进的性质，其本身的清洁属性为经济增长与生态环境同步改良提供了良好技术支撑，使资源消耗降低、环境污染减少的经济发展成为可能。尤其是对于容易掉入"资源诅咒"陷阱的资源型地区而言，数字技术有助于弥补资源禀赋对技术创新（Xu X. L. & Xu X. F.，2021）、资源型产业对其他产业（万建香和汪寿阳，2016）的挤出效应，通过优化资源配置促进资源型地区生态产品价值实现（刘继兵等，2020）。

4.2　数字赋能生态产品价值实现的技术逻辑

日新月异的数字技术为生态产品价值实现提供了技术支撑。其中，物联网将各种信息传感设备与网络结合，电子编码和网络融合可以实现全面感知和可靠传递，支撑了生态产品信息收集、传递和互联互通；可视化分析、数据挖掘、预测分析、数据存储和数据仓库等大数据技术支撑了生态产品信息智能化分析；基于机器学习、自动化算法和模型的人工智能技术提高了生态产品价值实现的智能化能力；虚实结合、实时交互、三维注册的 AR 和 VR 技术带来的沉浸式场景优化了生态产品的消费体验；以去中心化、开放性、安全性为特点的区块链技术为生态产品提供安全、透明的数据存储和交易平台。各类数字技术融合为生态产品资源整合、价值挖掘、保护开发、利益分配与共享提供了有力的技术支撑（见图 4 – 1）。

4.3　数字赋能生态产品价值实现的价值逻辑

（1）数字技术改变了生态产品价值创造方式。从生产要素角度，古典经济学理论的核心观点之一是价值创造来源于生产过程（孙艳霞，2012）。有别于传统生产技术以资源为主要生产要素的特点，数字技术以可复制、可共享的数据为主要生产要素，这使大规模、高质量的数据信息得以投入生产，在要素市场进行流通、使用、复用，实现从自然资源信息数据到生态产品生产要素的转变，并促进了更高形态的资源要素组合，释放数字经济红利。例如，基于"天、空、地、湖"一体化全天候自然资源感知基础网络的各类监测成果，在数据挖掘、机器学习方法和人工智能技术的支撑下，可以综合分析多维、多尺度、高时变、多耦合等复杂数据与信息的关系，形成全域全要素时空生态大数据产品。

（2）数字技术提高了生态产品价值创造效率。数据逻辑强化了生态产品清单管理和过程管理，并让信息快速流动和海量数据分析成为可能；数据井喷式的增长，以及数据抓取、存储、挖掘、分析技术的发展，又进一步提升了其对数据和信息的挖掘分析能力（吕铁和李载驰，2021），提高了生态产品价值创造效率。如自动化辅助技术实现工作底图制作、内业调查、数据入库、成果输出等全流程生产高效自动化。又如，"3S"技术在生态补偿领域的应用打破了生态补偿中的信息孤岛，避免重复建设，有效提升了我国生态治理绩效水平（滕飞，2020）。

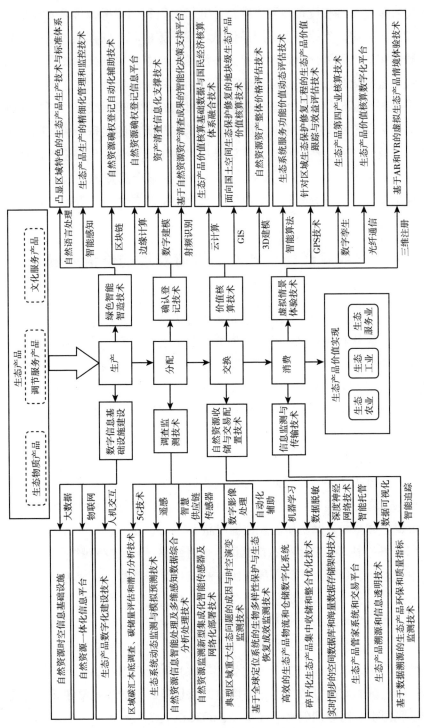

图 4-1 生态产品价值实现的数字技术

（3）数字技术强化了生态产品价值获取能力。一是数字金融提高了生态产品价值的"变现"能力，通过强化生态产品价值的货币化表达直接提升生态产品价值获取能力，如农行"智慧畜牧贷"基于应用现代物联网科技手段，采用"信贷＋活畜＋数码身份"的全新金融服务模式，为新型农业经营主体的养殖户解决了活畜抵押登记难、价值评估难等经营难题。二是数字技术的引入弱化了产业边界，催生了"数字＋跨界"等新型生态产品商业模式，生态文化、个性化定制服务等都可以成为市场交易对象（吕铁和李载驰，2021），生态产品价值获取能力得到提升，如 VR 全景旅游链接生态景观产品价值及酒店、餐饮、休闲等上下游产业链，提高了生态旅游产品的顾客黏性。

4.4　数字赋能生态产品价值实现的实践逻辑

数字技术成功应用验证了生态产品价值实现对数字技术的现实需求。数字技术具有基础性、外溢性和互补性的特点，在生态产品价值参与社会再生产的供给环节引入互联网、大数据、人工智能、5G 等新兴数字技术，有助于在生产环节巩固数据要素基底，在分配环节明确生态产品权责归属，在交换环节精准匹配供需双方，在消费环节重塑生态产品数字化应用场景，从而形成覆盖生态产品参与社会再生产各环节的全要素、全领域、全周期管理的数字化、信息化、智能化生态产品价值实现路径。近年来各试点地区的探索实践也证明，数字技术能为生态产品价值实现的各环节赋能，打通制约"两山"转化的堵点难点（方洁和严飞，2023）。如江西省上饶市广信区利用互联网、大数据和人工智能等新一代信息技术，搭建"一中心、两朵云、四平台"自然资源一体化信息平台，实现了日常管理、政务审批、业务管理、移动应用等业务一体化管理。此外，数字技术也广泛应用于生态产品清查确权、动态监测、价值核算、资源收储、交易运作等领域，如"中国南方生态产品交易平台"依托"互联网＋"、云计算等数字技术，打造互联互通、标准统一、信息共享的交易平台体系，解决了生态产品交易信息不对称、资源浪费大、交易成本高等问题。这些成功案例为数字技术应用于生态产品价值实现各环节奠定了良好的技术基础与操作借鉴，也进一步验证了生态产品价值实现对于数字技术的现实需求。

第 5 章　生态产品价值实现参与社会再生产的数字赋能机理

5.1　数字赋能生态产品价值实现的嵌套思路

本章将在阐释数字赋能生态产品价值实现的基本逻辑基础上，探讨生态产品价值实现参与社会再生产的数字赋能机理。在生产环节，强化生态产品信息基础设施建设来保障数据要素高质量供给；在分配环节，推动生态产品权益数字化登记来明确生态产品权责归属；在交换环节，构建生态产品数字化交易平台促进供需双方精准匹配；在消费环节，打造生态产品数字化消费场景来优化消费体验。

5.1.1　马克思社会再生产理论

经济活动是人类为了满足自身需要所从事的各种产品的生产、分配、交换、消费各个环节有序运转、相互联系构成的一个有机整体。市场经济条件下，人们的经济活动总是在生产、分配、交换、消费四环节的不断交替中实现（马文保，2015），从而构成了统一的社会再生产活动。马克思主义政治经济学以社会资本再生产的开创性视角来解释经济增长的源泉，以强大严密的逻辑揭示了在社会化大生产条件下国民经济运行的基本规律，提出经济增长的本质就是不断扩大的社会再生产过程（李丽辉和王吉，2020），这对数字赋能生态产品价值实现具有很强的指导意义。

生产、分配、交换、消费这四个环节是马克思对社会再生产过程的高度提炼。从历史唯物主义角度看，生产、分配、交换、消费之间存在相互区别、相互关联又相互制约的辩证关系（中共中央马克思恩格斯列宁斯大林著作编译局，2009）。从社会总产品生产活动的全过程来看，生产环节为起始，生产出产品后，分配到不同社会成员中，分配的内在逻辑是归属个人的产品比例；从其他社会成员手中，用分配到的产品换回所需产品，就是交换；使用交换得到的产品，满足生活的需要，就是消费，也是社会再生产的新起点，如此无限地循环运动。这四个环节有着严格的逻辑和实际联结，次序不能颠倒（车广野，2021）。其中，生产起着主导的决定性作用；分配和交换是连接生产与消费的桥梁和纽带，对生产和消费有着重要影响；消费是社会再生产过程的最终目的和动力（王现林和孙筱，2022）。这是马克思对经济学的一个重大贡献，揭示了历史上各种社会再生产的普遍规律，其基本要义也适用于生态产品价值实现，在生产、分配、交换、消费四环节相互作用中，生态产品价值实现成为一个动态的、完整的经济运作体系。

5.1.2　社会再生产与生态产品价值实现

社会再生产是不断反复、不断更新、不断发展的过程。生态产品价值转化为经济发展等综合价值的内在机制可以概括为社会再生产过程中的生产、分配、交换和消费四个环节及其运作关系（杜焱强等，2022；Wang J. N.，2016）。生态产品价值实现过程的本质，就是将生态环境与土地、劳动力、技术等要素一样，作为现代经济体系的核心生产要素纳入生产、分配、交换和消费等社会生产全过程（王金南等，2021）。稀缺的自然资源生态产品只有参与社会再生产过程中的生产、分配、交换、消费四个环节，才能确保其存量非减性和稳定性（丘水林，2022）。在数字经济时代，数字技术的发展和应用贯穿于生态产品参与社会再生产过程中的四个环节（吴宸梓和白永秀，2023），为提高生态产品供给能力、编制生态产品目录清单、开展生态产品市场交易、提升生态产品消费体验等提供数字化解决方案，提高"绿水青山"向"金山银山"转化的效率。

数字技术具有基础性、渗透性、外溢性等特点，能够渗透到社会再生产的生产、分配、交换、消费等全部环节（张银银，2021），成为推动经济发展质量变革、效率变革和动力变革的"加速器"，为激活生态资源、实现生态产品价值提供新动能和新活力（吴宸梓和白永秀，2023）。在生态产品参与社会再生产的过程中引入互联网、大数据、人工智能、5G 等新兴数字技术，可以在生态产品生产环节巩固自然资源数据基底，在分配环节明确生态产品权责归属，在交换环节精准匹配供需双方，在消费环节重塑生态产品数字化应用场景，从而形成覆盖生态产品参与社会再生产各环节的全要素、全领域、全周期管理的数字化、信息化、智能化生态产品价值实现路径。基于此，本章提出在生态产品参与社会再分配的生产阶段，强化生态产品信息基础设施建设促进资源数据的高效供给；在分配阶段，推进生态产品权益数字化登记明确生态产品权责归属；在交换阶段，构建生态产品数字化交易平台促进供需精准匹配；在消费阶段，打造生态产品数字化消费场景改善用户消费体验（见图 5 - 1）。

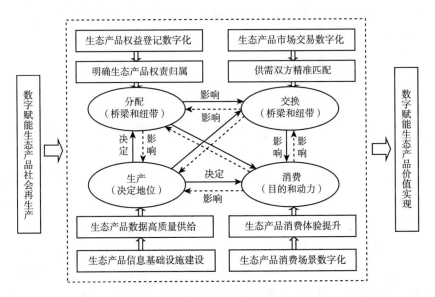

图 5 - 1   数字赋能生态产品价值实现参与社会再生产全生命周期

5.2   生态产品参与社会"生产"的数字赋能机理

信息基础设施是数字经济时代新型基础设施的典型代表（范翔宇，2023）。在数字经济时代，数据资源不再仅是生产过程中的副产品或辅助生产的工具，而是转变为生产的原材料以及价值的重要来源（薛新龙和陈润恺，2023）。数据要素的高质量供给是数字经济时代生产价值释放的源泉。只有大规模、高质量的自然资源数据得以投入生产，在要素市场进行流通、使用、复用，才能实现从自然资源信息数据到生态产品生产要素的转变，释放数字经济红利。生产环节是社会再生产的决定环节，也是"数据链"驱动"价值链"的起点，生产环节的生态产品信息基础设施建设有助于打通生态产品参与社会再生产的数据流通链，直接影响后续分配、交换、消费环节涉及的生态产品目录清单编制、交易平台打造等工作。因此，在社会再生产的生产环节，关键是要通过生态产品供给侧结构性改革，强化高质量生态产品数据要素供给。因此有必要在生产环节巩固生态产品信息基础设施建设，为生态产品数据整合、监测比对、分析统计等方面提供技术和平台支持，并为精准识别各资源要素之间的空间关系、匹配关系、动态变化等提供数据支持。

信息基础设施主要是指基于新一代信息技术演化生成的基础设施，包括通信网络基础设施、新技术基础设施和算力基础设施等（桂德竹，2021）。生态产品信息基础设施建设旨在构建具有各类生态产品基础信息、公共管理与公共服务涉及的专题信息，及其采集、感知、存储、处理、共享、集成、挖掘分析、泛在服务所涉及的政策、标准、技术、机制等支撑环境和运行环境的一体化资源池和服务平台（杨维刚，2019），提供数据服务、数据产品、应用服务，实现多源异构数据的一体化存储与管理、三维可视化表达与分析等功能，以支持各类生态产品信息网络共享和应用。其主要构成要素包括各类生态产品数据信息，各类信息数据库、资源池和服务平台，信息技术体系，生态产品及数字化相关政策法规等支撑环境。

生态产品信息基础设施建设通过价值倍增效应、资源优化配置和投入替代效应促进自然资源数据向生态产品生产要素的转变，在生产过程中创造生态产品价值（安筱鹏，2020）。具体如下：（1）价值倍增。通过一体化数字信息基础设施将海量自然资源数据转化为生态产品生产决策信息，将自然资源数据要素与传统生产要素融合，实现数字技术在生态产品生产环节的倍增价值。（2）优化配置。通过优化生态产品生产过程中劳动、资本、土地等传统要素之间的配置效率，低成本、高效率地提供自然资源生态产品。（3）投入替代。通过数字技术减少生态产品生产过程中人力、资本等传统生产要素投入，通过生产要素的投入替代创造更多的生态产品价值。例如，杭州针对生态修复工作中监测、分析、核查、管理、跟踪的难点痛点问题，创造性运用数字技术，让修复环节中每个孤立的点得以融合、贯通、循环，不仅加快了生态修复的进度，而且大大节省了基层的人力，提升了项目的整体推进效率（见图5-2）。

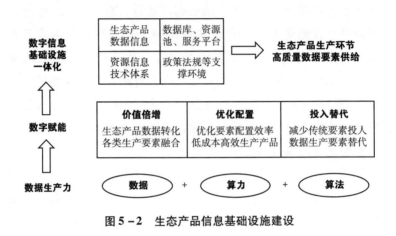

图5-2　生态产品信息基础设施建设

5.3　生态产品参与社会"分配"的数字赋能机理

产权制度是分配问题产生的根源，产权制度决定分配关系。产权制度对于资产分配具有决定性作用（卢现祥和李慧，2021），产权明晰是市场交换的前置条件，各类生态资源要转化为具有商品属性的可交易生态产品，首先要进行确权（李忠，2020）。因此在生态产品参与社会再生产的分配环节需着力探讨数字技术在明确自然资源产权和生态产品权益归属中的应用（高世楫，2021）。开展自然资源统一确权登记工作是明确生态产品权益归属的基础性工作，进而可以探索建立分类分项的生态产品目录清单并配套形成生态产品动态监测机制。然而，我国自然资源确权登记档案数据涉及范围广、时间久，存在不同程度的资料缺失、地类冲突、面积出入、数据不全等问题（黄征等，2022），导致在确权登记过程中存在前期资料种类多、管理难，中期数据处理操作烦琐、人工质检工作量大，后期成果输出效率低、易出错等工作难点（张小鹏等，2018）。探索自然资源确权登记的数字化解决方案则可以提升自然资源确权登记的可视化、智能化、标准化、数字化水平，极大提升自然资源确权登记的整体质量和效率，从而明确生态产品保护利用权责归属。

自然资源确权登记数字化是利用大数据技术、"3S"技术、物联网、自动化技术、区块链和可视化技术等数字技术，结合自然资源和生态环境调查监测体系，开展对水流、森林、山岭、草原、荒地、滩涂以及探明储量的矿产资源等自然资源基础信息调查，基于自然资源确权登记数字化平台进行确权登记并纳入自然资源确权登记数据库的方式。数字技术传递加工的是二值信息，这保障了自然资源确权登记过程的抗干扰性和精确性。通过数字技术进行融合处理后再划定登记单元，可以有效解决各行业之间数据采集精度不统一的问题（骆得瑞，2022）；数字技术信息化、智能化的管理与控制实现了确权登记信息的可复制、可共享、可保存。随着数字技术的迭代升级，自然资源确权登记自动化辅助技术、生态问题系统诊断与快速评估等数字技术，在自然资源调查监测与确权登记领域已得到广泛的应用。依托自然资源统一确权登记明确生态产品权责归属，并建立标准统一的自然资源权益登记数据库，有助于跟踪掌握生态产品数量分布、质量等级、功能特点、权益归属、保护和开发利用情况，这有力推动了生态产品权益登记和生态产品产权制度的建立完善，为生态产品确权与分配提供技术支撑保障（谢花林和陈倩茹，2022）。

5.4　生态产品参与社会"交换"的数字赋能机理

社会再生产交换环节的核心是生态产品供给方、需求方、投资方等利益相关方围绕生态产品进行经济活动（高晓龙，2022）。生态产品数字化交易平台集成多源数据、模型设计、场景应用、辅助决策等模块，有助于打破信息孤岛，促进交易双方的数据共享和合作共赢，从而为生态产品的有偿使用、流转交易及其投融资市场培育等提供技术和平台支持（见图 5-3）。

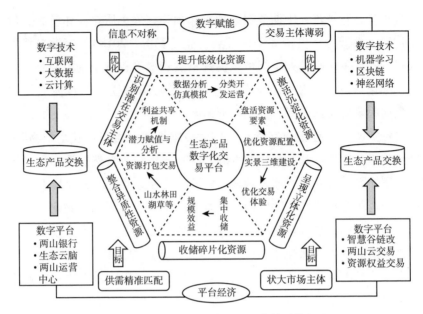

图5-3 生态产品数字交易平台的赋能机理

具体而言，生态产品数字化交易平台通过充分运用大数据、人工智能、5G、物联网、区块链等数字技术，对各类自然资源及其权益、生态系统服务等分散化的生态产品进行统一收储、统一规划、统一开发，构建供需双方快捷有效对接的生态产品经营管理数字化平台及运营机制，通过摸底调查、资产评估、流转储备、整理提升、资金筹集、开发运营、全过程监管等流程（见图5-4），推进自然资源收储、资源产权流转、生态权益交易、生态项目融资等生态产品交易进程。

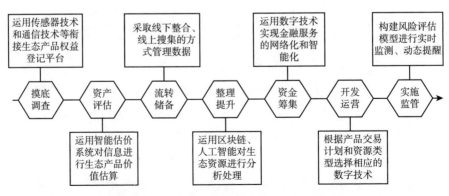

图5-4 生态产品数字化交易平台主要流程

生态产品数字化交易平台在收储确认、运营增值、价值实现方面具有以下明显优势。（1）收储确认方面，通过"3S"等技术对域内生态产品进行全面调查摸排与确权登记，整合各类生态资源的地理位置、实时状态、产权所属等信息，将山、水、林、田、湖、草等有效的碎片化生态资源，通过线下资源整合和线上信息搜集等方式确认以租赁、流转、入股等形式集中统一收储（岳文泽等，2022）。（2）运营增值方面，对已收储的生态资源，通过区块链、人工智能等技术，分析可收储生态资源的特点、功能、用途及投资运营需求，通过数字采集技术、传输技术、分析技术等进行分类包装、精心策划、精准开发，进行连片整合、系统优化、配套升级，从而转化为生态资产进行投资运营，在规模效应和组合优势双重效应下，生态产品价值实现快速提升。（3）价值实现方面，生态产品数字化交易平台兼容出让、租赁、买卖、特许经营、作价出资等多种交易方式，面向生态资源、生态权益、生态系统服务等多项业务客体，兼容直接交易、项目融资、绿色金融等交易模式，以数字平台驱动生态"产品链""运营链"和"价值链"，激发了平台、产品、业务、配套不断迭代更新的链式效应，有助于破解原生态产品交换中存在的缺乏统一组织、系统支撑、业务单一等问题，形成政府主导、社会和公众参与、市场化运作的合力，有力推动了生态产品一体化收储、运营、交易和有偿使用。

5.5　生态产品参与社会"消费"的数字赋能机理

在生态产品参与社会再生产的消费环节，通过数字化场景替换或重构传统消费场景，实现场景迭代，有助于催生自然资源生态产品消费新业态、新模式。由于生态物质产品、生态调节服务产品和生态文化服务产品的消费场景具有较强的异质性，本节将依次介绍三类生态产品的数字化消费场景。

（1）生态物质产品数字化消费场景。生态物质产品消费中存在的典型问题是产品的安全问题。供给端与消费端的信息不对称助长了销售者的寻租空间，并加剧了消费者对产品质量的不信任感。基于此，生态物质产品数字化消费场景重构应聚焦于减弱供需双方的信息不对称性。可以利用先进的 FRID、GPS、二维码、物联网等技术，采集生态物质产品在生产、加工、仓储、物流等环节的相关数据，为生态物质产品建立可视化产品档案，向消费者充分展示产品安全、环境标准、品质品控等相关信息，实现生态物质产品来源可追溯。建立在产品溯源关键技术基础上的追溯系统实现了溯源信息采集、加工、传输和应用的标准化，生态物质产品供应链成员之间、物质产品供应链之间实现了信息的共享与交流，有效减少了供需双方的信息不对称，从而提升消费体验，典型的应用场景包括物质产品溯源管理综合系统、生产信息管理系统、质量监督管理系统、销售查询追溯系统（见图 5-5）。

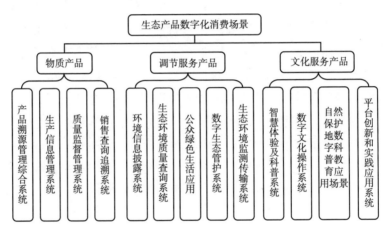

图 5-5　典型的生态产品数字化消费场景

（2）生态调节服务产品数字化消费场景。对于城市生态系统提供的生态调节服务产品，利用 3D 可视型激光雷达、微波辐射器、噪声监测仪等技术实时监测负氧离子、$PM_{2.5}$、温度、降水、水质、风向等，通过数字基建、数据收集、过程监管、质量评价、结果公开等，改善市民的生态调节服务产品消费体验，主要包括环境信息披露系统、生态环境质量查询系统、面向公众的绿色生活应用等，如绿宝碳汇 App 运用碳积分兑换乘公交、看电影、进书店、游景区、逛商场等活动，通过碳积分强化公民对个人碳足迹的认识。对于自然生态系统提供生态调节服务产品，较为典型的有数字生态管护系统和生态环境监测传输系统。例如，重庆广阳岛基于生态大数据、人工智能、生态算法、生态模拟等技术，构建全面感知、智能诊断、智能决策和自动改善的智慧管理体系，有助于改善生态调节服务产品消费体验。清新空气、优美环境等生态调节服务产品多为纯公共产品或准公共产品，具有天然的非竞用性或非排他性，其价值属性呈现一定公益性特征，此类生态产品主要依靠政府引导手段实现其价值，实现方式以保护为主，资金目前主要来源于政府财政。数字化消费场景通过实时监测传输等直观的产品质量呈现，打破了生态调节服务产品的信息孤岛，有助于强化消费者对于司空见惯的生态调节服务产品供给数量和质量的认知，这一认知强化使得消费者，同时也是纳税人，对于生态保护领域的财政支出具有更高的认同感，消费者通过纳税这一方式间接购买生态调节服务产品，从而促进生态调节服务产品的社会再生产。

（3）生态文化服务产品数字化消费场景。通过发挥数字技术在个性化定制、实时互动等方面的优势，实现生态文化服务产品的数字化赋能、场景化消费和品质化体验。例如，在产品认证和设计中融入 VR、虚拟仿真、3D 打印等数字技术，可以丰富生态文化服务产品种类，增强识别度；应用短视频、自媒体等平台进行宣传有助于精准匹配生态产品消费群体，促进生态文化服务产品的个性化、精准化推广；凭借 IoT、3D、VR 等新技术应用，可以根据个性化消费需求定制生态产品消费模式，从而丰富生态产品消费场景、改善消费体验。例如，生态文旅中应用区块链、元宇宙等技术可以丰富数字藏品等产品种类；分时预约、智能讲解等缓解了自然风景区信息更新不及时等问题，提升了游客的游览体验。

5.6 本章小结

本章从生态产品参与社会再生产的全生命周期视角，依次从生态产品参与社会再生产的生产、流通、分配、消费四个环节，对生态产品价值实现参与社会再生产的数字赋能机理进行概述。数字技术已渗透到社会经济的方方面面，利用现代信息采集、加工、存储、传播技术，把生态产品的各种信息用数字化设备转换成数字信号并进行数字化加工和处理，利用数据库技术进行存储，利用互联网等数字媒介进行传播，有助于破解生态产品价值实现存在的"度量难、交易难、变现难"等痛点和堵点。从社会再生产各个环节看，依托于数字技术强大的抗干扰性和高精度性，生态产品生产、分配、交换、消费各环节的数字化管理水平得到提高，进一步盘活了各类生产要素；从社会再生产各环节之间的内在联系看，依托互联互通的数字平台和通用的机器语言，生态产品在生产、分配、交换、消费各环节中行业壁垒和时空限制得到缓解，进一步密切了生态产品各环节之间的联系。然而，目前我国生态产品价值实现数字化仍处于发展阶段，数字信息基础设施建设还不成熟，技术不成熟、标准不统一以及需求不一致等阶段性问题仍需进一步地深入研究，仍然需要在顶层设计、统建统管、数据整合共享、技术应用创新、制度建设等方面发力，形成一个覆盖社会再生产的生产、分配、交换、消费各环节的生态产品价值实现数字化应用体系。基于此，提出以下政策建议。

（1）加快生态产品信息基础设施建设。从宏观层面加强生态产品信息化顶层设计，形成自上而下的政务一体化融合；从微观层面开展生态产品信息化、业务化、组织化工作，自下而上完善生态产品信息基础设施建设；从宏观与微观相结合的角度，加快生态产品信息基础设施建设。

（2）建立完善生态产品权益登记数字化平台。以现有自然资源调查监测体系为基础，有序开展生态产品数据采集、权益登记和目录清单编制等工作；引入传感器、区块链、人工智能和机器学习等智能化技术，通过"线上＋线下"的方式实现自然资源数字化登记系统跨网络衔接，提升生态产品确权登记数字化水平，为生态产品价值实现利益分配奠定基础。

（3）因地制宜构建生态产品数字化交易机制。加强生态产品交换过程中的数字技术研发和创新，为本地化交换方案形成提供技术保障；建设与当地自然资源状况、市场发展水平相适应的生态产品交换机制，充分满足各参与主体的交换变现需求；结合当地产业结构特点，建立生态产品交换平台与生态产品产业化、市场化之间的联系，发挥生态产品交易平台的辐射带动作用，推动生态产品价值的持续转化。

（4）做好自然资源生态产品数字化消费场景的顶层设计，建立完善的生态产品后台数据库。通过生态产品消费场景数字化打通"资本变资金"的转化通道，通过消费实现自然资源生态产品价值的货币化，并以此反哺生态产品信息基础设施建设，形成良性的生态产品价值循环机制。

第6章　数字技术赋能生态产品价值实现的路径选择

　　党的十八大以来，在习近平生态文明思想指导下，"绿水青山就是金山银山"的理念成为全党全社会的共识和行动，推动我国生态文明建设发生了历史性、转折性、全局性变化（黄茂兴，2023）。2021年4月，中共中央办公厅、国务院办公厅印发了《关于建立健全生态产品价值实现机制的意见》，提出建立健全生态产品价值实现机制，是贯彻落实习近平生态文明思想的重要举措，是践行"绿水青山就是金山银山"理念的关键路径。党的二十大报告指出，必须牢固树立和践行"绿水青山就是金山银山"理念，建立生态产品价值实现机制，完善生态保护补偿制度。由此可见，探索生态产品价值实现路径是紧迫的，更是值得深思的问题。

　　生态产品价值实现伴随着生态资源转变为生态资产，生态资产转变为生态资本，生态资本转变为资金，资金转变为股金的动态演进过程。在这一过程中，数字技术可以有效破解制约生态产品价值实现的"度量难、交易难、抵押难、变现难"等突出难题。当前，我国数字经济蓬勃发展，互联网、大数据、云计算、人工智能、区块链等新技术与各行业加速融合，日益成为经济社会发展的强大"底座"（谷业凯，2022；孟亭含，2024）。数字技术在生态产品价值实现中的应用也未系统化，诸多环节仍存在"空白"（王颖，2022）。生态产品价值实现需要的数字技术市场需求潜力未有效激发，数字技术服务生态产品价值实现的能力远未成熟。因此，要把数字技术作为驱动生态产品价值实现的重要引擎。

　　数字技术是一项与计算机相伴相生的技术，是指借助一定设备把各种信息转化为计算机能够识别的"0"和"1"（即二进制数字）后进行各种运算、加工、存储及传送的技术，随着计算机技术的迅猛发展、计算能力的大幅提升及相应成本的大幅降低，数字技术也得到了长足发展（杜威漩，2022）。当今，人类社会已进入数字化时代，人类社会进入数字化时代的标志性现代数字技术，则是由物联网、移动互联网、云计算、大数据、人工智能、区块链等构成的技术体系（张成福，2020）。

"赋能"一词原意为某一主体或组织赋予某种能力或能量，强调的是行动者的能力（孙中伟，2013），尽管目前国内外学者因其研究视角或研究对象不同而对赋能一词内涵的界定不完全相同，但赋能一词的本质内涵一致——赋能即增能，亦即使行动主体的行动能力增强，如组织理论的研究者认为，赋能是使个人或组织获取不曾具备的能力进而使工作效率达到最大化的有效方法（Gretchen，2007）；又如管理学理论的研究者认为，赋能就是在组织内自上而下最大限度地发挥个人潜能（李业昆和姜樊，2018）。

因此，数字技术赋能生态产品价值实现，是指以大数据、云计算、互联网、人工智能及区块链等为核心内容的数字技术为关键要素和核心驱动力量，以信息网络为重要平台和载体，通过数字技术与生态产品价值实现路径的全面深度融合，以不断提升生态产品价值实现路径的数字化、网格化及智能化水平，不断强化生态产品价值实现的运行机制，进而把生态产品价值实现的传统运作模式打造成以现代化数字技术支撑为特征的升级版模式的过程（杜威漩，2022）。数字技术赋能生态产品价值实现伴随着网络化、信息化和数字化在生态产品价值实现中的应用，进一步丰富了习近平生态文明思想，拓展了生态产品价值实现的路径，是走向生态文明新时代、建设美丽中国的重要内容。

文献梳理表明，数字技术赋能生态产品价值实现作为一个全新的学术命题，仍有诸多可优化空间：一是对数字赋能生态产品价值实现内在逻辑的研究有待进一步深化，深入分析理论逻辑、技术逻辑和现实逻辑，以及三大逻辑之间的关系；二是在数字赋能生态产品价值实现的路径选择方面，需要进一步思考数字技术如何助力生态产品价值实现中资源变资产、资产变资本、资本变资金、资金变股金，深入探索生态产品价值实现路径。因此，本章试图从数字技术与生态产品价值实现二者的理论和实践，深入探讨数字赋能生态产品价值实现的内在逻辑和路径选择，以期解决生态产品价值实现面临的"四难"问题，以及资源、资产、资本、资金和股金之间的转变问题，助力生态产品价值保值、增值、提质和共享。

　　数字技术赋能生态产品价值实现，可以通过大数据、云计算、人工智能等数字技术助力生态资源变成生态资产、生态资产变成生态资本、生态资本变成资金、资金变成股金（见图 6 - 1），有效破解制约生态产品价值实现中的"度量难、交易难、抵押难、变现难"等突出难题，有助于推进生态资源度量现代化、生态资源监测现代化、生态资源核算现代化、生态资产建设现代化、生态产业发展现代化、生态资产运营现代化、生态资产交易现代化、生态产品供销模式现代化、生态金融业务现代化、生态补偿现代化、资金整合模式现代化、股份合作模式现代化等，助力生态产品价值保值、增值、提质和共享。

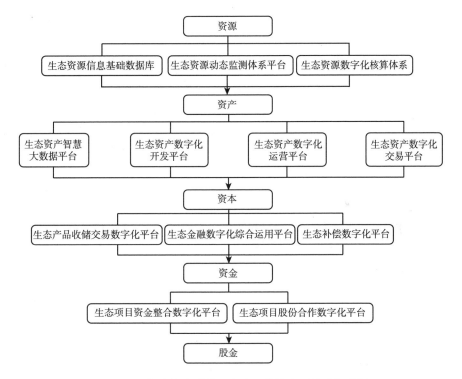

图 6 - 1　数字技术赋能生态产品价值实现的路径选择

6.1　数字技术助力资源变成资产

　　数字技术助力资源变成资产，需要摸清生态资源家底，清晰界定生态资源产权，并开展实时动态跟踪和监测，核算生态资源价值。通过对生态资源数据的采集、感知、监测、核算等形式，可以有效解决生态产品价值实现中度量难和抵押难的问题。

（1）建立生态资源信息基础数据库，推动生态资源度量现代化。利用遥感、景观和物联网等技术，基于现有的自然资源资产调查体系，开展生态资源基础信息调查，确定森林、草地和农田等生态资源数量分布、质量等级、功能特点、权益归属等信息，摸清生态资源家底，明晰生态资源产权，建立生态资源数字台账。利用数字孪生的数字融合技术，按照不同形态、不同特征等方式深度剖析，并实时生成三维可视化的生态资源图像。采用数据可视化技术，以生态资产热力图形式，直观呈现全域内生态资源的数量分布、保护和开发利用情况等信息。

（2）建立生态资源动态监测体系平台，推进生态资源监测现代化。通过对生态资源进行实景三维建模，并融合监控视频资源，实现三维立体场景视频自动化展现。基于三维地理信息，实现生态资源一张图直观通览。在数字产品"视频孪生一张图"的底座上，打造实时监控视频与场景虚实融合创新应用，改变传统多个画面分散浏览以及图标点选弹窗的方式，赋予使用者上帝视角，实现在三维场景中，沉浸式一体化直观感知生态资源分散的动态监控视频画面，真正做到实时动态"视频孪生一张图"。因此，借助实时数据开发平台与移动对象索引、移动巡检、分体箱式移动监控等关键技术，可以实现对各类生态资产的数字化、图像化动态监测，及时跟踪掌握各类生态资产的数量分布、质量等级、权利归属、保护和开发利用情况等信息（王颖，2022）。

（3）建立生态资源数字化核算体系，推进生态资源核算现代化。以采集的生态资源数据为基础，依托大数据算法模型等，进行数据整理、加工及转换，并结合区域实际情况，建立生态产品价值核算体系，确定各项具体指标的算法、数据来源以及统计口径等，推进生态产品价值核算评估的规范化、标准化、持续性和可比性。通过对生态资源数据的分析、计算和校验等，完成生态资源价值核算，推进生态资源的内在形态转变成生态资产的价值形态。

6.2 数字技术助力资产变成资本

数字技术助力资产变成资本，需要数字技术全面融入生态资产整合、开发、运营、交易过程中，主要可以通过建立智慧生态资产大数据平台、生态资产数字化开发平台、生态资产数字化运营平台、生态资产数字化交易平台等，推进生态资产建设、生态产业发展、生态资产运营、生态资产交易等现代化，可以有效解决生态产品价值实现中交易难的问题，促进生态产品保值、增值、提质。

（1）建立生态资产智慧大数据平台，推进生态资产建设现代化。生态资产大数据平台包括物联感知"一张图"、智慧管理"一平台"和数据智慧"一中心"，建设物联感知"一张图"，为生态资产构建智能化感知网络，通过各类物联网设备将生态数据采集并翻译出来，及时准确地传达给管理人员，从而做出正确的应对方案；建设智慧管理"一平台"，用数据构建"生态资产一体化"及"宜林则林、宜灌则灌、宜草则草"的生态建设模式，这种建设模式不仅符合生态规律，而且降低了前期建植成本和后期养护成本，是大数据指导下"生态、可持续、低养护、高产出"的生态资产一体化发展模式；建设数据智慧"一中心"，通过对生态资产的透彻感知、互联互通、充分共享及深度计算，盘活生态资产，推进生态产业高质量发展，为数字技术助力资产变成资本提供良好的基础（刘丽霞，2020；李国萍，2021）。

（2）建立生态资产数字化开发平台，推动生态产业发展现代化。充分利用大数据、物联网等技术，通过"分散输入、集中输出"模式，强化对生态资产的集中存续整合，通过人工智能、大数据、云计算和数字孪生等数字技术对生态资产进行数据分析、效果评估、仿真模拟和决策优化，建立数字化生态资产管理系统，推出可优化资产配置的线上一站式服务平台，精准匹配生态资产开发项目，推动生态资产流转交易便捷化，打通生态资产转化通道。依托区块链、云计算等技术，推动生态资产模块化设计和区块化开发，通过"云—管—端"协同促进的生态产业信息链，推动数字技术深入融合生态资产产业化开发过程，促进生态旅游产业、生态文化产业和生态农业等生态新兴技术产业。

（3）建立生态资产数字化运营平台，推动生态资产运营现代化。数字化运营需要经历收集数据、信息分析、决策行动和反馈学习，构成高效的数据化运营流程，对生态资产运营全生命周期进行数字化管理。采集生态资产的相关数据需要完成精准的数据埋点，并将各个数据源进行打通，让数据归一化，并对数据进行存储和建模等相关操作；通过对用户数据分析构建精细化的分层，了解掌握用户，打造符合生态资产相关业务的用户标签，为后续的运营打下坚实的基础，进而通过数据驱动业务，而非通过业务驱动数据；在数字化运营中明确业务问题，梳理业务流程并对生态资产相关业务目标进行拆解，结合问题、数据分析结果、标签体系和业务运营目标等，制定科学的运营策略，利用数字化运营系统，通过多种渠道方式对需要执行的用户实现精准触达；通过策略效果检测、触达结果分析及业务数据监控等方式，对决策行动后的运营策略效果进行量化评估分析，了解行动带来的价值，并从行动结果中学习，促进下一步更好地分析决策，形成一个数据驱动的数字化运营闭环。通过生态资产数字化运营平台，可以提升传统生态资产运营效率，优化生态资产运营模式，改善现有的生态资产运营现状。

（4）建立生态资产在线交易平台，推动生态资产交易现代化。在立足"生态资产＋互联网＋金融"创新发展模式的基础上，依托"互联网＋"、云计算等信息技术，打造互联互通、标准统一、信息共享的交易平台体系。建立生态资产交易基础数据库，实现数据信息共享，按照"海量存储、分类管理、储用相适、功能齐备"原则，将生态资产交易中市场主体信息库、交易数据信息库、主体信用信息库和共享信息库等基础性数据库整合优化，并将生态资产交易全过程各类主要信息汇聚数据库中（李维平，2023）；搭建数字化平台，实现生态资产交易全流程线上进行，特别是交易、见证、监督、信用、档案、安全的数字化；建立包括技术标准及数据规范在内的统一制度规则，为平台整合共享提供有力保障（李维平，2023）；构建生态资产交易领域"数字场景应用创新"模式，聚焦领域内智能化评审、区块链拓展、人脸识别等视角开展应用场景设计搭建，实现工作模式创新发展（李维平，2023）；推动数字安全体系建设，CA 数字证书保障身份真实性，区块链技术谨防数据篡改，等级保护动态维护网络安全，实现平台建设安全发展。

6.3　数字技术助力资本变成资金

数字技术助力资本变成资金，需要通过物联网、区块链等技术将生态资本进行变现，通过建立生态产品一体化商务平台、生态金融绿色数字化综合运用平台、生态补偿数字化平台等，推进生态产品供销模式、生态金融业务、生态补偿等现代化，从而提高生态产品变现能力，可以有效解决生态产品价值实现中抵押难、交易难和变现难的问题。

（1）建立生态产品收储交易数字化平台，推进生态产品供销模式现代化。社交电商、直播电商等新媒体电商作为新的经济形态，可以实现数字技术与生态产品深度融合，有效破解生态产品交易难的困境。借助大数据、物联网、人工智能等数字技术手段，探索"直播电商＋生态产品"和"社交电商＋生态产品"等新模式，实现线上线下交易一体化；搭建生态产品一体化电子商务平台，以及生态产品生产、销售、物流运输、宣传、售后服务等业务一体化的共享平台，实现生态产品交易全方位覆盖。在新媒体电商发展的驱动下，发展电子商务，打造新型生态产品供销模式，拓展生态产品交易通道和变现路径。

（2）建立生态金融数字化综合运用平台，推进生态金融业务现代化。推动生态金融与数字技术深度融合，利用大数据、人工智能、区块链等数字化新技术，形成集生态数据采集、管理、共享与信息披露于一体的全流程服务；借助智能计算、卫星遥感等数字技术赋能价值核算，建立整体联动、开放共享的生态产品价值数据库，通过对生态产品经济价值的量化评估，利用数字化核算系统，实现生态产品价值的清晰量化，并以生态系统生产总值为核心构建评估体系，提供了可供交易和融资的参考依据，用核算结果指导生态产品有效变现（吴平，2023）。根据生态产品价值核算结果，探索创新"互联网＋大数据"融资贷款模式，加大中长期贷款支持力度，支持发行绿色企业债券和绿色金融债券，创新绿色信贷抵押担保和质押担保方式，开展绿色项目资产证券化业务。各类投资主体可以设立生态建设基金，筹建生态产品产权交易所，进一步加强生态产品变现能力。

（3）建立生态补偿数字化平台，推进生态补偿现代化。构建生态产品动态数字化监测系统，形成生态产品数据的采集、传输、模拟仿真结果评价等基本功能；开发基于遥感、地理信息系统等工具的生态产品信息服务系统，用于支持开发 B/S 架构的 GIS 应用，从而实现在生态补偿区域内进行生态产品动态监测战略布局；利用 Web 服务共享技术形成不同资源主体对象之间的链接，形成了资源的共享与整合，Web 服务共享技术创造了一种特殊的环境，在这种环境下，生态保护者和受益者可以在同一平台下依托统一的制度安排进行平等的补偿谈判、补偿沟通，实现软环境的建设与安排；虚拟化技术结合多媒体技术、仿真技术与网络 Web 技术，实现将虚拟化场景和数据处理与分析相结合，实现生态补偿结果模拟仿真（滕飞，2020）。通过建立生态补偿数字化、智能化平台，可以打破生态补偿中的信息孤岛现象，精准定位生态保护者和受益者，精准确定生态补偿标准，提供公平、公正和公开的生态补偿交易平台，可以有效解决生态产品价值实现中交易难问题，促进生态资本资金化。

6.4　数字技术助力资金变成股金

数字技术助力资金变成股金，需要将各类分散资金通过互联网金融产品等进行整合，通过大数据、云计算等数字技术量化为投资主体的股金，集中投入到经营项目中，使得投资主体享有股份权利，获取项目收益，促进生态产品价值共享（谢花林和陈彬，2022）。

（1）建立生态项目资金整合数字化平台，推进资金整合模式现代化。通过大数据、云计算、人工智能、区块链等数字技术创新互联网金融产品，为生态产品建设项目筹集资金。互联网金融产品不仅能满足不同投资主体的投资需求，更能保障投资主体的资金安全。基于缝隙市场，互联网金融的"长尾效应"能够聚集大量的资金，降低金融投资门槛，覆盖传统金融产品未涉及的盲区。政府部门可引导众筹、P2P、P2B 等参与具有公益属性的生态项目（谢花林和陈彬，2022）。通过这种周转快的项目培育提高全社会生态建设、生态产品供给的积极性和主动性，同时鼓励金融机构创新相关金融产品，以满足不同人群对生态产品多样化需求（谢花林和陈彬，2022），这为解决生态项目融资困境问题提供了技术支持和创新方式，促进生态项目建设资金整合。

（2）建立生态项目股份合作数字化平台，推进股份合作模式现代化。数字技术为生态项目管理流程变革提供底层技术支持，区块链等数字技术赋能生态项目搭建去中心化、网络化组织架构，创新形式多样的股份合作模式，探索推行"政府、社会团体、公益组织、个人"四位一体发展，建立"利益共沾、风险共摊"的利益联结机制（谢花林和陈彬，2022）。依托大数据算法模型等，对生态资源和基础设施资源进行评估，完成生态资产核查工作，做好生态建设项目股份合作制改革的基础工作（谢花林和陈彬，2022）。利用大数据、云计算和人工智能等数字技术进行生态项目相关数据挖掘、数据分析和效果评估等，从而综合考虑投资主体基本状况、生态资源产权、对生态项目建设的贡献等因素，确定生态项目组织成员，明确生态项目投资主体股权比例（谢花林和陈彬，2022）。通过区块链、云计算等算法工具确定各投资主体收益比例，完善生态建设项目收益分配机制（谢花林和陈彬，2022）。

第7章 基于数据赋能的典型区域生态产品价值实现模式分区

7.1 引　　言

人类为了追求经济增长和社会发展，采取森林砍伐、湿地开垦、过度捕捞、矿产资源的无节制开采等过度开发自然资源的方式，这些行为不仅破坏了地球的生态平衡，也对生态系统提供的宝贵服务构成了不可逆转的威胁。习近平总书记多次强调经济要发展，但不能以破坏生态环境为代价，要像保护眼睛一样保护生态环境。在这样的背景下，我国学者提出了生态产品总值（gross ecosystem product，GEP）的概念，将其定义为生态系统为人类提供的产品与服务价值的总和（欧阳志云等，2013）。通过建立国家或区域 GEP 的核算制度，搭建起自然生态系统和人类社会经济系统的桥梁，达到平衡经济发展与生态环境保护的目的。GEP 核算包括生态产品功能量核算、生态产品定价、经济价值核算三个基本任务（欧阳志云等，2013）。其中，生态产品定价是联系生态系统与社会经济的纽带，直接影响生态产品价值核算结果的准确性和可应用性（裴厦等，2024）。因此，如何进行生态产品定价成为一个重要的研究课题。生态产品主要包括供给服务类、调节服务类和文化服务类产品（曾贤刚等，2014；Wainger et al.，2018）。调节服务类生态产品是从生态系统过程的调控功能中获得的效益（陈东军和钟林生，2023），该类生态产品直接关系人类福祉（程文杰等，2022），在生态系统中占据较大比重，其价值是 GEP 的重要组成部分（白玛卓嘎等，2020）。但相对于供给服务类与文化服务类生态产品，调节服务类生态产品定价比较难，无法在市场上直接交易（张林波等，2023）。

如何实现调节服务类生态产品价值，目前仍是理论和实践探索中的一个难题（高晓龙，2020）。因此，对调节服务类生态产品价值进行核算，对于选择生态产品价值实现的路径提供科学依据，具有至关重要的意义。

本章在深入剖析生态调节服务产品属性、特征和利用的基础上，提出生态系统调节服务产品的分析框架，建立生态系统调节服务评价模型，最后提出生态产品价值实现适宜性评价体系及主导实践模式分区方法，目的在于为生态调节产品价值实现的空间布局及区域划分提供理论依据和技术指导，促进"两山"高质量发展，同时为拓展国土空间利用与发展分区提供理论支撑。

7.2 研究区概况

赣州市地处江西省南部，赣江上游地区。该市总面积为39379.64平方公里，占江西省总面积的23.6%。其行政区划包括3个区、13个县，并代管2个县级市。2020年总人口897万人，人均地区生产总值4.08万元。赣州气候降水丰沛，雨热同期；地形以山地、丘陵、盆地为主；生态环境优越，生物多样性丰富。赣州以绿色生态为优势，推动生态价值的经济转化。该市将生态环境视为资源和竞争优势，通过创新和政策支持，努力实现生态与经济的融合，促进绿色发展。赣州的生态产品价值实现，展现了新时代的绿色发展理念。

7.3 研究方法

7.3.1 调节服务产品价值实现路径分析框架

调节服务类产品，通常指的是那些提供生态调节功能的服务，如包括空气净化、气候调节、水质净化、土壤保持等服务（陈东军和钟林生，2023）。生态系统调节服务在空间上具有很强的分异特征，供给在空间上受到生物物理化学过程以及土地利用的空间分布和结构的影响，数量上受到自然资本提供服务能力的影响。作用范围可从局部地区的土壤保持、空气净化服务，到全球范围的水源涵养、气候调节服务。同时，生态调节服务产品多为公共产品，具有非排他性和非竞争性。本章依据生态系统调节服务的供给方式、作用范围及排他性特征，将其分为全球性生态调节服务产品和地方性生态调节服务产品。（1）全球性生态调节服务产品通常指的是那些超越单一地区，对全球或大范围区域产生影响的生态服务，其具有显著的非排他性特征，且难以界定受益范围，例如固碳、水源涵养以及生物多样性等。（2）地方性生态调节服务产品则是指在较小的地理范围内提供的生态调节服务，此类服务具有一定的地域排他性，主要惠及当地居民，如一个地区的降温调节、空气净化等生态效益主要惠及当地居民（吴绍华等，2021）。

生态产品价值的实现需要针对生态产品属性和价值实现机制的差异，实现分类、分区和差别化的利用策略（Sannigrahi S. et al.，2019；余星涤，2020）。因此，本章提出"生态系统服务分类—空间分布评估—适宜性分区"的分析框架。通过生态产品价值实现的适宜性分区可为生态调节服务产品的产业发展提供指导（吴绍华等，2021）。

7.3.2 生态系统调节服务评价模型与方法[①]

本章通过建立模型，对包括植被固碳与释氧、水源涵养、土壤保持、降温调节、去污染服务、负氧离子释放，以及增湿调节在内的七种生态系统服务功能进行深入评估，实现空间精细化评价，空间单元的分辨率为30m。

（1）固碳和释氧服务主要根据植被光合作用固定二氧化碳和释放氧气的原理确定服务的物质量：

$$ES_c = 1.63 \times (NPP - R) \tag{7-1}$$

$$ES_o = 1.2 \times (NPP - R) \tag{7-2}$$

式（7-1）和式（7-2）中，ES_c、ES_o 分别为固碳和释氧量（$g \times m^{-2} \times a^{-1}$）；$NPP$ 为植物净初级生产力；R 为土壤呼吸速率。

---

① 吴绍华，侯宪瑞，彭学敏等. 生态调节服务产品价值实现的适宜性评价及模式分区——以浙江省丽水市为例 [J]. 中国土地科学，2021，35（04）：81-89.

（2）水源涵养量为存储在土壤系统中的水量，是降水量与蒸发量、径流量的差值。

$$Q_{cw} = 10 \times (P - E - C) \qquad (7-3)$$

式（7-3）中，Q_{cw} 为评估地水源涵养量（mm）；P 为实测林外降水量（mm × a^{-1}）；E 为林分蒸散量（mm × a^{-1}）；C 为林分地表快速径流量（mm × a^{-1}）。

（3）土壤保持服务根据修正后的土壤流失方程（RUSLE），评估土壤保持量为潜在的土壤侵蚀量，方程为：

$$G = R \times K \times L \times S \times C \times P \qquad (7-4)$$

式（7-4）中，G 为土壤侵蚀量 [t/(hm^2 × a)]；R 为降雨侵蚀因子 [(MJ × mm)/(hm^2 × h × a)]；K 为土壤侵蚀因子 [(t × hm × h^2)/(MJ × mm × hm^2)]；L 和 S 分别为坡长和坡度因子；C 为植被覆盖率和管理因子；P 表示水土保持措施因子。

（4）降温调节是绿色植物利用树冠遮挡阳光减少地面热辐射，同时通过蒸腾作用将水分散发吸收热量并降低空气温度，公式为：

$$Q_{tr} = Q_{ew} \times v_{eh} \div (H_{ml} \times A' \times 10^4) \div P_c \qquad (7-5)$$

式（7-5）中，Q_{tr} 为区域植被生长季节的日温度变化（℃）；Q_{ew} 为森林生长季节的日蒸腾量（kg）；v_{eh} 为 20℃时水的汽化热（kJ/kg）；H_{ml} 为大气混合层的高度（m）；A' 为研究区面积（hm^2）；P_c 为空气的体积热容（m^3 × ℃）。

（5）利用 PM$_{2.5}$ 去除来表征污染去除服务，根据不同风速下的 PM$_{2.5}$ 浓度和沉降速率，计算出不同地区 PM$_{2.5}$ 的去除量，公式为：

$$PM_{Removal} = F \times LA \times (1 - R) \times T \qquad (7-6)$$

式（7-6）中，$PM_{Removal}$ 为 PM$_{2.5}$ 的去除通量（g/m^2）；F 为 PM$_{2.5}$ 的干沉降通量 [g/(m^2 × h)]；LA 为叶片表面积（m^2/m^2）；R 为 PM$_{2.5}$ 的重悬浮率；T 为时长（h）。

（6）空气负离子浓度因地理环境因素的不同而存在较大差异，根据植被面积、林分高度等参数，可以计算出植被释放负离子的能力，其公式为：

$$Q = 5.256 \times 10^{15} \times \omega \times F \times A \times H/L \tag{7-7}$$

式（7-7）中，Q 为植被释放负离子含量（个）；ω 为森林负离子浓度（个/cm^3）；F 为修正系数；A 为植被面积（hm^2）；H 为林分高（m）；L 为负离子寿命（min）。

（7）增湿指绿色植物通过蒸腾作用将植物体内水分转变为水蒸气散失到周边大气当中，提高周围空气的相对湿度，其计算公式为：

$$Q_{hi} = \Delta e \div e_s \times 100 \tag{7-8}$$

式（7-8）中，Q_{hi} 为区域植被生长季每日相对湿度变化量（%）；Δe 为区域水气压每日变化量（hpa）；e_s 为区域饱和水气压（hpa）。

7.3.3 生态产品价值实现适宜性评价[①]

生态服务供给过程中并不是单一实现，而是整体性作用的结果。因此价值利用的适宜性评价需要遵守主导性、综合性和差异性原则，构建指标体系，通过权重体系主导性和综合性，可以将生态产品价值实现的适宜性落在国土空间上。生态产品价值实现适宜性评价指标体系划分为生态系统服务、开发利用现状、限制因素 3 个层面。生态系统服务包括测算的 8 种调节服务，开发利用现状表征土地利用的历史和区位优势，选择耕地比重、建设用地比重和交通区位 3 个指标。限制因子主要考虑生态红线和基本农田保护红线。适宜性得分为生态系统服务、土地利用加权求和与限制性因子的积，计算方法为：

$$S_i = R_i \times \sum_{j=1}^{n} (W_i \times indicator_j) \tag{7-9}$$

式（7-9）中，S_i 表示第 i 适宜模式的得分值；R_i 为对于 i 模式的限制因子；W_i 为权重；$indicator_j$ 为生态系统服务和土地利用现状因子；i 为适宜性模式；j 为评价指标个数。考虑到生态产品特征与产业的融合，以及赣州的发展现实基础，调节服务生态产品价值实现方式划分为生态农业、生态工业、生态康养和生态补偿 4 种目标模式，利用专家打分法确定权重（见表 7-1）。

---

① 吴绍华，侯宪瑞，彭学敏等. 生态调节服务产品价值实现的适宜性评价及模式分区——以浙江省丽水市为例 [J]. 中国土地科学，2021，35（04）：81-89.

表 7 - 1　　　调节服务产品价值实现适宜性评价指标体系与权重

指标		生态农业	生态工业	生态康养	生态补偿
生态系统服务	固碳服务	0.135	0.004	0.042	0.163
	释氧服务	0.074	0.089	0.067	0.175
	水源涵养	0.122	0.072	0.049	0.197
	水土保持	0.127	0.058	0.022	0.151
	降温调节	0.056	0.153	0.164	0.085
	污染去除	0.112	0.145	0.161	0.063
	增湿服务	0.097	0.022	0.127	0.063
	负离子释放	0.036	0.081	0.173	0.049
土地利用现状	耕地比重	0.188	0.003	0.003	0.018
	建设用地	0.016	0.207	0.091	0
	交通区位	0.037	0.166	0.101	0
限制因子	生态红线	0	0	0	1
	永农红线	1	0	0	0

7.3.4　主导实现模式分区

调节服务产品开发具有多适宜性特征。为了确定生态产品价值实现的主导模式，本章以栅格为单元分别计算生态农业、生态工业、生态康养、生态补偿 4 种类型适宜性评价的分值，最高得分的模式确定为该栅格主导的价值实现模式（ESZoning）：

$$ESZoning = max(S_{agri}, S_{inds}, S_{health}, S_{pes}) \qquad (7-10)$$

式（7-10）中，S_{agri}、S_{inds}、S_{health} 和 S_{pes} 分别为生态农业、生态工业、生态康养和生态补偿模式的适宜性评价的得分。

7.4　数据来源

本章所采用的数据源自江西省赣州市 2020 年的土地利用情况，该数据是基于 2019 年全国国土调查结果的年度更新版。第三次全国国土调查作为新时代中国特色社会主义国情调查的关键组成部分，其目的在于全面掌握我国自然资源的实际情况。三调全面查清了赣州市范围内耕地、园地、林地、草地、城镇村及工矿用地、交通运输用地、湿地、水域及水利设施用地等地类的分布及利用情况。三调形成了全省行政区、村级调查区、地类图斑、坡度图等数据图层，上千万个地类图斑，上亿个国土利用现状属性[①]。2020 年赣州市国土变更调查数据为生态产品价值实现模式分区研究提供了坚实的土地利用现状基础数据支持。其他资料来源如下：NPP 数据基于 MOD17A2H 产品合成得到；$PM_{2.5}$ 数据获取自国家地球系统科学数据中心新发布的中国高分辨率高质量近地表空气污染物（CHAP）数据集，气象数据来自国家气象科学数据中心（http：//data.cma.cn/）。

7.5　结果与分析[②]

7.5.1　生态系统调节服务空间分布格局

本章评价了赣州市 8 种生态系统调节服务的空间分布格局（见图 7 - 1）。总体来看，植被覆盖良好的地区各种生态系统调节服务水平高，而人为活动强烈的地方生态系统调节服务相对低。固碳服务和释氧服务的空间格局主要由植被净生产力控制，生产力高的地区固碳和释氧服务高，格局相对一致。水源涵养与当地的降水、土壤性质、蒸散发有关，变化范围在 150～1100mm，高值区分布在赣州市西南地区和东北地区，是重要的水源涵养区。水土保持服务主要受地形和植被影响，高值区主要分布在海拔较高、地势较陡的区域，该服务对区域土壤稳定和水质保护具有重要作用。温度调节服务范围在 6.57℃～10.89℃，夏季降温作用明显。湿度调节服务与土壤、植被的蒸散发相关，植被覆盖好的地区湿度调节服

① 江西省自然资源厅．江西：三年风雨兼程　奋力绘就国土新画卷 [EB/OL]．（2022 - 04 - 18）[2024 - 08 - 21]．https：//www.sohu.com/a/539009768_121106994.

② 吴绍华，侯宪瑞，彭学敏等．生态调节服务产品价值实现的适宜性评价及模式分区——以浙江省丽水市为例 [J]．中国土地科学，2021，35（04）：81 - 89.

务强。$PM_{2.5}$ 的去除能力主要受控于叶面积，山区的污染去除能力远高于城市地区。负氧离子释放是对人体健康有重要作用的调节服务，高值区主要分布在林分成熟的区域。

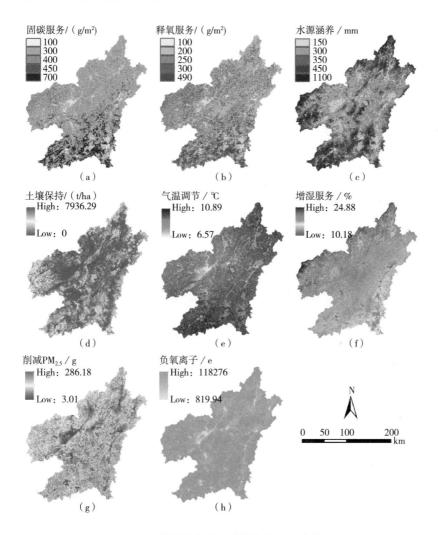

图7-1　赣州市生态系统服务空间分布格局

生态调节服务产品的评价和空间分析的结果表明赣州市的生态调节服务表现出两个明显特征：（1）生态调节服务类型之间存在相关性，主要是由于大部分调节服务受控于赣州市的自然地理条件和植被覆盖程度，导致固碳、释氧、温度调节等服务空间分布格局上具有相似性。（2）生态系统调节服务高值区在植被覆盖好的山区集聚，低值区在人为活动强烈的下游盆地集聚。不同调节服务产品之间的相关性和高值区空间分布的集聚性，为生态系统调节服务产品集聚开发利用提供了空间基础。

7.5.2 生态产品价值实现的适宜性评价

根据生态调节产品特征和产业发展趋势，将赣州市生态产品开发分为生态农业、生态工业、生态康养和生态补偿四种目标适宜性，以四分位数分别进行评价划分等级（见图7-2），并分别划分为不适宜、低适宜、中适宜、高适宜四种类型。

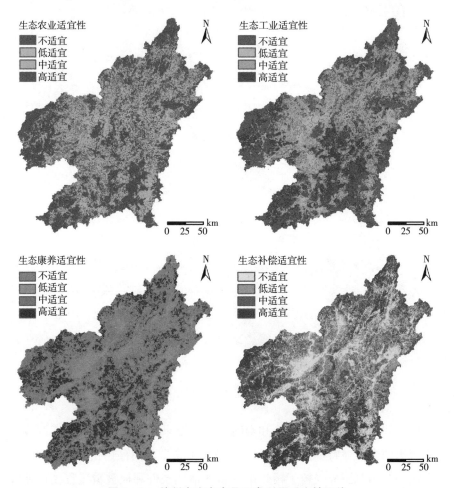

图 7-2　赣州市生态产品开发利用适宜性评价

生态服务水平高且农地资源丰富的地区为生态农业高适宜区；生态红线区和城镇发展区为不适宜发展生态农业地区。其中，高适宜区是生态农业开发的重点区域，可以通过特色农产品开发、标签化、品牌化实现价值转换。

生态工业实现途径主要通过发展对生态环境条件要求严格的产业，比如需要本地材料的生物制药、温度调节的大数据存储、对环境条件要求高的高精密制造业等。根据评价结果划分为 4 个等级，基本农田保护区和生态红线区的比例越高越不适宜，生态系统服务越高且建设用地比例高、区位条件优越的地区是生态工业的高适宜区。

生态康养是赣州生态产品价值实现的重要产业类型，可整合休闲旅游和医疗康养为一体。利用的是地方性强的温度调节、负离子释放、湿度调节、污染去除等对人体健康具有显著正向影响的服务。高度适宜区主要分布在生态环境条件好，且有一定的建设用地规模区域，为生态康养发展提供了开发条件。

生态补偿是区域性强的生态系统服务集中区，发展权因生态保护政策而受限，因此主要依赖于政府购买服务和生态补偿来实现生态产品的价值（吴绍华，2021）。根据生态服务水平的差异划分为 4 个等级，其中生态补偿高适宜区域与生态红线的范围较为吻合。中等级适宜性主要围绕高等级适宜性周边区域。

7.5.3　生态产品价值主导实现模式分区

由于生态系统产品具有多用途性，比如同一斑块既适宜生态农业又适宜生态康养，为了识别最适宜的发展模式，在多适宜评价的基础上，根据不同适宜性水平的差异确定生态产品价值实现的主导实现方式（见图 7 - 3）。主导实现模式并不等于唯一利用方式，并不排斥该区域发展其他方式。开展主导方式分区易于集中连片实施，有利于区域土地利用和管制政策的制定。

基于每种主导实现模式分区，确定了该区域的主要特征，提出土地利用方向和空间管制规则（见表 7 - 2）。

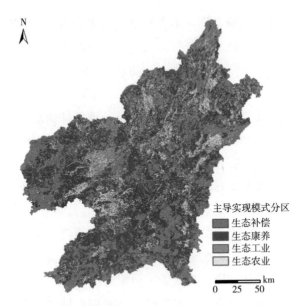

图7-3　赣州市调节服务产品价值的主导实现模式分区

表7-2　　赣州市生态产品价值主导实现模式分区的利用方向与管理策略

主导实现模式分区	比例（%）	特征	利用方向	空间管制策略
生态农业实现模式区	14	生态服务价值高，农田集聚	发展农业现代化、精品化产业；绿色健康食品供给产业；生态价值标签化，区块链产品溯源；开展合作化经营	推进农地流转，专业化现代化经营；保护特色精品农业产区
生态工业实现模式区	6	生态服务价值高、产业基础较好	工业用地集聚、产业升级改造发展对生态环境要求高的电子信息、生物医药、高端制造、农产品深加工等产业	推动产业用地集聚；建立产业用地准入标准，筛选生态友好型企业
生态康养实现模式区	50	服务当地的价值高、有建设条件	用地政策向医疗、社会疗养行业倾斜利用集体建设用地入市租赁等政策打造区域高端医养中心	探索集体建设用地入市用于康养产业发展
生态补偿实现模式区	30	服务区域的价值高、生态红线区	调动村民参与生态保护的积极性；显化生态保护与修复的劳动价值	限制人为活动强度；建立生态补偿机制、生态保护政府基金

资料来源：吴绍华，侯宪瑞，彭敏学等．生态调节服务产品价值实现的适宜性评价及模式分区——以浙江省丽水市为例［J］．中国土地科学，2021，35（04）：81-89.

4 种主导模式中比重最大的是生态康养主导实现模式，该分区占比为 50%，广泛分布在赣州市乡村聚落地区。该区域的特点是负离子、污染去除、降温、湿度调节等生态调节服务水平高，且具有一定规模建设用地，但大部分是集体建设用地。利用优质的生态服务产品，建立生态康养基地—特色小镇—特色村的发展体系，打造区域高端生态医养中心。管制措施是用地政策向医疗、社会疗养行业倾斜，挖掘存量潜力探索集体建设用地入市用于康养产业发展。

生态农业主导实现模式区的比例为 14%，呈现整体分散、局部集聚的空间分布特征，分布在地势相对平坦、耕地相对集中的地区。该区域的主要特征是生态价值高、农田资源相对丰富，是赣州市的种植业集中区域。该区域的土地利用的主导方向是发展生态精品农业，依托赣州市特色生态农业品牌，实现生态价值的标签化和生态价值溢出。支撑农地流转和保护特色农业产区为主要管制规则。

生态工业主导实现模式区的比例占 6%，主要分布在市、县政府所在地的周边区位较好的区域。该区的特点是生态服务水平高、产业基础相对较好，土地利用方向是对生态环境要求高的电子信息、生物医药、高端制造、农产品深加工等产业。管制规则需要在产业用地集聚和产业用地标准方面设置开发门槛，引导产业集聚，筛选优质生态工业产业。

生态补偿主导实现模式区是区域作用强的生态调节服务生产集中区，占 30%，主要分布在赣州市的南部和西部。该区域为我国南方地区的重要生态屏障，对区域固碳、释氧、水源涵养、生物多样性保护具有重要的意义。该区域的利用方向是建立与生态环境相协调的人口和产业转移机制，有序退出宅基地、产业等用地。价值实现的主要方式体现生态环境保护和修复的劳动价值，通过政府购买和生态补偿等方式实现价值转换。

7.6 结论与讨论

7.6.1 结论

本章依据生态系统调节服务的供给方式、作用范围及排他性特征，将其分为全球性生态调节服务产品和地方性生态调节，构建生态产品价值实现分析框架。本章选定江西省赣州市作为研究案例，对生态调节服务产品的空间分布特征进行了评估，研究表明那些植被覆盖度高的区域通常拥有更高效的生态系统调节服务，而人类活动频繁的地区，其生态系统调节服务则相对较低。并对生态农业、生态工业、生态康养以及生态补偿四种价值实现的适宜性等级进行了划分。赣州市在生态农业、生态工业、生态康养以及生态补偿四种价值实现模式的区域面积分配上，占比分别为14%、6%、50%和30%。

7.6.2 讨论

本章将其分为全球性生态调节服务产品和地方性生态调节，但由于生态系统的复杂性以及调节服务的多样性，生态调节服务产品价值分类与评估存在不确定性（吴绍华等，2021），因此分类标准有待进一步细化。同时，还可以进一步探讨不同生态调节服务产品价值实现的动态变化，如何通过技术创新和市场机制来提高生态产品的价值，以及如何解决生态产品价值实现过程中的社会公平问题。

第8章　数字技术赋能生态产品调查与监测

8.1　引　　言

生态产品已经成为连接环境保护与经济增长的桥梁，生态产品价值实现是推动经济社会发展全面绿色转型的关键路径，是实现"绿水青山就是金山银山"理念的具体行动，对实现可持续发展目标具有深远意义。目前我国生态产品价值实现仍面临调查监测难、价值核算难、经营开发难、交易变现难等问题，迫切需要我们加强探索研究，持续完善生态产品价值实现机制（方洁和严飞，2023）。党的二十大报告指出，加快建设数字中国是中国式现代化的重要内容；《"十四五"数字经济发展规划》强调要发挥数字经济在促进绿色发展方面的重要作用，利用数字经济赋能全社会各领域的绿色发展。数字经济作为现代经济发展的重要驱动力，正在深刻改变生态产品价值实现的方式。通过整合先进的信息技术，数字经济为生态产品提供了全新的价值核算、监测和管理手段，极大地促进了生态资源向经济价值的高效转化。

生态产品价值实现的调查与监测是确保生态资源合理利用和保护的基础，是实现生态产品价值的关键步骤。建立生态产品调查监测机制，有利于明确自然资源产权和生态产品权益归属，建立生态产品基础信息和产品目录、实施动态监测，为生态产品价值实现提供支撑[①]。然而，当前生态产品的调查与监测面临着数据收集与处理的局限性，难以实现对大范围、高频率的生态数据收集（高世楫，2021）。此外，我国生态产品监测数据

---

① 中共中央办公厅，国务院办公厅. 关于建立健全生态产品价值实现机制的意见［EB/OL］.（2023 - 4 - 26）［2024 - 08 - 20］. https://www.gov.cn/gongbao/content/2021/content_5609079.htm.

的共享和开放程度不够高，监测数据的利用效率不够高，监测数据的价值没有得到充分发挥。因此，面对上述挑战，迫切需要开发和应用先进的数字技术，如"3S"技术、数字孪生技术、物联网技术、云计算等，以提高生态产品调查与监测的效率和准确性，实现生态产品的动态实时监测与资源信息共享管理。具体来说，数字技术助力生态产品调查监测展现出以下方面的优势。一是数据收集的高效性与实时性。利用"3S"技术、物联网等数字技术，可以实现对生态产品数据的实时、自动采集，实现生态系统的实时监测，及时反映生态资源的变化与问题。二是数据处理的精确性。大数据、云计算等技术的应用，可以对收集到的数据进行深度分析和挖掘，从而更准确地评估生态产品的数量、质量、分布等情况。三是数据信息的共享性，通过建设开放共享的生态产品信息云平台，可以实现不同地区和部门间生态产品信息的共享和交换，促进协同合作和共同治理。

基于此，本章拟从数字经济赋能生态产品调查与监测的关键技术应用、数字平台搭建、实际应用场景和典型案例分析四个方面进行梳理，以期为政策制定、学术研究、地方实践等提供参考。

8.2　关键技术

8.2.1　"3S"技术

"3S"技术（即 RS–遥感技术、GIS–地理信息系统和 GPS–全球定位系统有机结合一体化集成）在空间信息管理中各具特色，均可独立完成自身的功能（陈涛和杨武年，2003）。"3S"技术的结合，为生态环境监测提供了一个全面、高效和精确的技术平台，RS 技术提供了广阔的监测视野和实时数据；GIS 技术则对这些数据进行深入的分析和管理；而 GPS 技术则确保了监测数据的空间定位精度（刘志刚等，2024）。

"3S"技术能够应用于地表资源环境监测、农作物估产、灾害监测、全球变化等多个领域，具有探测范围广、采集数据快、动态反映地面事物变化等特点（见图 8–1）。传统地面调查方法主要获取的是样方尺度、离散的数据，难以满足大尺度生态系统研究对数据时空连续性的要求。相比于传统地面调查方法，"3S"技术具有实时获取、重复监测以及多时空尺度的特点，弥补了传统地面调查方法空间观测尺度有限的缺点（郭庆华等，2020）。因此，"3S"技术的应用能够高效助力生态产品价值实现，通过其独特的优势，如大范围监测、快速数据采集和多时空尺度分析，为生态产品的调查与监测提供了强有力的支持。此外，"3S"技术不仅能够实时获取生态系统的状态和变化，还能够提供连续的数据流，这对于评估生态产品的价值和功能、制定有效的生态保护措施以及促进可持续发展至关重要。

图 8-1　"3S"技术在生态产品调查与监测中的独特功能与协同作用

在农业资源的调查与监测上，遥感技术可以通过多角度、多时相的综合分析和评估，获取综合性土壤信息，进而对整个地区的土地资源状况和变化进行精细分类和数量分析，辅助 GIS、GPS 等信息技术分析手段对土地资源进行评估、监测和管理（鄂高阳等，2024）。其主要应用包括土壤类型识别、土壤水分监测、土壤质量评估和土地利用变化监测（鄂高阳等，2024）。在森林资源的调查与监测上，基于"3S"技术，以高分辨率卫星图为基础，通过比对遥感影像和实地地形图对山林分布、森林质量、林地保护等级等因子进行逐块登记，建立林地地籍档案，形成区域林地"一张网、一张图、一个库"数据库管理系统，对数量庞大的碎片化、分散化林地资源能进行有效管理（王晓丽等，2024）。在水资源的调查与监测上，"3S"技术实现了观测方法从静态到动态信息，表达从定性到定量的过渡（刘玉梅等，2016）。RS 技术利用卫星等进行远距离信息采集可以获取精确的监测结果，并通过自动抽取和存储信息来改进数据库；GPS 技术可以解决观测控制点难以达到高精度要求的问题；GIS 技术则为计算机系统创建了一个数据系统，将数据信息保存并提取有用的信息，最终建立一个完整的空间信息系统，实现信息的持续优化利用（刘玉梅等，2016；王雪瑶，2024）。

8.2.2 物联网技术

物联网通过信息传感设备与互联网的连接，实现物与物、物与人、人与人之间的信息交换和通信，以实现智能化识别、定位、跟踪、监控和管理（孙其博等，2010）。传感技术和通信技术的不断进步，基于物联网的生态环境智慧监测技术可实现全方位的、实时的、高效的生态环境质量动态监测，为生态环境监管提供新的技术方法（吴琳琳等，2022）。物联网技术可以利用网络传感器对森林、湖泊、海洋等生态系统进行实时监测，以实现对生态问题的预警（范睿，2023）。例如，通过物种多样性、生态链变化、水体富营养化等参数的实时监测，可以更好地了解生态系统的健康状况，并及时采取相应的措施进行保护。物联网在助力生态产品调查与监测中，覆盖了以下三个方面：（1）实时监测与数据采集：物联网通过部署大量的传感器和监测设备，可以实时收集生态系统的各项数据，如温度、湿度、土壤成分、水质等，从而实现对生态产品的持续监测。（2）远程控制与自动化管理：物联网技术可以实现远程控制监测设备，自动化收集数据，减少人力成本，提高监测效率。（3）预警与应急响应：物联网能够及时监测到生态系统的异常变化，并快速做出预警响应，有助于及时采取保护措施，防止生态灾害的发生（见图 8 - 2）。

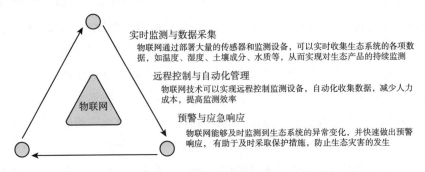

图 8 - 2 "物联网"技术在生态产品调查与监测中的作用

在农业生态环境的调查与监测中，物联网技术可以通过传感器对土壤、气象、水质等参数进行实时监测和数据分析，实现对农田生态系统的监测和管理，促进农业的生态化发展。在吴琳琳（2022）等对水生态环境物联网智慧监测技术发展及应用的研究中，基于感知层和传输层构建的水生态环境物联网智慧监测系统，可通过业务应用平台对海量监测数据进行综合分析和智慧化应用，能够实现水生态环境实时监测和预警、水生态环境治理效能管理等功能，以提升我国水生态环境管理能力。在刘寒冰和王小涵基于物联网水生态环境智慧监测及管理系统的研究中，以传感器、传输网络、应用终端为核心的物联网技术，可实现对各类流域水质的实时监控与预警（刘寒冰和王小涵，2024）。物联网系统包括移动感知终端、传感网络、应用客户端等模块，可对中小水体的污染状况进行实时监控。以上海市金山区为例，科研人员利用新型浮筒作为载体，实现了对各大河流水质的实时监控，以太湖为例，科研人员针对其面积大、范围广的特点，开发出太湖蓝藻水华预警平台，在感知层采集的数据，经传输层和支持层传输、处理后，可在应用层的可视化数据模块下载信息，通过物联网预警平台的集控中心进行数据分析后，结合气象、水文部门的预报，对未来 3 天蓝藻水华的平均预测精度超过 85%（陈耿和陈春贻，2022；袁峰和叶莹，2021）。

8.2.3　数字孪生技术

数字孪生技术以物理实体为基础，以物联网、云计算等技术为核心，通过测绘、遥感、实时传感器等采集物理实体的历史和实时数据及环境信息（饶小康等，2022；于晓秋和李言鹏，2024），在对物理实体（PE）充分理解的基础上，建立物理或数学模型，并通过 VR、AR、BIM 等仿真技术，在虚拟空间中搭建出与现实世界平行的多时空尺度的动态虚拟实体（VE）（周毅等，2023）。能够实现真实物理世界与虚拟网络世界的双向映射和动态交互。数字孪生技术的原理主要包括以下几个方面（荆金坡和李月，2024）。（1）数据采集：通过传感器、监测设备等手段，获取物理实体的关键参数和状态信息；（2）数据传输和存储：将采集到的数据通过网络传输到云平台或本地服务器，并进行存储管理；（3）数学建模和仿真：根据采集到的数据，利用数学建模和仿真技术构建物理实体的数字模型；（4）数据分析和优化：通过对数字模型进行分析和优化，实现对现实物体或系统的监测、预测和优化（见图 8 - 3）。在生态环境领域，数字孪生技术可以对真实的自然环境进行建模，实现动态感知、实时监测、自动预警、决策调度、预测预防等功能，有效提升生态环境的数字化治理能力（陈叶能等，2024）。

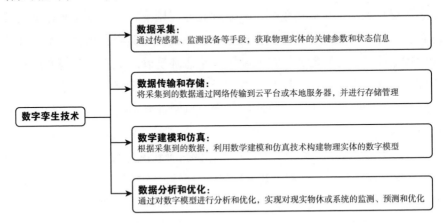

图 8 - 3 "数字孪生"技术在生态产品调查与监测中的原理与作用

数字孪生技术是一套普遍适用的理论技术体系，可以在众多领域应用。在水资源管理领域，数字孪生技术的应用已经显示出巨大的潜力，通过数字孪生技术，可以实时监测水资源的质量和数量，并进行全方位的管理和调度（荆金坡和李月，2024）。此外，数字孪生技术能够通过融合流域河道地形地貌、水文、水质、气象、植被、湖泊、湿地等多元要素，对不同时空情境下的要素进行空间关联分析，从而实现对水环境系统的实时模拟、预测和优化（于晓秋和李言鹏，2024）。在矿山生态环境治理中，有学者提出矿山生态环境数字孪生，通过对矿山生态环境采集的孪生数据，对各生态要素间的相互关联作用及人类活动、自然条件对生态要素的影响过程进行数学建模，实现对物理矿山生态环境的数字化仿真模拟，形成虚拟矿山生态环境；然后，将专业模型融入虚拟矿山生态环境，实现对物理生态环境的质量评价、风险预警方案优化、推演预测、反馈控制等，来指导实际矿山生产计划与矿区生态修复治理措施（李全生等，2023）。

8.2.4 云计算技术

云计算是一种基于互联网的计算模式，它允许用户通过网络访问和使用存储在远程服务器上的数据和应用程序，而无须在本地计算机上安装或运行这些应用程序（陈康和郑纬民，2009）。首先，云计算提供了强大的数据处理能力，可以快速处理和分析大量的生态数据，包括遥感数据、环境监测数据等，从而为生态产品的调查与监测提供高效的数据支持。其次，云计算平台能够存储和管理大规模的生态数据，解决了传统存储方式在容量和扩展性方面的限制，保证了数据的持久化和安全性。再次，云计算平台支持多用户、多任务协作，促进了不同地区、不同部门之间的数据共享和协同工作，提高了生态产品调查与监测的效率和协作性。此外，云计算允许用户随时随地通过网络访问数据和应用程序，提高了生态产品调查与监测的便捷性和可访问性。最后，相比传统的本地数据中心，云计算可以显著降低硬件投资和运维成本，用户只需根据实际使用情况支付费用（见图 8 - 4）。

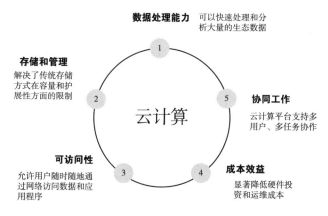

图 8 - 4　云计算在生态产品调查与监测中的功能与优势

肖鹰等（2023）融合物联网、云计算、数据挖掘等技术，形成一个基于云计算的现代生态农业物联网监控系统平台，能及时响应并接收到感知数据，对田间采集的数据进行转化与存储，并根据处理结果做出决策发送至用户终端，实现农业生产区域及各个生产基地环境信息的实时监测。刘秋华等在定量评价南宁市生态环境质量动态变化及空间分异特征的研究中，通过 Google Earth Engine 的云计算平台，采用去云、像中值、均衡化等方法改善原始影像质量，较好地解决遥感影像数据缺失、色差、多云、时间不一致等问题，使得计算结果更具有真实性、客观性。

8.3 数字平台

8.3.1 生态产品信息云平台

开放共享的生态产品信息云平台是一个集成了各类生态产品生产、流通信息的数字化平台，旨在促进生态产品信息的快速流动和共享。2021 年 4 月，中共中央办公厅、国务院办公厅印发的《关于建立健全生态产品价值实现机制的意见》中强调，生态产品信息云平台的建设将依托现有的自然资源和生态环境调查监测体系，并利用网格化监测手段来开展生态产品的基础信息调查，形成生态产品目录清单。生态产品信息云平台具有以下特点：一是提升数据精准性与共享性。通过整合多源数据，包括自然资源、生态环境监测信息等，确保数据的全面性和准确性；同时，平台的开放共享特性促进了跨部门、跨地区的数据交换与协作，提高了数据资源的利用效率。二是促进生态产品价值实现。平台能够清晰展示生态产品的数量、质量、分布及开发利用情况，为政府决策、市场交易和公众监督提供科学依据，这有助于更好地发掘和评估生态产品的价值，推动其市场化、产业化进程。三是加强生态环境保护与监管。通过实时监测和数据分析，平台能够及时发现生态环境问题，为环境保护和监管提供预警和决策支持，同时，数据的可视化展示增强了公众对生态环境保护的意识和参与度。四是推动数智化管理。利用大数据、人工智能等技术，平台实现了对生态产品信息的智能化处理和分析，提高了管理效率和决策科学性，这有助于构建更加精细、高效的生态产品管理体系（见图 8-5）。该平台的建设有助于提高生态产品调查监测数据的精准性和共享性，通过整合自然资源和生态环境监测信息，加强数据资源的开发与应用，实现大数据关联分析（方洁和严飞，2023）。

搭建生态产品基础信息平台，要充分利用"3S"技术、人工智能、大数据等数字技术，监测、搜集各类生态资源的数据信息，构建"一张图""一张网"并基于此搭建开放共享的信息云平台，存储并实时更新所获取的相关数据，进行分类处理、计算分析，摸清整个生态资源家底，掌握各

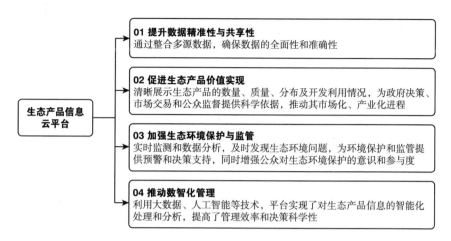

图 8 - 5　生态产品信息云平台的功能与特点

类生态产品的数量质量、位置分布、权益归属和开发利用现状等情况，探索编制出准确全面的生态资源资产目录清单表，实现有关部门的可视化、数智化、协同化管理（杨凤华和王璇，2024）。目前，多地政府强调要依托智慧自然资源建设整合生态产品信息，推进自然资源领域生态产品信息开放共享，并探索建立生态产品动态监测制度。这些措施将有助于构建一个全面、多维度的生态产品信息数据库，为生态产品的管理和交易提供坚实的数据支持。因此，生态产品信息云平台的建设是实现生态产品价值的重要手段，它将通过集成和共享数据，提高生态产品管理的透明度和效率，促进生态保护和可持续发展。

8.3.2　生态产品监测预警平台

生态产品监测预警平台利用物联网、云计算、大数据等现代信息技术，集成多种传感器和监测设备，对生态环境中的水质、空气、土壤、生物多样性等关键要素进行实时监测。平台通过收集、分析这些环境数据，能够及时发现潜在的生态风险和问题，并提前发布预警信息，为生态环境保护提供科学依据和决策支持。

目前，生态产品监测预警系统部分应用于水资源与森林资源领域，包括河湖环境的灾害预警与水质检查、森林资源的动态监测与预警。廖兵和魏康霞（2019）基于5G、IoT、AI与天地一体化大数据，研究鄱阳湖生态环境监控预警体系及业务化运行技术框架：（1）多源数据整合：通过空间化手段整合水质监测、藻类生物量、卫星遥感、无人机监测、气象数据以及自动水质站数据，发挥大数据技术在信息整合和深度挖掘方面的优势。（2）监控预警模型体系：创建一个以水质为核心，逐步扩展到水生态、湿地生态和大气环境的鄱阳湖生态环境监控预警模型体系。（3）地面监控预警体系：建立包括自动监测站和5G视频监控点在内的地面监控网络，覆盖污染源、饮用水源、入湖支流和关键区域。（4）"天—空—地一体化"监控：构建一个以多源星载摄影测量数据为主，协同多源遥感数据的"天—空—地一体化"监控体系。（5）基于AI的综合体系：利用人工智能技术，建立一个综合性的监控预警体系，实现对湖体水质、水文、蓝藻水华、湿地生态和突发事件的监测预警，同时提供业务支撑、成果展示、数据分析和信息共享，为鄱阳湖的水质管理和生态保护提供决策支持（见图8-6）。

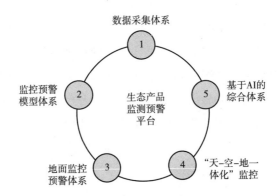

图8-6　鄱阳湖生态环境监控预警总体架构设计的体系结构

资料来源：廖兵，魏康霞. 基于5G、IoT、AI与天地一体化大数据的鄱阳湖生态环境监控预警体系及业务化运行技术框架研究［J］. 环境生态学，2019，1（07）：23-31.

8.4　应用场景

数字技术助力生态产品调查与监测的应用场景中，生态产品信息普查、动态监测及信息共享成为三个关键环节，它们共同构建了一个从数据收集、分析到共享的完整体系（见图 8－7）。其中，生态产品信息普查作为基础性工作，通过综合运用现代数字技术，实现了对各类生态产品数量、质量及权属信息的全面摸底。而生态产品数据动态监测则是确保生态产品信息时效性与准确性的重要手段。在生态产品信息共享方面，云计算、大数据等技术的应用使得不同地区、不同部门之间的数据壁垒得以被打破，实现了生态产品信息的互联互通与综合利用。

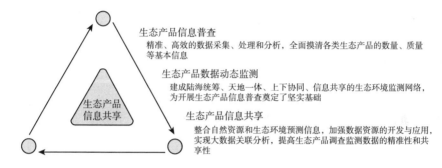

图 8－7　数字技术在生态产品调查与监测的应用场景

8.4.1　生态产品信息普查

开展生态产品信息普查，需摸清各类生态产品数量、质量等基本信息，形成生态产品目录清单。我们要充分利用我国自然资源调查和生态环境监测体系，利用各地网格化监测的手段，汇集我国各种自然资源、各类生态要素的存量状态基本信息，包括生态产品的权益归属信息，形成生态产品目录清单。这个目录清单，能够全面反映我国不同地区生态系统能够提供的生态产品和生态服务功能，使政府了解生态产品供给需求，准确掌握生态系统各主要生态要素的状态（高世楫，2021）。

数字技术为生态产品信息普查提供了强大的赋能作用，通过精准、高效的数据采集、处理和分析，能够全面摸清各类生态产品的数量、质量等基本信息。一是提升数据采集效率与准确性。首先，利用卫星遥感、无人机航拍等遥感技术，可以对大范围区域进行快速扫描，获取生态产品的空间分布、数量等基本信息，大大提高了数据采集的效率和准确性。其次，在生态产品生产区域部署物联网传感器，可以实时监测生态产品的生长环境、生长状况等参数，为生态产品的数量和质量评估提供第一手数据。这些传感器数据具有实时性、连续性和高精度等特点，能够弥补传统人工监测的不足。二是强化数据处理与分析能力。收集到的海量生态产品数据，运用大数据分析技术进行挖掘和分析，可以揭示生态产品数量、质量变化的规律和趋势，为科学决策提供依据。大数据分析技术还能够对异常数据进行识别和预警，及时发现生态产品生产中存在的问题。此外，利用人工智能算法对生态产品数据进行智能识别、分类和评估，可以大大提高数据处理的自动化程度和准确性。例如，通过机器学习算法对生态产品进行图像识别，可以快速准确地统计生态产品的种类和数量；通过自然语言处理技术对生态产品的描述文本进行分析，可以提取出关键信息用于后续处理。三是构建生态产品信息云平台。实现不同地区、不同部门间生态产品数据的共享与交换，打破信息孤岛，促进生态产品信息的互联互通和综合利用。同时，云平台还能够提供统一的数据标准和接口规范，确保数据的一致性和可比性。基于云平台上的生态产品数据资源，运用数据挖掘和智能分析技术，可以自动生成生态产品目录清单。综上所述，数字技术通过提升数据采集效率与准确性、强化数据处理与分析能力、构建生态产品信息云平台等方面为生态产品信息普查提供了全面赋能作用。这些技术的应用将极大地促进生态产品的科学管理和可持续利用。

8.4.2　生态产品数据动态监测

生态产品的动态监测，有助于及时监控生态产品数量和质量的变化，根据人民群众对各类生态产品的需求信息，及时调整生态产品开发经营的速度和策略，使绿水青山转化为金山银山的渠道更为畅通、更加高效、更加可持续。开展生态产品信息普查和动态监测，需进一步健全自然资源和生态环境监测体系（高世楫，2021）。

数字技术依托自身优势正逐步健全自然资源和生态环境监测体系，实现生态产品数据实时监测与数据采集，"3S"技术自身实时获取、重复监测以及多时空尺度的优势，能够实现大范围监测、快速数据采集和多时空尺度分析，为生态产品的调查与监测提供了强有力的支持。同时，随着传感技术和通信技术的不断进步，基于物联网的生态环境智慧监测技术可实现全方位、实时、高效的生态环境质量动态监测，为生态环境监管提供新的技术方法（吴琳琳，2022）。例如，物联网技术可以通过传感器对土壤、气象、水质等参数进行实时监测和数据分析，实现对农田生态系统的监测和管理，促进农业的生态化发展。数字孪生技术通过对数字模型进行分析和优化，实现对现实物体或系统的监测、预测和优化。例如，在水资源治理中，数字孪生技术能够通过融合流域河道地形地貌、水文、水质、气象、植被、湖泊、湿地等多元要素，对不同时空情境下的要素进行空间关联分析，从而实现对水环境系统的实时模拟、预测和优化。

自 20 世纪 50 年代起，中国开始构建涵盖森林、水资源、土地、大气和生物多样性等领域的自然资源及环境监测系统。经过数十年的发展，该监测网络覆盖面持续扩大，技术手段日益精进，监测能力显著提升。目前，一个涵盖陆地与海洋、天空与地面、各级协同、信息互通的生态环境监测网络已初步形成，这为生态产品的信息普查提供了坚实的基础。未来，中国计划进一步扩大监测网络的覆盖范围，并深化改革，以实现不同部门监测体系之间在规划、标准、监测和信息发布方面的统一，从而为生态产品的价值实现提供全面、完整、准确和及时的数据支持。更为重要的是，全面、完整、准确和及时的生态环境信息收集与发布，能够增强政府和公众的监督，促进生态环境法规的执行，严格生态损害责任追究和领导干部的环境责任审计，确保生态产品的持续供应（高世楫，2021）。

8.4.3　生态产品信息共享

生态产品信息共享有助于加快各类生态产品生产和消费信息的流通，使民众获取生态产品信息更加便捷，政府对生态产品供给的补偿更加公平、及时、可持续。生态产品信息共享要依托于生态产品信息云平台，通过整合自然资源和生态环境监测信息，加强数据资源的开发与应用，实现大数据关联分析，提高生态产品调查监测数据的精准性和共享性（高世楫，2021）。

云计算平台支持多用户、多任务协作，促进了不同地区、不同部门之间的数据共享和协同工作，提高了生态产品调查与监测的效率和协作性，为生态产品信息共享提供了有力的技术支撑。在福建省生态文明的建设中，生态云平台发挥了重要的作用，生态云能够充分获取数据、分析数据、运用数据，全面掌握区域、流域发展水平和产业分布、资源消耗、污染排放、环境质量等状况，围绕"实现污染防治攻坚战的指挥决策"需要，采用时序算法、语义分析、环境业务模型等分析算法引擎，深度挖掘海量"沉睡"数据价值，实现可靠溯源、有效预测、精准治污，推动经验判断向科学决策转变，助力打好打胜污染防治攻坚战。

为了促进生态产品价值的市场化实现，迫切需要建立一个更为完善全面的生态产品信息云平台。生态产品信息普查的核心目标是数据的有效利用和数据价值的最大化，而构建这样一个平台是实现这一目标的关键途径（高世楫，2021）。尽管近年来，不同部门和地区已经开发了多种生态产品信息云平台，地方政府应当加速推进认证和认可机制的完善，以保证生态产品信息的可靠性。同时，应优化和整合现有的生态产品信息云平台，以促进信息的快速流通。此外，还需加速构建自然资源和生态环境监测信息传输网络及大数据平台，强化监测数据资源的开发与应用，并进行大数据的关联分析。同时，需要消除阻碍不同部门数据互通的体制和机制障碍，实现生态产品信息云平台的统一规划、建设和应用（高世楫，2021）。

8.5　典型案例

8.5.1　案例：宿迁市自然资源三维立体时空数据库及管理系统建设[①]

（1）案例背景。

近年来，自然资源部提出建设三维立体时空数据库和管理系统，对调查监测数据进行统一管理。江苏省自然资源厅第一时间编制《江苏省自然资源调查监测三维立体时空数据库建设实施方案》，并陆续部署一批三维立体时空数据库建设试点，先行探索方法路径与关键技术。2022 年 11 月，江苏省自然资源厅将宿迁市自然资源三维立体时空数据库及管理系统建设列为试点，以省市县"三级联动"为总体目标，发挥各级所长，系统谋划，协同推进。宿迁市自然资源和规划局以此为契机，结合自身自然资源管理应用需求，建成全要素、全域覆盖的"1＋7＋N"自然资源调查监测

---

① 中国自然资源报. 江苏宿迁：三维立体时空数据库赋能自然资源高效管理 ［EB/OL］. (2024－04－10) ［2024－08－19］. https：//www. iziran. net/news. html? aid = 5311532.

数据库体系，集成立体治理、综合管理、应用管理、共享服务等业务模块，打造宿迁市自然资源三维立体时空数据库管理系统，实现调查监测数据的汇总建库、立体展示、高效查询、灵活统计、实时分析。该系统构建了满足调查监测、耕地保护空间规划、执法监察、生态管控等多维应用场景，有效发挥了海量调查监测数据的作用（见图 8－8）。

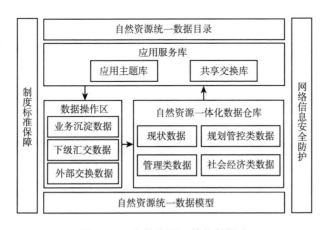

图 8－8　自然资源一体化数据库

（2）主要做法。

①汇聚多源自然资源数据，发挥底图底数底板支撑作用。梳理、整合、管理自然资源数据，是打造统一自然资源数据底座的关键。宿迁市自然资源和规划局以"1＋7＋N"建库模式，实现自然资源数据地上地表地下全空间、基础与专项全类型、历史与现状全时间覆盖，并基于此构建以自然资源实体为核心的新型时空数据管理模型，实现自然资源在时间、空间、语义、管理、服务等方面一体化表达。结合自然资源管理业务，该系统设计定性化与定量化结合的分析评价指标，综合反映宿迁市自然资源禀赋、节约集约利用、保护修复等情况。

自然资源三维立体时空数据库汇聚了全市自然资源调查监测相关数据3000 余万条，建设土地、森林、湿地等 7 个分数据库近 130 个图层，并整合水利、生态环境、农业农村等部门涉及调查监测成果 30 余项；建设湖滨新区、权籍、大运河、物种分布等 6 个宿迁特色分库共 90 余个图层；按照"分库继承、主库抽取"的原则，抽取各分库核心数据近 700 万条形成 1 个主数据库。以"1 个主库＋7 个分库＋6 个特色分库"智慧调查监测"一套数据"，该系统实现了对全市山水林田湖等各类自然资源"时态—空间—数量—质量—生态"五维一体管理，为自然资源管理提供了全面、细致的底图、底数、底板。

②多维度多层次场景应用，大幅提升自然资源管理效能。为推动调查监测成果的广泛应用与共享，宿迁局结合管理数据挖掘面向规划、利用、保护、权益、管控等的"调查监测+"应用。例如，建立包含土地利用、三线压覆、矿产压覆、自然保护区压覆等分析的可拓展、定制化工具箱，一键分析、即点即看的"一站式"分析服务，显著提高了规划选址、项目审查等工作效率；聚焦耕地保护，提供永农预补划审查和耕地流入流出分析等功能，强化耕地数量、质量、生态"三位一体"管理；针对大运河保护区域、三线管控区域、自然资源登记单元开展自然资源分析和监测，辅助运河廊道生态管控、三线管控、自然资源确权等工作。

③优化系统共享服务模式，助力数据资产价值充分流动。为打破共享壁垒，满足相关部门对调查监测成果的应用需要，宿迁市自然资源三维立体时空数据库管理系统以"横向联通，纵向贯通"为目标，采用在线共享与离线分发并行的双线共享链路，实现对外共享，并对共享应用全程留痕，保障数据安全。目前，横向上该系统与已有系统和平台衔接，在线调用智慧宿迁时空大数据平台的实景三维成果，并通过国土空间基础信息平台为农业农村、生态环境、水利等其他政府部门共享数据，拓展"调查监测+"应用；纵向上通过"调查监测核心目录清单"，采用离线拷贝或在线调用的方式实现省市县三级互通。

（3）主要成效。

自然资源三维立体时空数据库管理系统上线运行以来，已累计登录3900多人次、服务访问总量6万余次、图形分析接口调用3100多次、累计出图1040多张、成果下载540多次、统计报表导出3600多次，充分发挥了调查监测成果作为自然资源管理底数底板底图的基础性支撑作用。

（4）经验借鉴。

加强云平台、大数据、人工智能和三维可视化等先进技术研究，优化自然资源三维立体时空数据库建设技术流程，组织开展数据模型、算法与数据库建设标准研发，不断提高调查监测数据成果的管理、应用、分析、评价和服务的能力与水平。

8.5.2　案例：福建生态环境大数据云平台：一平台一中心三大体系助力全省环境监管形成一盘棋[①]

（1）案例背景。

新时期生态环境保护压力和挑战并存，部门间数据分散、信息破碎、应用条块、服务割裂等问题，给环境监管提出新课题。如何做到科学、精准、高效？福建省委省政府高度重视生态云平台建设，省、市、县三级生态环境部门把生态云平台建设和应用推进作为"一把手"工程，率先在全国建成省级生态环境大数据云平台（生态云平台），通过打造一平台一中心三大体系，让海量数据跑起来、用起来，助力福建环境监管形成一盘棋、一本账，环境决策更高效更精准更智慧（见图8-9）。

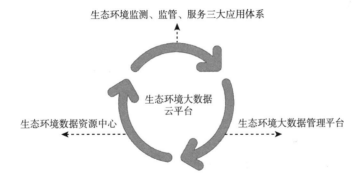

生态环境监测、监管、服务三大应用体系

生态环境大数据云平台

生态环境数据资源中心　　　生态环境大数据管理平台

图8-9　福建生态环境大数据云平台

（2）主要做法。

①一中心：打通数据"孤岛"，打破部门壁垒。福建省按照"大平台、大整合、高共享"的集约化建设思路，依托省政府电子政务云平台和生态环境监测物联网"两支撑"，重点打造"一中心、一平台、三大应用体系"，在全国率先建成省级生态环境大数据云平台。纵向，平台向上打通国家部委、向下穿透至市县及相关企业；横向，汇聚相关部门业务数据，以及物联网、互联网等数据，实现"横向到边、纵向到底"的数据集成汇聚共享。

---

①　中国环境报．福建生态环境大数据云平台［EB/OL］．（2018-10-26）［2024-08-19］．https：//hbdc. mee. gov. cn/hjyw/201810/t20181026_667051. shtml.

生态云平台注重"信息汇",通过建设全省生态环境数据资源中心即"一中心",不仅打通数据"孤岛",还打破部门壁垒。目前,平台汇集数据117类80多亿条,日容量增长约1TB,同时整合汇聚40余个信息化系统。其中包含工商、水利、公安、交通等21个部门41类数据。

②一平台:让数据"智"动起来。福建打造"一平台",即全省生态环境大数据管理平台,通过动态化采集、可视化展现、模块化服务、智能化推送,扭转以往数据静态多、动态少、堆叠多、梳理少的现象。平台对外开放212个对外服务接口,向政府部门、科研单位、企业公众定向推送,自主辨别用户"兴趣点",定期智能推送信息,变"人找数据"为"数据找人",让数据"智"动起来。同时,通过平台的智能分析,预测发展趋势,推动被动响应向主动预见转变。

③三大应用体系:让环境决策更科学、环境监管更精准、公众服务更便捷。在环境监测体系中,已接入167个大气环境质量监测点、87个水环境质量监测点、21个核电厂周边监测点、998个污染源在线监测点等,实现了对水、大气、土壤、核与辐射环境的统一动态监控。环境监管体系则完善了"一企一档",对污染源进行全过程监管。

(3)主要成效。

在福建生态云平台,海量数据实时更新、环境全要素一体融合、天地"一体防控"成为现实。进入方便快捷的驾驶舱,全域搜索引擎一站直达,快速聚焦、长驱直入锁定问题—打破时空限制,推进综合"智理",生态云正为美丽福建撑起智慧一张网。大数据生态云平台助力美丽河湖建设,全省流域水质一张图,主要流域单元精细化管理,整治触角伸向毛细血管,让清水绿岸成为常态;助力美丽城市建设,空气质量精准研判,构建联防联控机制,用数字为地块画像,全过程联动监管和精准治理,让百姓拥抱清新的蓝、怡人的绿;助力美丽海湾建设,"智"护碧海银滩,从入海口到各海域海岸线,13个重点海湾、235个近岸海域监测站点、11个主要入海河流、25个主要入海小流域的航拍图像、监测数据等信息实时连接到生态云平台。在福建生态云平台,海量数据实时更新、环境全要素一体融合、天地"一体防控"成为现实。进入方便快捷的驾驶舱,全域搜索引擎一站直达,快速聚焦、长驱直入锁定问题,打破时空限制,推进综合"智理",生态云正为美丽福建撑起智慧一张网。

（4）经验借鉴。

①打破数据壁垒，实现数据共享：通过建设全省生态环境数据资源中心，福建省成功打破了数据"孤岛"和部门壁垒，实现了数据的横向到边、纵向到底的集成汇聚共享。这为后续的数据分析和应用提供了坚实的基础。②智能化应用，提升监管效率：福建打造的生态云平台实现了数据的动态化采集、可视化展现、模块化服务、智能化推送，极大地提高了环境监管的效率和精准度。通过智能分析，平台能够预测发展趋势，推动被动响应向主动预见转变。③构建完整的应用体系，实现环境决策的科学化：通过构建包括环境监测体系、环境监管体系在内的三大应用体系，福建省确保了环境决策的科学性、环境监管的精准性和公众服务的便捷性。这三大体系相互支持、相互补充，形成了完整的环境保护和管理闭环。

8.5.3　案例：福建顺昌生态银行大数据平台①

（1）案例背景。

顺昌县地处福建省南平市，森林覆盖率高达 80%。然而面临着单家独户林地经营困难的问题，属于典型的森林资源富集的后发展地区。在持续深化集体林权制度改革背景下，明晰森林资源产权问题是林业资源管理的根源问题。2019 年，顺昌县"森林生态银行"信息管理平台投入使用，这是生态银行大数据平台的原始雏形，在搭建生态银行大数据平台时，顺昌县将其功能定位更侧重于政府管理端。2022 年底，顺昌"森林生态银行"总结推广"森林生态银行·四个一"（一村一平台、一户一股权、一年一分红、一县一数库）模式，指明了建设生态银行大数据平台的重要性与必要性，成为指导全县生态文明建设的抓手（见图 8 - 10）。

图 8 - 10　顺昌县"森林生态银行"信息管理平台

① 赵雪，张建哲，崔莉. 生态银行大数据平台赋能森林资源信息管理研究 [J]. 林产工业，2024，61（01）：87 - 92.

（2）主要做法。

在前端资源摸底中，顺昌县"森林生态银行"信息管理平台有机结合遥感、地理信息系统、互联网大数据等技术，按照行政区划开展森林资源数据库建设；通过多图层叠加的方式，形成森林资源"一张图""一张表"，初步摸清顺昌县内森林资源底数、明晰森林资源产权归属问题；平台在摸清全域资源"家底"的基础上，整合各区县、部门、村庄、"森林生态银行"数据，制定统一的生态银行数据资源目录和标准规范，对涉及的资源资产要素，进行统一接入、信息归集和关键数据沉淀，从而盘活闲置、低效资源，将分散零碎、闲置沉睡的生态资源进行有序的收储流转、整合提升；引入多源数据标准化体系与配套设施，利用先进技术手段对森林资源量化评估，形成科学的森林资源统计系统，实现对森林资源的动态调查与持续跟进。

在后端资源开发中，顺昌"森林生态银行"大数据平台通过对所属地域的图斑面积、重叠面积、图层名称进行登记管理，提供查询统计、智能分析、决策开发等服务，如生态资源与土地利用总体规划、生态红线、基本农田红线等管制数据的冲突分析，辅助生态项目开发选址与资产价值分析研判，以此为有关管理部门制定政策时提供参考；通过发布收储登记的生态资源、资产项目，引入社会资本进行投资管理；对社会资本监督管理，规范市场秩序，提供基本信用担保；除此之外，平台构建基于大数据和"互联网＋"的生态资源管理决策与服务体系，实现移动端管理生态业务。

（3）主要成效。

对全县林地分布、森林质量、保护等级、林地权属等进行调查摸底，并进行确权登记，明确产权主体、划清产权界限，形成全县林地"一张网、一张图、一个库"数据库管理。通过核心编码对森林资源进行全生命周期的动态监管，实时掌握林木质量、数量及分布情况，实现了林业资源数据的集中管理与服务。

（4）经验借鉴。

①"3S"技术应用：顺昌县成功地将遥感、地理信息系统（GIS）和互联网大数据等技术整合到生态银行大数据平台中，提高了数据收集的效率和准确性。不仅有助于更全面地了解森林资源状况，还为实现精准管理

和科学决策提供了有力支撑。②数据标准化与统一接入：通过制定统一的生态银行数据资源目录和标准规范，顺昌县实现了对各类资源资产要素的统一接入、信息归集和关键数据沉淀。这种做法有助于打破数据壁垒，提高数据共享和使用的效率，同时也为后续的数据分析和应用打下了坚实的基础。③引入多源数据标准化体系：多源数据标准化体系的引入，确保了数据的准确性和可靠性。通过对森林资源进行量化评估，形成了科学的森林资源统计系统，为后续的动态调查和持续跟进提供了重要支持。④智能分析与决策支持：平台提供的查询统计、智能分析、决策开发等服务，为管理部门制定政策提供了重要参考。通过对图斑面积、重叠面积、图层名称等信息的登记管理，以及生态资源与各类管制数据的冲突分析，辅助了生态项目开发选址和资产价值分析研判。

8.5.4　案例：浙江丽水市生物多样性智慧监测体系建设①

（1）案例背景。

浙江省丽水市是"绿水青山就是金山银山"理念的重要萌发地和先行实践地，是习近平总书记关于"国家公园就是尊重自然"重要论述的诞生地，也是首批全国生态文明先行示范区、首个生态产品价值实现机制国家试点。为提升生物多样性监测水平，丽水市谋划生物多样性监测战略布局，提出建设生物多样性智慧监测体系（见图 8-11）。

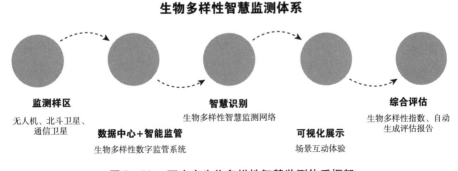

图 8-11　丽水市生物多样性智慧监测体系框架

① 中华人民共和国生态环境部. 生物多样性优秀案例（57）[EB/OL]. （2024-05-10）[2024-08-21]. https://baijiahao. baidu. com/s? id = 1798602417252660044&wfr = spider&for = pc.

（2）主要做法。

丽水市按照生物多样性智慧监测技术标准要求，统一和规范了生物多样性智慧监测体系建设要求和评价标准，制定发布了相关技术规范和地方标准。在全市范围内建设了 20 个生物多样性智慧监测样区，布设 600 余个监测点位，收集监测数据总计 15.7TB。同时，构建了丽水市生物多样性智慧监测网络，建立基于 AI 识别的物种自动识别系统，对常见的大中型哺乳动物、鸟类、两栖爬行动物、昆虫和水生生物的图像、声音和 DNA 进行识别。还建立了丽水市生物多样性数字监管系统，实现了监测数据的实时查看、联网共享和自动生成生物多样性评价指数和监测报告。

（3）主要成效。

丽水市通过生物多样性智慧监测体系建设，实现了监测技术方法的标准化，探索生态环境监测数据联网共享，实现了监测数据的自动采集，提高了监测效率。为生物多样性保护提供了基础保障能力。

（4）经验借鉴。

丽水市在生物多样性智慧监测体系建设中，创新性地提出了建设生物多样性智慧监测体系，并成功应用于实践。通过制定技术规范和地方标准，实现了监测技术方法的标准化。通过构建生物多样性智慧监测网络和数字监管系统，实现了监测数据的自动采集和联网共享，提高了监测效率。

8.6 结论与讨论

8.6.1 结论

随着生态文明建设与数字化进程的深入推进，建立生态产品调查监测机制成为明确自然资源产权和生态产品权益归属、实现生态产品价值的重要基础。本章基于数字经济赋能生态产品调查与监测的关键技术应用、数字平台搭建、实际应用场景和典型案例分析四个层面进行梳理，数字技术已成为生态产品调查与监测的重要驱动力，如"3S"技术、物联网、数字孪生、云计算等，在生态产品调查与监测领域展现出巨大潜力，为生态产品价值的实现提供了强大动力和崭新路径。

数字技术赋能生态产品调查与监测，本文得出以下主要结论：（1）数据采集效率与精度提升：通过遥感技术、物联网设备等，实现了生态产品数据的实时、自动采集，提高了数据采集的效率和精度，为生态产品调查与监测提供了可靠的数据基础。（2）信息整合与分析能力增强：大数据和云计算技术的应用，使得各类生态产品信息得以整合，并进行深入分析，为生态产品价值核算和政策制定提供了科学依据。（3）动态监测与资源共享实现：数字技术能够实现对生态产品的持续动态监测，及时跟踪掌握其产权、数量质量与开发情况，并通过建立开放共享的生态产品信息云平台，促进了信息共享和协同管理。（4）生态产品价值实现路径拓宽：数字技术的应用不仅优化了生态产品的供给质量，还通过数字创新与宣传提升了生态产品的价值溢价，为生态产品价值实现提供了新路径。

8.6.2　讨论

尽管数字技术在生态产品调查与监测领域取得了显著成效，但仍存在一些挑战和需要进一步优化的问题。一是生态产品动态调查监测的数字技术支撑机制仍不完善，市场需求未有效激发。因此，需进一步完善生态产品的产权制度体系，明确产权边界，并建立健全的数字技术市场应用机制，以促进技术与市场的深度融合。二是监测网络覆盖不足，我国生态环境监测网络主要集中在城市和重点流域，对于生态功能区、自然保护地、边远地区等监测覆盖不足。需加大对这些区域的监测力度，实现生态环境监测的全面覆盖和均衡发展。三是生态产品监测数据的共享和开放程度不够高，数据孤岛现象依然存在。需建立健全的数据共享机制，制定统一的数据标准和接口规范，推动各地区、各部门间的数据互联互通和协同共治。四是技术创新与应用场景仍需拓展，需关注数字技术的最新发展趋势和创新成果，并将其及时应用于生态产品调查与监测领域。同时，结合不同地区和生态系统的特点，开发针对性的数字化解决方案，提升生态产品管理的针对性和有效性。因此，数字技术赋能生态产品调查与监测是未来发展的重要方向。通过不断完善技术支撑机制、扩大监测网络覆盖、提高数据共享与开放程度以及拓展技术应用场景等措施，将进一步推动生态产品价值的实现和可持续发展目标的实现。

第9章　数字技术赋能生态产品价值评价

9.1　引　　言

数字化与绿色化是当前全球发展的两大主题，也是发展新质生产力和推动高质量发展的重要内容。数字经济是以数字化的知识和信息作为关键生产要素，以数字技术为核心驱动力量，以现代信息网络为重要载体，通过数字技术与实体经济深度融合，不断提高数字化、网络化、智能化水平，加速重构经济发展与治理模式的新型经济形态①。2021 年 4 月 26 日，中共中央办公厅、国务院办公厅印发的《关于建立健全生态产品价值实现机制的意见》指出，建立健全生态产品调查监测、价值评价、经营开发、保护补偿机制，对推动经济社会发展全面绿色转型具有重要意义。生态产品价值实现结合了生态学的生态属性和经济学的产品、价值属性，为绿色发展理念下经济增长与资源环境相容提供了可行的解决方案，建立健全生态产品价值实现机制以保护和改善生态环境为前提，是推动绿色高质量发展的新动能。党的二十大报告指出，要加快建设网络强国、数字中国；牢固树立和践行绿水青山就是金山银山的理念，推进美丽中国建设。《"十四五"数字经济发展规划》《数字化绿色化协同转型发展计划》《数字中国建设整体布局规划》等国家级规划强调，要发挥数字技术在促进绿色发展方面的重要作用，利用数字技术赋能全社会各领域的绿色发展，为建立健全生态产品价值实现机制提供新的契机和发力点（方杰和严飞，2023）。

---

① 中国信息通信研究院. 中国数字经济发展白皮书（2020 年）［EB/OL］.（2020 - 07）［2024 - 08 - 21］. http：//www. caict. ac. cn/kxyj/qwfb/bps/202007/t20200702_285535. htm.

数字技术赋能生态产品价值实现具有理论和实践可行性，通过改进生态产品价值创造方式、创造效率和获取方式，有助于扩大生态产品有效供给（陈倩茹等，2023）。具体来讲，数字技术可通过赋能生态资源的产权界定过程，以及价值核算、开发建设、市场交易和利益分配等产权实施过程，促进生态产品价值实现（白福臣等，2023）。其中，生态产品价值评价是生态产品价值实现的基础性环节，对生态产品由生产环节进入分配、交换和消费的全流程起到重要的推动作用，也是生态产品市场化交易的基础，涉及大量数字技术的应用。数字技术可以高效获取地理空间数据、生态系统数据和社会经济数据，为生态产品价值评价提供了数据基础（黄林等，2024；白福臣等，2023；匡后权等，2023）。依托大数据技术、机器学习算法和人工智能技术，可以更加全面、准确、科学地评估生态产品的价值，为生态产品价值评估提供了必要技术手段（张璐和王浩名，2023）。同时各级政府依托移动互联网技术、物联网技术等数字技术，积极建设生态产品价值评价与成果应用平台（杨凤华和王璇，2024；黄林等，2024；李莉等，2023），促进了生态产品价值评价成果的落地和应用，有助于解决生态产品价值"度量难"和"定价难"的突出问题。

基于此，本章在厘清数字赋能生态产品价值评价关键技术的基础上，分析数字平台在促进生态产品价值评价的应用，总结归纳典型的数字技术赋能生态产品价值评价的应用场景，结合数字赋能生态产品价值评价的 3 个典型案例探讨数字技术赋能生态产品价值实现的关键路径，以期为建立健全生态产品价值实现机制提供参考。

9.2　关键技术

合理确定生态产品价值是生态产品市场化交易的前提。生态产品价值评价对象即人类从自然界直接获取或经人类加工的具有物质供给、生命支持、环境改良和文化传承的产品与服务的集合，评价结果包括生态产品实物量和价值量。实物量是指生态产品的产出量，如农业产品产量、洪水调蓄量、土壤保持量、固碳量与游客人数等。生态产品实物量乘以价格即生态产品的价值量，反映生态产品的货币价值，如农业产品产值、调蓄洪水价值、减少泥沙淤积价值和游憩康养价值（丘水林和黄茂兴，2023）。常见生态产品价值评价方法包括直接市场法、替代市场法和虚拟市场法。

生态产品价值不等同于生态产品市场价格，各地分别出台了地方生态产品价值核算规范，因技术标准、核算范围、核算指标和数据来源存在一定差异，导致生态产品价值核算结果无法进行横向比较，难以实际应用于生态补偿等生态环境决策中来（丘水林和黄茂兴，2023；张林波等，2023）。随着互联网、云计算、大数据、区块链等科技的迅猛发展，"互联网＋""大数据＋"等新的经济形态迅速崛起，为社会经济注入了前所未有的生机与活力，同时也为生态产品价值实现提供了新的机遇。通过数字技术的应用，为生态产品价值评价提供更多的基础数据、评价方法和应用路径，生态产品价值评价结果能更好地与市场融合，提高生态产品价值评价结果的市场认可度，促进生态产品价值实现，推动经济社会可持续发展，实现人与自然和谐共生（见表9－1）。

表9－1　　　　　　　数字赋能生态产品价值评价的关键技术

关键技术	主要功能	生态产品价值评价应用
大数据分析技术	数据获取、数据挖掘、数据分析	社会经济数据、地理空间数据和生态环境数据获取；生态产品需求分析；生态产品供给研判；生态产品价格评估；生态产品价值可视化
物联网技术	数据获取、数据跟踪、数据监管、统计报表	社会经济数据和生态环境数据获取；生态农产品监测跟踪、生态调节服务产品监测跟踪、生态物质产品监测跟踪；生态产品监管；生态产品自动报表
云计算技术	数据处理、网络存储、数据平台	社会经济数据、地理空间数据和生态环境数据获取；生态产品价值评价平台建设

9.2.1　大数据分析技术

大数据技术是指涵盖规模（volume）、类型（variety）、价值（value）、速度（velocity）、精度（veracity）和复杂度（complexity）等基本特征的数据集及其相关的一系列技术体系，大数据的概念随海量数据爆炸式增长而来，随着数据产生、存储和挖掘等一系列技术的升级，以大数据为代表的新质生产力已经成为支撑国家经济发展的重要动力（刘智慧和张泉灵，2014）。2015年10月党的十八届五中全会首次提出"国家大数据战略"，

《促进大数据发展行动纲要》发布；2016 年 9 月，国务院发布《政务信息资源共享管理暂行办法》出台；2017 年，《大数据产业发展规划（2016 - 2020 年)》实施；2021 年，工业和信息化部发布《"十四五"大数据产业发展规划》，提出打造数字经济发展新优势，为建设制造强国、网络强国、数字中国提供有力支撑。2023 年，《"数据要素 ×"三年行动计划（2024—2026 年)》实施，提出激活数据要素潜能，提升生态环境治理精细化水平。

建立健全生态产品价值实现机制作为一项长期、动态和复杂的战略工程，大数据等技术的应用可以实现生态产品精准监测和生态产品价值精确评价，提高生态产品产出（罗千峰等，2022）。

当前我国生态监测网络的建设，积累了大量的数据资源，大数据技术的应用可以实现对这些海量的资源环境和社会经济数据进行高效、准确的采集、存储和处理。在海量数据的支撑下，采用科学的大数据分析方法，实现对生态产品价值的精确评价。例如，通过整合不同领域的生态环境监测数据，如空气质量、水质状况和土壤污染等，可以全面了解区域生态产品的整体状况，为生态环境决策管理提供科学依据（韩剑尘和周良发，2021；许世卫等，2015）。

大数据技术强大的数据分析能力可以挖掘出庞大数据背后的生态产品价值信息。常规的生态产品价值评价方法在数据采集方面需要较高的成本，数据处理分析效率较低，数据量和数据来源不足，制约了数据分析结果的准确度。大数据技术运用数据挖掘、机器学习等分析方法，可以从海量的数据中有效提取有用的信息、规律和趋势，进而提供更科学准确的生态产品评价的依据（吕晓阳，2024；董玉红等，2017）。例如，田爽等（2024）利用地理大数据监测湿地生态系统的时空变化情况和规律，并分析湿地生态的退化驱动因素，验证了大数据技术评估分析湿地生态状况的适用性，可为湿地生态产品价值评估提供参考。

大数据技术在生态产品数据可视化和评价结果展示等方面也有广泛的应用。传统的生态产品评价结果通常通过数据表格、报表文档等方式展现出来，而这些结果可能难以被非专业人士所了解并应用。通过大数据技术，以热力图、地图或动态图等直观的形式将生态产品价值评价数据予以可视化呈现，可以使评估结果更加通俗易懂，有助于促进生态产品价值评估结果在环境决策中的应用（见图 9 - 1）。

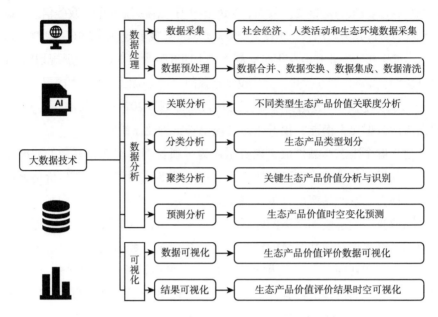

图 9 – 1   大数据技术在生态产品价值评价中的应用

9.2.2   物联网技术

随着计算机信息技术和物联网技术的不断进步，为生态产品价值评价带来了新的技术手段。物联网技术通过无线通信网络将各种信息感知设备相互连接，实现了对生态产品价值评价信息的智能感知识别与监控管理。借助物联网技术，通过无线网络可实时传输和接收生态产品监测数据，支撑生态产品价值评价。在生态产品价值评价数据的获取过程中，物联网技术的感知层发挥着关键作用。物联网技术主要利用无线传感器和射频识别技术来感知、识别环境中相关物理化学指标的变化并采集相关信息，从而获取与生态产品价值评价紧密相关的要素信息和各类参数。物联网传感器节点可以轻松地嵌入到各种设备中，用于监测与生态产品价值评价相关的环境参数，如温湿度、CO_2 浓度以及噪声等。通过物联网技术的广泛应用，能够更加全面、准确地评估生态产品的价值，为生态保护和可持续发展提供有力支持（见图 9 – 2）。

物联网技术在固碳释氧、气候调节和水土保持等生态调节服务产品价值评价中的应用十分广泛。在气候调节产品价值评价方面，应用物联网技

应用层	温度监测	作物生长	气象监测	碳汇监测	农产品监测	土壤监测
传输层	无线网络	GPS	SIM	因特网	蓝牙	5G
感知层	视频	传感器	智能卡	条码	监控	图像识别

图 9 - 2　物联网技术在生态产品价值评价中的应用

术，通过安装气体传感器和大气监测设备，实现对大气中污染气体和悬浮颗粒物的实时监测，从而为价值评估提供基础数据。在水质净化产品价值评价方面，传统水质检测方法需要经过现场采样和实验室检测两个阶段，需要较长的检测周期。基于物联网技术的检测方法通过水质传感器的组网，实时监测水质评价的相关指标，提高了水质检测的准确性。随着科学技术的发展，物联网技术的应用将使得生态产品价值评价更加智能化、高效化和精准化。例如，大数据技术和物联网技术的结合，能够对生态产品变化趋势进行更加准确的识别和分析，从而更好地评估生态产品价值（李晓雪，2015）。

9.2.3　云计算技术

云计算技术作为一种前沿的数据密集型计算技术，在数据管理、存储、并发控制、编程模式以及系统管理等方面表现突出。目前，该技术已广泛渗透到各个行业，且在辅助生态环境决策中展现出良好成效（见图 9 - 3）。例如在当今的遥感信息存储、处理和分析领域，云计算技术已得到广泛应用，而遥感云计算平台正是遥感数据与分析方法的完美融合。遥感技术因其广泛的覆盖范围、快速的观测速度、周期性的重访能力以及丰富的信息量，成为评估生态产品价值的重要工具。随着卫星遥感技术的持续进步，遥感影像的空间分辨率日益提高，重访周期不断缩短，遥感分析技术也在不断优化，这些都极大地提升了遥感大数据的可用性。在众多遥感云计算平台中，谷歌地球引擎（google earth engine，GEE）提供了丰富的遥感和地理数据集、用户友好的应用编程接口、多样的数据分析方法以及便捷的共享功能，为生态产品价值的评估提供了强大的数据支撑和多元化的分析手段（蒙继华等，2024）。

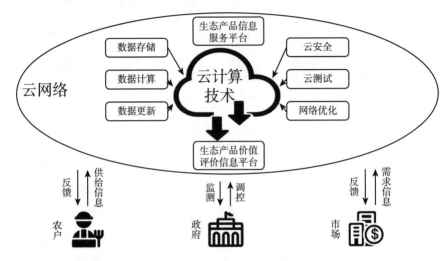

图 9 - 3　云计算技术在生态产品价值评价中的应用

资料来源：矫玉勋. 云计算技术在现代农业中应用分析及发展策略［D］. 长春：吉林大学，2013.

在生态物质产品价值评价方面，其重点在于评估农产品等物质产品的产量，一般通过对农产品面积和单产的评估实现对农产品产量的评估，而实地调查等方法难以实现大范围、长时间跨度的农产品产量监测。遥感云计算平台结合海量卫星遥感影像以及地理要素数据，可以在任意尺度上研究算法模型并采取交互式编程验证，为大规模的地理数据分析和科学研究提供了灵活和弹性的计算服务。借助遥感云计算平台可以实现对生态物质产品信息的快速获取与深度处理，显著提升数据处理效率，确保了评估结果的准确性与可靠性。具体而言，利用 GEE 平台的高分辨率作物边界图，结合多源多时相数据进行精细化的并行处理，通过选取恰当的分类特征，可以准确识别各类农作物的种植面积和产量。此外，GEE 平台所提供的丰富卫星影像资源、强大计算能力以及多样化的分类器选择，可以快速且精准地提取大范围、高分辨率的农作物分布和生长信息，对高效地管理粮食生产体系、准确地评估粮食安全水平及农业生产率具有重要意义，有助于保障生态物质产品的供给（蒙继华等，2024）。

在调节服务产品评价方面，以碳汇生态产品价值评价为例，土壤有机质作为作物系统中土壤有机碳的载体，准确、高效地获取土壤有机质含量对土壤碳汇价值评价具有重要意义，利用 GEE 云计算平台和随机森林等机器学习方法，基于光谱、植被指数、纹理等信息构建碳汇快速估算模型，可对耕地等土壤有机碳含量进行准确的预测。对于洪水调蓄等生态调节服务产品价值的评估，通过 GEE 监测和分析洪涝相关的气象和水文数据，可以实时预警洪涝风险，为防洪减灾和应急响应提供支持。基于 GEE 平台构建水质和水生态环境反演模型，也可以实现水体营养状况快速遥感监测，支撑水源涵养和水质净化等调节服务生态产品价值评估。同时借助 GEE 多源数据信息、高效并行数据处理方式、直观可视化显示的特点，分析典型区域多种生态产品价值间的权衡和协同关系，有助于全面理解生态产品价值的形成过程（蒙继华等，2024）。

9.3　数字平台

9.3.1　生态产品价值评价数据获取平台

生态产品价值评价包括物质产品、调节服务、文化服务 3 个二级指标，以及农业产品、水源涵养、土壤保持、休闲旅游等 20 余个三级指标，其中大部分三级指标的生态产品价值评价需要行政区划、土地利用和气象观测等地理空间类专题数据支撑。为解决生态产品价值评价遥感数据获取难、找不到数据源头的问题，同时针对不同生态产品价值评价需求，中国空间技术研究院北京空间机电研究所研制开发了 GEP 星座型生态环境卫星立体监测系统正式上线（见图 9-4）。该平台主要围绕生态产品价值评价所需的空间数据需求，追溯到数据生产的源头——遥感卫星，整合目前阶段满足相关数据生产要求的国内外遥感卫星，构架一个虚拟星座，服务于 GEP 核算、生态环境监测、"双碳"监测等（李莉等，2023）。平台在线提供包括生态分类、水源涵养、大气监测、碳汇监测等多项空间基础数据，针对各项基础数据，平台能够实时提供遥感卫星在轨信息和数据资源。

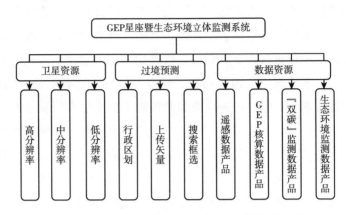

图 9-4　GEP 星座型生态环境卫星立体监测系统

资料来源：李莉，徐崇斌，孙晓敏．"GEP 星座"助力绿水青山——解码生态环境遥感资源平台［J］．卫星应用，2023（07）：30-31．

  该平台已整合了覆盖 30 多颗不同分辨率、不同类型遥感卫星的国内各类卫星资源，包括高分、资源、北京等系列，今后还会不断增加国产卫星资源的数量，提升平台在生态、"双碳"、能源、气象、自然资源、农业、海洋等领域的数据获取能力，进一步推动卫星遥感在 GEP 核算等生态产品价值评价领域的应用。同时随着通导遥一体化的发展趋势，未来会进一步集成导航卫星、通信卫星资源，实现数据多维度、全方位及时响应（李莉等，2023）。在实际应用方面，平台通过实时和定期获取覆盖丽水市全域的多源异构遥感数据，开展 GEP 核算、GEP 应用、大气监测、水质监测、自然资源监管等数据服务，目前已经持续提供两年服务，全面支持丽水市生态产品价值转化的数字化。该项目已入选浙江省首批数字化改革、数字政府、数字经济"最佳应用"，连续两年获得全省数字化改革突破奖银奖。

9.3.2　生态产品价值核算平台

  2009 年，中国科学院新疆生态与地理研究所登记的"生态系统服务价值评估软件"是我国最早的生态产品价值评价软件。2020 年 8 月深圳官方上线了全国首个 GEP 自动核算平台，可针对水源涵养、土壤保持、休闲旅游等 16 项生态系统服务功能价值进行自动核算并在地图空间上展示。近年来我国生态产品价值评价相关软件部署明显加快，基于中国科学院生态环境研究中心牵头开发的城市生态智慧管理系统（IUEMS）算法模型，南昌、安康、黄山等城市相继发布了其省内首个 GEP 平台，截至 2023 年 3 月全国已有 30 余地区政府完成相关软件部署（李柳鑫等，2023）。

以重点服务于长江沿线 11 省市 GEP 核算需求的长江经济带生态系统生产总值自动核算平台为例，该平台整体采用高内聚低耦合多层软件开发架构，依托 Browser/Server（B/S）开发技术设计了自下而上 4 个具有内在联系的层次，包括数据系统层、核算系统层、用户系统层及管理系统层，各层次架构间通过 API 接口实现应用程序数据互联，浏览器则通过 Web-Server 同数据库进行数据交互（李柳鑫等，2023）。在应用层面，依托 Python 语言调用 GDAL（Geospatial Data Abstraction Library）的各项大数据算法，实现原始数据经转换校验入库、指标模型算法处理和动态结果"一张图"展示等功能，最终实现 GEP 核算流程的标准化、可视化、持续性和可比性。底层标准数据库组是 GEP 自动核算平台运行的基础支撑，主要涉及 shpfile、gdb、tiff 等空间数据和 jpg、xlsx、csv、pdf 等非空间数据两种类型。为提高数据管理和读取运行效率，平台以 API 数据接口调用规则为逻辑，基于统一格式、参考系、命名分类及入库标准设置"通用库""输入库""成果库""参数库"4 个底层标准数据库，优化数据通路的同时减少数据冗余，保障用户端数据下载、上传导入、动态化更新等功能的高效发挥。用户端展示层包括底图系统和数据系统，底图系统调取卫星影像并支持 Web 端在线地图的基本交互操作；数据系统融合矢量、栅格、表格等多源数据，统一标准化处理后通过底层标准数据组接入展示平台。核算结果数据遵循 Geoserver 图层列表的服务形式，可分行政区、分生态系统类型、分功能量价值量具体显示，用户可自由绘制不规则图形自动统计相应区域层级的核算结果。核算结果列表具体包括了 GEP 价值总量、二级指标价值量及功能量等，用户可进一步对各项指标各行政区的核算结果进行横向对比分析，辅助识别生态产品价值高地，助力生态指挥决策（见图 9 - 5）。

9.3.3　生态产品价值评价成果应用平台

"核算是基础，应用是关键"，推动生态产品价值评价结果的应用也是

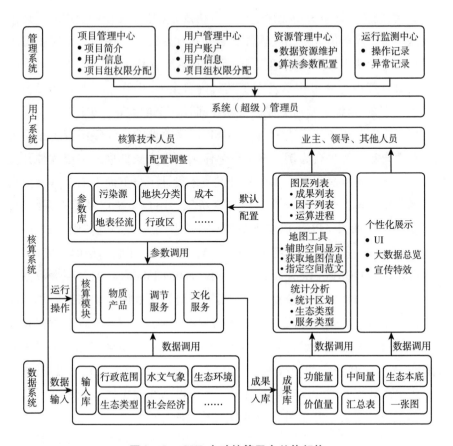

图 9 – 5　GEP 自动核算平台总体架构

资料来源: 李柳鑫, 李小婷, 万一帆等. 长江经济带生态系统生产总值自动核算平台功能设计与数据算法建设——以苏州市吴江区为例 [J]. 绿色科技, 2023, 25 (18): 243 – 251.

建立健全生态产品价值实现机制的重要内容。以 GEP 核算为主要内容的生态产品价值评价工作, 用于解决生态产品价值的量化问题。生态产品价值评价结果可为确定生态补偿范围和金额提供数据支撑 (张籍和邹梓颖, 2022), 为当地生态产业贷款、融资等金融服务提供评估依据 (阮建明等, 2022), 让各方面真正认识绿水青山的重大价值, 营造保护修复生态环境的思想自觉和行动自觉, 推进人与自然和谐共生 (宋百媛, 2024)。

在生态产品价值评价结果应用平台的建设上, 浙江省湖州市德清县在生态产品价值评价中最大程度地使用各种先进专业技术, 包括大数据分析, 地理信息技术、无人机勘探、人工智能比对等数字技术, 并率先建成

"数字两山"GEP核算决策支持系统，为绿水青山转化为金山银山提供了实践路径和创新载体①。德清"数字两山"平台数字政府门户，包括德清县生态一张图、GEP乡镇领导离任审计模块和项目全周期GEP综合评价模块三个主要模块。

（1）德清县生态一张图模块。依托于湖州市数字政府门户，对德清县各乡镇GEP项指标进行对比展示，同时体现县域生态环境与经济产业演变过程。对离任审计、生态奖补、生态绿币、绿色贷等试点成果进行多维展示，并将建设成果公开供其他单位使用。

（2）GEP乡镇领导离任审计模块。通过建设乡镇GEP专题资源库，自动化定期归集GEP考核涉及的农林牧渔产品、生态系统质量等数据，并完成数据报警、数据清洗、数据纠错等功能。以GEP乡镇领导干部离任审计试点成果为依据，建设智能审计功能，依据归集数据快速得到审计结果，并生成评价建议，同时做到每个审计指标均可溯源。

（3）项目全周期GEP综合评价模块。德清县通过将已建成的产业精准招商地图系统、国土空间管控应用系统、标准地信用监管多跨应用，融合到德清数字两山决策支持平台，引入GEP数据作为项目周期管理的环境监管指标，从产业规划、项目招引、项目建设、项目运营等过程，全面评价项目对所在地环境与经济的影响（见图9-6）。

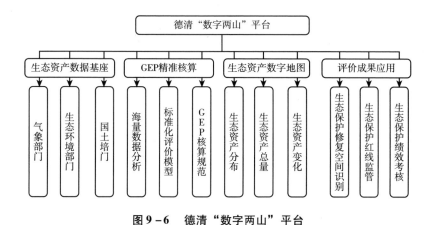

图9-6　德清"数字两山"平台

① 数聚股份. 全周期GEP｜数据门户｜数字政府门户｜GDP｜GEP乡镇领导离任审计［EB/OL］. (2024-08-21). https://www.datacvg.com/Case/Detail/1166993231184622.

9.4 应用场景

9.4.1 数字赋能大型活动碳核算

自 2020 年我国提出"双碳"目标以来，碳汇交易成为生态产品价值实现的重要模式。通过碳核算准确评价碳汇生态产品价值，是完成碳汇交易的重要前置条件（吴孟辉等，2023）。通过碳汇交易实现碳汇生态产品价值不仅有助于减排增汇，也能实现生态效益、经济效益和社会效益的共赢。碳核算，也称为温室气体（GHG）核算，是指按照科学方法和标准对个人、组织或国家的温室气体排放量进行计量、统计和分析的过程，是完成碳汇交易的基础性工作。

演出、赛事、会议、论坛和展览等大型活动因投资较大，涉及人员较多，筹办和举办过程消耗大量能源，同时产生大量的碳排放。2019 年 6 月，生态环境部《大型活动碳中和实施指南（试行）》制定了大型活动碳中和规则，即对大型活动全生命周期内产生的温室气体排放总量，通过购买碳配额、碳信用的方式或通过新建林业项目产生碳汇量的方式抵消大型活动的温室气体排放量。此后，各地也相继出台了相关大型活动碳中和规范或标准。大型活动碳中和有着可观的碳减排效益，其高曝光性和高关注度所引发低碳绿色生活的示范带动效应，也有利于增强碳中和理念的社会普及、促进全社会参与碳中和实践（刘智，2016）。数字技术可广泛应用于大型活动碳中和过程中的碳排放数据监测、碳排放预测和低碳管理规划与实施，通过大数据、云计算、物联网和区块链等数字技术准确测量和预测二氧化碳排放量，赋能大型活动碳排放测算和低碳管理，正成为高效推动实现大型活动碳中和的重要驱动力量（柴王军等，2023）。

数字技术赋能大型活动碳达峰碳中和的总体包括五个步骤：一是确定温室气体排放量核算边界。二是碳排放数据摸底，通过物联网、传感器和大数据，摸清举办大型活动的"碳家底"，通过对碳排放数据进行统计和复核，对比大型活动开展前后的碳排放数据，从而分析大型活动碳排放的主要来源，以确定碳中和工作重点；三是大型活动碳中和情景预测，通过趋势分析和情景仿真等方法，对大型活动碳达峰碳中和进程模拟预测，并与碳排放现状和目标进行对比；四是明确碳中和路径，通过数字孪生技术，制定碳减排与碳中和精准规划，研究制定可操作、可落地的大型活动碳减排路径和行动计划；五是实施调整，基于碳排放测算和碳中和情景预测结果，对活动进行相应调整，以实现碳中和目标。因此，借助大数据、物联网、区块链等数字技术来收集相关的碳排放情况来获得专业化和客观性的数据，依靠互联网、人工智能、数字孪生、区块链等数字技术有助于实现大型活动碳中和目标（见图 9－7）。

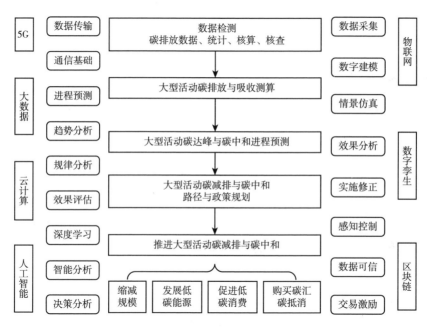

图 9－7　数字技术赋能大型活动碳中和的总体思路

资料来源：柴王军，巩紫豪，师浩轩等．数字技术赋能大型体育赛事碳中和的作用机理与实现路径［J］．武汉体育学院学报，2023，57（10）：12－21.

9.4.2　数字赋能生态环境导向开发模式（EOD）

生态环境导向开发模式（Ecology - Oriented Development）简称 EOD 模式，EOD 模式是以习近平生态文明思想为引领，通过产业链延伸、组合开发、联合经营等方式，推动公益性较强的生态环境治理与收益较好的关联产业有效融合、增值反哺、统筹推进、市场化运作、一体化实施、可持续运营，以生态环境治理提升关联产业经营收益，以产业增值收益反哺生态环境治理投入，实现生态环境治理外部经济性内部化的创新性项目组织实施方式，是践行绿水青山就是金山银山理念的项目实践，有利于积极稳妥推进生态产品经营开发，推动生态产品价值有效实现（石敏俊等，2024；赵云皓等，2022；逯元堂等，2021）。

EOD 模式涉及项目谋划、方案设计、主题确定、项目实施和评估监督等流程，其生态环境治理与产业融合的特点决定了对数字化的组织方式、管理方式、业务流程等的需求。当前，工业园区治理、农村环境整治和生态环境保护修复是 EOD 模式的主要应用场景，数字技术的应用可以实现 EOD 模式生态链、产业链、数据链的融合和资源的整合（段红波，2023）。在项目谋划阶段，"GIS + BIM" 一体化平台和数字孪生等的应用使得项目能够以项目区真实环境为背景，对项目区土地利用、道路交通和管网等基础设施进行建模仿真，为征拆、报批、建设、出让工作统筹评估提供大量的基础数据，提升项目决策准确度和工作规划水平。在主体确定阶段，通过数字孪生技术必选不同实施主体的项目方案。在方案设计阶段，各专业设计人员基于真实的环境参考协调共商，降低设计和后期建造过程中的风险。在项目实施阶段，运用地理空间数据和建筑物模型可以优化施工方案。在评估监督阶段，可无缝集成设计和建设期数据，实时监控资产情况，在维护、故障预测等方面发挥重要作用（段红波，2023）。

以中电建生态环境集团有限公司研发的 EOD 项目管理数字化平台为例，该平台深度融合了 GIS、BIM 及多场景动态感知等前沿数字技术，将地理模型、业务数据、施工模型与运营模型等多元信息集成一体，从而实现了 EOD 项目从开发到运营的全周期、跨学科、多视角的数字化精细管理。该平台由四大核心子系统构成：开发子系统、设计子系统、建造子系统及运营子系统。开发子系统通过细化物理地块与业务任务，并借助 GIS 技术构建空间关联，直观系统地展示项目开发蓝图，助力项目决策、调度与执行的精准化；设计子系统则专注于成果数据的集中管理，确保设计信息的高效利用；建造子系统依托物联网技术采集信息，以物理信息系统为中枢，实现建设过程的即时信息传递、数据深度整合、知识精准提炼及智能决策支持，并将各阶段、各专业成果无缝对接至运营阶段，为智慧运营奠定坚实基础；运营子系统则根据运维实际需求，集成相应功能模块，实现区域一体化管理与综合运维。该平台聚焦于生态保护与城市服务，将生态、智慧、科普、教育等功能融为一体，通过网、湖、江的协同调度，促进人文与生态的和谐共生（段红波，2023）。

9.4.3　数字赋能碳生态环境损害赔偿测算

生态环境损害，是指因污染环境、破坏生态造成大气、地表水、地下水、土壤、森林等环境要素和植物、动物、微生物等生物要素的不利改变，以及上述要素构成的生态系统功能退化。建立健全生态环境损害赔偿制度是生态文明体制改革的重要内容。生态环境的损害往往涉及范围较广，不仅限于某一特定行政区划，这使得相关的损害赔偿与修复工作受到部门交叉等多重因素的制约。数字技术的普及和应用，使政府部门，企业、社会组织和公众等各方力量能够参与到生态环境损害修复的工作中来，有助于汇聚各方智慧和资源，形成更加全面、客观的决策基础。同时，通过大数据、云计算等先进技术的运用，实现水环境、大气环境、污染源以及生态环境管理等多领域基础数据的整合与共享，有效打通各地方、各部门之间的信息壁垒，为跨区域生态环境损害修复提供了更加科学、精准的决策依据。（范如国，2021；毛春梅和曹新富，2021）。

其中，机器学习在数据挖掘、图像处理、文本处理领域的应用可以在生态环境损害鉴定评估工作中的各个环节中发挥关键辅助作用，有助于鉴定评估工作的有序化、系统化和高质量发展（武子豪等，2023）。在生态环境损害赔偿的资料收集整理阶段，传统的资料收集往往耗时耗力，且难以保证数据的完整性和准确性。通过机器学习技术，可以自动化地筛选、分类和整理海量的生态环境数据，快速提取出关键信息。在损害调查确认环节，利用深度学习等算法，机器学习可以准确地识别和分析生态环境信息，自动检测出异常情况，如污染源的分布、生态破坏的程度等，提升了调查确认的速度，还确保了结果的客观性和准确性。在因果关系分析阶段，生态环境损害往往涉及复杂的因果关系链，传统的分析方法难以全面揭示其中的内在联系。而机器学习技术可以通过自然语言处理等手段，深入挖掘相关政策法规、研究报告和案例数据中的关键信息，为评估人员提供全面的背景支持和科学的分析依据（Hu，2020）。在损害量化环节，通过构建精确的损害评估模型，可以更加科学地量化生态环境损害的范围、程度和潜在影响，为后续的修复和补偿工作提供有力的数据支撑（武子豪，2023）。

9.5　典型案例

9.5.1　案例：深圳 GEP 核算系统助推高质量绿色发展[①]

（1）基本情况。

2014 年，深圳市以盐田区为试点，在国内率先开展城市生态产品与生态服务价值核算，创建了 GDP 和 GEP 双核算双运行双提升工作机制，成为依法保护生态环境的攻坚利器。自 2018 年起，深圳市生态环境局联合市统计局和市发展改革委，组织生态中心和市环科院开展 GEP 核算研究，构建了适用于城市的 GEP 核算体系。2020 年 8 月，深圳市率先上线了 GEP 在线自动核算平台，给生态资源的价值"算一笔账"。2021 年 10 月，深圳市生态系统服务价值核算系统正式启用，成为全国首个城市生态系统服务价值自动核算平台。核算平台设计了部门数据报送、一键自动计算、任意范围圈图核算、结果展示分析等功能模块，可实现数据在线填报和核算结果一键计算，极大提高了核算效率和准确性。通过核算生态系统为人类提供各种产品与服务及其价值总和，科学评估生态环境的保护成效，为协调城市建设与生态环境保护提供了新的支撑。

（2）主要做法。

自 2017 年起，深圳在全国率先综合采用遥感、地面调查、模型分析等方法，探索城市生态状况调查评估方法；在全国率先开展高密度城市尺度地面调查，完成了深圳全市 891 个植物样地、90177 个植被斑块，150 条动物样线，50 个河流水生态样点的实地调查；在全国率先开展全覆盖高空间分辨（0.8m）遥感数据系统调查与评估。历时 4 年，系统分析了全市 40 年生态系统格局的时空特征与演变，系统对深圳市生物多样性数据进行集

[①] 民主与法制网．绿水青山一键"计价"，GEP 核算系统助推高质量绿色发展［EB/OL］．（2021 - 07 - 16）［2024 - 08 - 21］．http：//hunan.mzyfz.com/detail.asp？dfid＝2&cid＝87&id＝420971.

成，系统掌握全市生态系统结构、质量、功能数据，摸清了全市生态家底。陆域生态调查评估项目为全市 GEP 核算打下坚实基础，是 GEP 核算的主要数据来源（见图 9 - 8）。

图 9 - 8　数据流程

GEP 核算平台是在深圳核算体系和试算经验的基础上开发的，与 GEP 核算统计制度匹配，能够实现四十余张统计报表填报，百余个核算指标数据抄送，以及十余种生态系统服务价值计算结果空间化展示，并支持在线勾画统计任意区域的 GEP 价值结果。相关部门在填报数据的时候，只需要打开对应网页，即可实现数据填报和点击计算。目前，该平台实现了 100 多项核算数据在线填报，十余种生态系统服务价值核算结果一键得出，极大地提高了核算精度和效率。该系统在试运行和调试后，也会正式接入政府管理平台，实现十余部门的数据在线填报和完全自动化计算分析，应用于全市和各区 GEP 常态化核算工作（见图 9 - 9）。

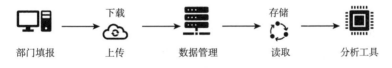

图 9 - 9　处理流程

同时，深圳市连续开展年度 GEP 试算分析，完成了全市 2010 年和 2016～2018 年的 4 年试算。按照现有统计制度体系规范，组织开展了 2019 年年度统计报表填报并初步完成核算分析。深圳市 GEP 核算充分利用了全市连续多年高精度的生态系统分类解译数据、高密度的气象监测数据、精细化的人口网格数据和较翔实的实地生态调查数据，具有较强科学性和权威性。

（3）工作成效。

①完善了生态产品价值核算制度体系。深圳市 GEP 核算平台是全球第一个针对 GEP 核算的在线计算平台，极大地提高了核算效率；《深圳市生

态系统生产总值（GEP）核算技术规范》是我国第一个高度城市化地区的GEP核算技术规范，突出了生态系统对城市人居环境的贡献；GEP核算统计报表制度是我国第一份正式批准施行的GEP核算统计制度，规范了核算数据来源；2021年2月23日，深圳市市场监管局发布了《深圳市生态系统生产总值（GEP）核算技术规范》，确立了GEP核算两级指标体系，以及每项指标的技术参数和核算方法，规范了核算流程，确定每年核算结果于次年7月底前正式发布，是我国首个高度城市化地区的GEP核算技术规范。

②美丽中国建设先行先试。深圳探索实施生态系统服务价值核算制度，践行了"绿水青山就是金山银山""金山银山也能反哺绿水青山"的理念，成为碳达峰、碳中和的重要抓手，为其他城市依法建设生态文明提供了可复制、可推广、可落地的先行经验，为率先打造人与自然和谐共处锻造了美丽的中国典范。

③GEP总体稳步提升。2021年10月22日，深圳市生态环境局、统计局与发展改革委联合发布了2020年度的生态系统生产总值（GEP）核算结果。深圳市2020年度GEP为1303.82亿元。其中物质产品价值23.55亿元，调节服务价值699.52亿元，文化旅游服务价值580.75亿元，占比分别为1.8%、53.7%和44.5%。调节服务和文化旅游服务是深圳市生态系统提供的主要服务功能。深圳市单位面积GEP为0.65亿元/平方公里。此外，深圳市还对"十三五"时期其他年份的GEP进行了试算，结果显示，"十三五"时期深圳市GEP总体稳步提升，调节服务价值逐年增加，直接反映生态环境保护的成效。

9.5.2　案例：自然资源一体化管理信息平台建设[①]

（1）基本情况。

安吉县作为"绿水青山就是金山银山"理念的诞生地，2020年，安吉县在浙江省乃至全国率先开展"两山银行"改革试点，生动诠释了存入"绿水青山"、取出"金山银山"的绿色发展实践，率先开展了自然资源管

---

① 人民资讯. 安吉：以数为"媒"绿水青山变"活钱"［EB/OL］. （2022-03-26）［2024-08-21］. https：//baijiahao. baidu. com/s?id=1728366369284711160&wfr=spider&for=pc.

理数字化工作，以政府数字化转型赋能自然资源信息化，通过"业务重塑、数据融合、平台搭建、一码管地"，建成了自然资源全业务、全流程、全要素、全生命周期管理的一体化管理信息平台，在自然资源内部打破传统业务模式，实现自然资源业务全生命周期一体化统筹管理；与其他部门之间打通信息孤岛，实现部门间数据互联互通，为深入推进安吉县自然资源行政审批事项改革，加快业务融合，优化营商环境，提高办事效能提供支撑。

围绕浙江省政府数字化转型总体框架要求，按照"山水林田湖草是一个生命共同体理念"，依托全县统一的政务云环境，以自然资源业务为导向、应用为核心、数据为驱动、技术为支撑，构建安吉县自然资源一体化管理信息平台"四横三纵"体系，以"互联网＋自然资源"信息化建设全面推动政府数字化转型及行政审批改革，实现县级国土空间全域的数字化、治理的网络化和监管的智能化（王爱爱等，2021）。

（2）主要做法。

①构建自然资源大数据体系。对局内所有部门进行全面的数据现状摸查，梳理形成一套包含3大门类、15个亚门类、52个大类、104个小类的安吉县自然资源数据目录。在国家、行业标准体系的标准下，结合安吉业务管理需要，建立覆盖数据全生命周期规范化管理的安吉自然资源数据标准体系。同时，建立数据更新机制，提高数据质量及现势性，以此指导自然资源数据标准化整合和规范化管理。按照"集中统一共享，分层分级管理"原则，基于统一的坐标系、数据标准和分类标准对现有数据资源进行整合、清洗、建库、分类存储，形成能够支撑安吉县自然资源业务需要的空间数据仓库。

通过自然资源数据资源体系构建、数据标准建设和数据资源整合，形成自然资源一张图，建立由局信息中心统筹、相关数据管理科室共治的分布式数据管理模式，制定数据共享使用协议标准，实现各部门数据的互通互用。同时，将自然资源管理数据向县大数据中心归集，提升自然资源数据的共享应用服务能力。

②搭建一体化管理信息平台。运用时空大数据、云计算、遥感、物联网等技术，建设覆盖全县的"部门协同、数据共享、一网办理"的"互联网＋政务服务"自然资源一体化管理信息平台。该平台以项目为核心，采

用"用地全生命周期"和"项目一棵树"的有效管理，建立各类自然资源业务、空间资源数据之间的关联，将自然资源各类业务深度融合，实现自然资源全业务梳理、全流程贯通、全要素覆盖和全生命周期管理。本系统建设模块主要有综合受理、业务协同、CAD 图形编辑、项目管理、图文交互办理、效能监督、法律法规、综合查询、统计分析、电子资料管理。集成自然资源一张图及项目审批系统，综合应用空间大数据、人工智能、物联网，地理信息系统以及智能分析、规则引擎等先进技术，对多源大数据进行叠加分析、比对、关联、匹配，为合理规划用地、用矿等资源要素布局提供空间落位、带图审批、以图管控、廉政风险防控、智能预警、空间地块全周期管理、成果查询展示等功能（王爱爱等，2021）。

（3）工作成效。

安吉县自然资源一体化管理信息平台，实现自然资源业务高效协同、空间数据全面融合共享，形成自然资源业务一个窗口受理、一套业务表单服务、一套数据标准体系、一个系统支撑审批、一套运行管理机制的"互联网＋自然资源"一体化管理体系，探索建立了县级自然资源全业务、全流程、全要素、全生命周期的数字化、网络化、智能化管理新机制、新模式。该平台在安吉县建设用地审批中得到了充分应用，通过跨部门、跨业务、跨层级的信息共享，为全局精准规划、审批管理、科学决策等工作提供技术支撑，降低了办事难度，提升了政府服务效率（王爱爱等，2021）。

9.5.3 案例：数字赋能林业生态产品价值评估与实现[①]

（1）基本情况。

2021 年 5 月，国家林草局批复同意抚州市为全国林业改革发展综合试点市，并确定针对集体林权、产业发展、绿色金融、生态产业价值实现、国有林场、经营机制体制等"6 大方向 24 项"的具体改革发展任务。为完善集体林权制度，推进林业"三权分置"改革，落实林权抵押权能，规范林权抵押贷款价值评估，加快培育壮大新型林业经营主体，促进林权抵押

---

① 抚州林业. 深化改革看一线｜抚州：青山有颜值 金山有成色［EB/OL］. (2024 - 07 - 29)［2024 - 08 - 21］https://mp. weixin. qq. com/s?__biz = MzA3NjMxNzY1NA == &mid = 2648554154&idx = 3&sn = 9cfba8dd992f3e39f76ca832cdb22eb7&chksm = 874a0c13b03d850509ba4285d426acbd426ff39e190b1ab32d4c414fe0842eb89dbfa4441afd&scene = 27.

评估和林权贷款业务的健康发展，践行"绿水青山就是金山银山"的理念。抚州市林业局针对林权流转中林农信息不对称，转让价格不公正，林权抵押贷款评估价值成本高和认可难的问题，立足林农盘活资源，变资源为资产，变资产为资金，引导社会资本参与林业产业发展，防范风险危机，走出林业良性循环可持续发展之路，构建简便、实用、操作性强的价值评估体系，制定了《抚州市林权抵押贷款价值评估基准价指导办法》，定期发布林地指导价格，为林农融资提供林权抵押贷款价值评估基准价参考服务。

（2）主要做法。

①打造智慧"林长"平台。2020 年，为破解林业生态建设中的瓶颈问题，抚州市以林长制信息化建设为抓手，建设了"智慧林长"平台，为林长制插上"智慧之翼"，全市森林防火、病虫害防治、涉林案件查处等重点工作实现即时掌握、即时调度、即时处置。

"智慧林长"平台通过无人机、热成像、全景监控、5G 信号传输、AI 监视、实时图传等智能高科技手段，构建了一套直观可视、互联共享、上下协同、安全可靠的立体监管综合服务系统，可对省、市、县、乡、村五级林长制信息化管理，支持对护林员、森林名录、森林管护成效等基础数据管理，做到业务信息全覆盖，为推进"一长两员"建设模式提供高科技保障，达到护林有"眼"、巡林有"痕"、增林有"方"、管林有"据"。

②构建"天地空"一体化监管体系。抚州市围绕全市 1359 个责任网格，将"四打两防一监测"软件系统与全市 86 架无人机、76 个森林防火视频监控和护林员手机 App 进行全面联网，做到天上有卫星、空中有无人机、地上有监控和手机 App 终端。林区在"天空地"全天候一体化监管下，乱砍滥伐、滥采滥挖、乱征乱占、乱捕滥猎等事件可实时传输给护林员，做到及时处置，构建起了覆盖全域、边界清晰的管护责任体系。

③林地经营权抵押贷款价值评估系统。通过林地经营权抵押贷款价值评估系统，利用 GIS 和空间数据库技术，以林业大数据为核心，将数据整合、分析、管理与空间信息融为一体，可直观、形象地展示林业数据资源的空间分布状况，辅助分析林业可持续发展与各种林业经济要素之间的内在联系，为林业部门决策提供了数据支撑，从整体上提高林权抵押贷款工作的科学化、数字化、规范化水平。

（3）主要成效。

①打造"林长制"升级版。2020 年抚州市"智慧林长"平台实现全市域覆盖以来，将各级林长及巡护人员纳入平台管理，巡护林地面积约 2000 万亩，实现林长巡林有点可依、有径可寻。2024 年，抚州市护林员巡护 80 多万小时、巡护里程 290 多万公里，处理各类上报事件 2019 件，事件处理率在 95% 以上。

②办理全国首张林下经济收益权益证。抚州市以全国林业改革发展综合试点工作为抓手，持续在解决林业发展机制不活、体制不顺、效益不高等问题上下功夫，推动实现山青、林美、业兴、民富。抚州市建立了林权收储平台，推动林权"三权分置"，全市林权收储面积达 52.35 万亩。对国有林场资源资产进行重组，激活了 162 万亩"沉睡的"林业资源。同时创新绿色金融，出台了远期林业碳汇权益资产备案登记暂行办法，颁发了全国首张林下经济收益权益证。

③资源保护与价值实现成果显著。2019～2023 年，抚州市森林面积增加 62.4 万亩；2021～2023 年，抚州市森林督查违法图斑由 727 个下降到 128 个；2020～2023 年，松材线虫病病死株数由 73.5 万株减至 48.45 万株。目前，抚州市已建成资溪毛竹及中药材、金溪香精香料、南城校具及凉亭、黎川家具、乐安森林食品、广昌林下经济等 8 大林业特色产业园，培育壮大 376 家现代林业龙头企业和新型经营主体，打造了 683 个现代林业产业基地。

9.6 结论与讨论

9.6.1 结论

本章内容在理清大数据分析技术、物联网技术和云计算技术等数字赋能生态产品价值评价关键技术的基础上，分析生态产品价值评价数字获取平台、生态产品价值核算平台和生态产品价值评价成果应用平台三个数字平台的应用，总结归纳了数字赋能大型活动碳核算、生态环境导向开发模式和生态环境损害赔偿测算 3 个典型的生态产品价值评价应用场景，结合数字赋能生态产品价值评价的 3 个典型案例探讨数字技术赋能生态产品价值实现的关键路径，可为解决生态产品"定价难"问题和建立健全生态产品价值实现机制提供参考。

9.6.2　讨论

（1）以数字技术增强生态产品价值核算效能。生态产品具有较强的外部性，如何精准评估生态产品的受益主体、受益范围，准确核算生态产品的价值量，是实现生态产品价值绕不开的问题。要鼓励各地根据自身特点研发自然资源资产信息化管理平台。将自然资源资产负债表所涉及的海量资源信息和评估核算模块录入信息系统，依托遥感技术、空间高分数据和测绘信息，叠加各类功能图形信息，形成自然资源资产"一张图"信息化管理平台。鼓励有条件的城市建设生态系统生产总值（GEP）数字化服务平台。利用大数据、云计算技术，系统反映各类生态资源数量、质量、分布、价格、权属等信息，绘制市域"生态产品价值地图"，实现各核算地域 GEP 地块级精细化动态核算（方洁和严飞，2023）。

（2）以数字技术推动生态产品交易市场建设。生态产品的价值实现离不开交易平台的建设，而交易平台的数字化、智能化是大势所趋。要推广数字化"两山银行"模式，推动省域生态资源统一规划、统一收储、统一开发，着力解决生态资源和生态产品抵押变现难问题，逐步实现生态资源信息化管理平台与交易平台的嵌套管理。创新探索"大数据 + 绿色金融"模式。构建绿色企业和绿色项目的集成方阵，建立绿色评级公共数据库，鼓励金融机构建立企业绿色评级模型，为投资决策提供数据支持，筛选符合投资要求的绿色企业或项目。依托数字技术打造碳汇数字化交易平台，用碳汇数据落实碳标签推广、碳技术成果转化和节能降耗政策，推动形成碳汇产业聚集效应（方洁和严飞，2023）。

第10章 数字经济赋能生态产品流转储备

10.1 引　言

　　党的十八大以来，我国生态产品价值实现机制建设迈出坚实步伐。党的十九大报告提出，要提供更多优质生态产品，满足人民日益增长的优美生态环境需要；党的二十大明确提出建立生态产品价值实现机制，生态产品价值实现成为当今研究的一个热点问题。已有研究表明，生态产品价值实现是"资源—资产—资本—资金"的转化过程（蔡为民等，2024），而生态产品流转储备是"资源资产化"的关键环节，通过对碎片化生态产品进行集中化规模化流转收储，专业化整合，形成优质资产包，实现生态产品价值的再提升。目前，学界对于生态产品流转储备进行了广泛的探讨，主要围绕"两山"转化中心的资源收储工作开展了部分研究（杜健勋和卿悦，2023；张林波等，2023；李冰强和康星，2023；赵雪等，2024；林永民等，2024）。例如，针对农地收储，主要包括直接收储和合作经营两种方式，一是根据申请主体的不同将直接收储分为农户和家庭农场土地收储、村集体土地收储两类，分别形成不同的收储流程；二是农户、家庭农场或村集体等耕地承包主体以土地经营权和资金入股，共同合作经营耕地，存储流程包括提出申请、审核验收、洽谈合作、存储交易和获得收益（秦涛等，2023）。针对森林生态产品，主要以转让、租赁、承包、买卖等形式将碎片化、分散化的生态产品进行集中收储，获得生态产品使用权，并通过生态修复、空间捆绑、产业导入等措施进行整合和增信，形成资产包或类股权（崔莉等，2019）。地方关于生态产品流转储备也进行了大量的探索。如福建省永春县强化资源管理流转储备，通过探索租赁、托管、股权合作、特许经营等方式，将分散到村民的土地承包经营权等生态资源，流转到村集体股份经联社和镇属开发运营公司，形成集中连片优质的资源资产包。南平市"森林生态银行"，在不改变林地所有权的前提下，通过购买、租赁、托管、入股、质押等单一或组合形式，将零散化、碎片化林木资源集中储备、规模提升和产业转型，打包成集中优质高效的资产包（崔莉等，2019）。基于此，本章认为，生态产品流转储备是指具有明确产权的生态产品，通过租赁、托管、股权合作、特许经营等方式，将分散的生态产品所有权、使用权、经营权、收益权等产权流转到特定收储机构，形成集中连片优质的资源资产包。

近年来，国家高度重视数字经济的发展，并出台了一系列政策文件。2022 年 11 月，中央网信办提出"数字化绿色化协同转型发展计划"；2023 年 2 月，中共中央、国务院印发《数字中国建设整体布局规划》，要求"建设绿色智慧的数字生态文明，加快数字化绿色化协同转型"。数字经济的发展为生态产品流转储备的现实困境指明了方向，各地实践探索证明了以大数据、物联网、人工智能等为代表的数字技术能为生态产品流转储备赋能，打通制约"资源变资产"的堵点难点（方洁和严飞，2023）。如何将数字技术应用于生态产品流转储备，实现生态产品流转储备数字化转型，是数字经济时代落实生态产品流转储备的重要措施。基于此，本章拟从数字经济赋能生态产品流转储备的关键技术应用、数字平台搭建、实际应用场景和典型案例分析四个方面进行梳理，以期为政策制定、学术研究、地方实践等提供参考。

10.2　关键技术

当前生态产品流转储备存在流转信息不对称、仓储管理效率低、资源配置不高、可视化展示不足等问题，因此，探索数字经济赋能生态产品流转储备的关键技术，以便支撑信息共享、智能调度、自动化仓储、资源优化、可视化展示等生态产品流转储备重点工作，实现生态产品流转储备自动化、信息化和数字化转型。

10.2.1　物联网技术

物联网技术在生态产品流转储备的应用，涵盖了环境监测和产品追踪、智能调度和自动化仓储、大数据分析与智能预警、信息共享与协同、成本控制与资源优化等方面，提高了生态产品流转效率，增强了储备管理的智能化水平，促进了生态产品的优化配置和可持续发展（见图10－1）。一是环境监测和产品追踪，实现实时监控与数据采集。通过各类传感器（如温度传感器、湿度传感器、光照传感器等）对生态产品的存储环境进行实时监控，确保产品在适宜的环境条件下储存，防止因环境变化导致的品质下降，同时为生态产品的产权界定和价值评估提供了科学依据；利用RFID（无线射频识别）等技术，为生态产品赋予唯一标识，明确产权权属，减少产权纠纷，实现生态产品在流转过程中的全程追踪，确保产品来源可追溯、去向可查询。二是智能调度和自动化仓储，实现自动化管理。结合智能算法，能够根据库存情况、订单需求等自动调度生态产品的流转，优化资源配置，减少人为错误和延误；在仓储环节，物联网技术可以实现自动化入库、出库、盘点等操作，提高仓储管理效率，降低人力成本。三是大数据分析与智能预警，提供决策支持。物联网技术产生的海量数据，经过大数据分析处理后，可以为生态产品流转储备提供决策支持，如预测市场需求、优化库存结构等；通过对数据的实时监控和分析，物联网系统能够及时发现潜在问题并发出预警，如库存不足、产品质量异常等，以便及时采取措施应对。四是信息共享与协同，实现供需匹配。物联网技术促进了供需方之间的信息共享和协同，生态产品的产权信息更加全面和易于获取，生态产品的流转储备更加顺畅，提高了整个供应链的响应速度和效率；通过物联网技术，消费者可以实时了解生态产品的生产、流转、储备等信息，增加透明度，提升消费者信任度。五是成本控制与资源优化，实现损耗降低与节能减排。物联网技术通过实时监控和智能管理，降低了生态产品在流转储备过程中的损耗，提高了资源利用效率；在仓储和物流环节，物联网技术可以通过优化调度和路径规划等方式，减少能源消耗和碳排放，实现绿色物流。

10.2.2　区块链技术

区块链技术赋能生态产品流转储备主要体现在数据不可篡改与智能合

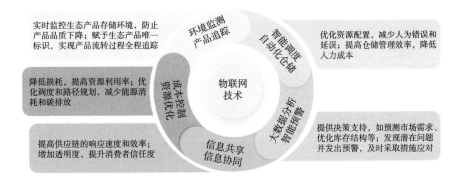

图 10 - 1 物联网技术赋能生态产品流转储备

约、数据共享与协同、去中心化网络与跨组织信息共享等（见图 10 - 2）。一是数据不可篡改与智能合约，提高透明度与可信度。区块链技术通过分布式账本和加密算法，确保生态产品流转储备中的数据一旦上链便不可篡改，这种特性使得生态产品的来源、流转路径、储备情况等关键信息能够被全程记录和追溯，从而提高了整个流转储备过程的透明度；利用智能合约，可以自动执行生态产品流转储备中的流转规则和协议，智能合约一旦部署，便按照预设条件自动执行，无需人工干预，减少了人为错误和欺诈的可能性，增强了系统的可信度。二是数据共享与协同，优化资源配置。区块链网络中的节点可以实时共享数据，这使得生态产品流转储备的各个环节能够及时获取所需信息，从而做出更加精准的决策；区块链技术促进了不同参与方之间的数据共享和协同工作，通过共享数据，各方可以更好地了解彼此的需求和能力，从而协同工作，减少资源浪费和重复投资，优化资源配置，提高整体效率。三是去中心化网络与跨组织信息共享，打破信息壁垒。区块链技术构建了一个去中心化的网络，使得数据不再依赖于单一的中心化机构进行存储和管理，这种去中心化的特性有助于打破信息壁垒，促进不同行业、部门和企业之间的数据共享；区块链技术可以实现跨组织的信息共享，使得生态产品流转储备中的各个环节能够获取更加全面的信息，各方可以更好地了解市场动态和客户需求，从而制定更加科学合理的策略。

10.2.3 数字孪生技术

数字孪生技术在生态产品流转的应用涵盖了全生命周期管理与资源流

图 10 - 2　区块链技术赋能生态产品流转储备

转透明化、智能预测调度与动态调整策略、多维度数据分析与可视化展示交互等（见图 10 - 3）。一是全生命周期管理与资源流转透明化，提高管理效率与透明度。数字孪生技术通过构建生态产品的虚拟模型，模拟其在现实世界中的全生命周期过程，包括流转、储备等各个环节，这种虚拟与现实相结合的管理方式，使得管理者能够实时掌握生态产品的状态和位置，提高管理效率；数字孪生技术为生态产品的流转过程提供了可视化展示，使得流转路径、时间节点、参与方等信息一目了然，这有助于减少信息不对称，提高流转过程的透明度。二是智能预测调度与动态调整策略，优化资源配置。基于数字孪生模型的数据分析，可以对生态产品的需求、供应、库存等进行智能预测，根据预测结果，管理者可以制定更加科学合理的调度计划，优化资源配置，减少浪费和短缺现象；在流转储备过程中，市场环境和需求状况可能会发生变化，数字孪生技术能够实时反映这些变化，并允许管理者根据模型分析结果动态调整策略，以适应市场变化。三是多维度数据分析与可视化展示交互，促进数据驱动决策制定。数字孪生模型集成生态产品的物理属性、流转过程中的环境参数、市场需求等生态产品数据，通过对这些数据进行多维度分析，管理者可以挖掘出有价值的信息和规律，为决策制定提供有力支持；数字孪生技术提供了直观的可视化展示界面，使得数据分析结果更加易于理解和接受，通过交互式设计，管理者可以自由地探索数据、调整参数、观察结果，从而更加深入地理解问题并做出决策。

图 10 - 3　数字孪生技术赋能生态产品流转储备

10.3　数字平台

在生态产品流转储备数字化转型中，数字技术是推进生态产品流转储备的重要手段和前提条件，而数字平台在推动生态产品流转储备中发挥着至关重要的作用。因此，本节通过分析生态产品数据管理平台、数字化流转平台、储备管理平台等生态产品流转储备平台的运行框架、运行逻辑、数字技术应用等，以便在实践中为生态产品流转储备数字化平台搭建提供参考。

10.3.1　生态产品数据管理平台

生态产品数据管理平台主要涉及生态产品数据采集、分类与整理以及可视化展示（见图 10 - 4）。一是生态产品数据采集，平台通过物联网、遥感等技术手段，实时采集生态资源的各类数据，包括自然资源、环境参数、生态产品产量与质量等，将这些数据整合到统一的数据库中，形成生态资源数据库，为后续的分析、管理和流转提供数据支持。平台利用物联网传感器实时监测生态产品的生长环境、产量变化等关键指标，通过卫星遥感、无人机航拍等技术，获取大范围的生态产品分布、植被覆盖等信息，使用自动化数据采集软件或脚本，从相关系统平台中批量抓取数据。根据生态产品的生长周期和市场变化情况，设定合理的数据采集频率，与

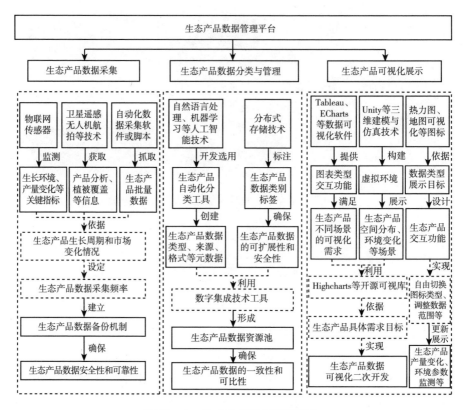

图10-4　生态产品数据管理平台

现有系统或平台建立数据接口，建立数据备份机制，确保在采集过程中数据的安全性和可靠性。二是生态产品数据分类与整理，对采集到的数据进行分类整理，如按照资源类型、地理位置、权属关系等进行划分，利用大数据技术，对数据进行清洗、去重、标准化处理，确保数据的准确性和一致性。平台利用自然语言处理、机器学习等人工智能技术，开发或选用成熟的自动化分类工具，为每类数据创建元数据，包括数据类型、来源、格式、更新时间等信息。在分类之前，对数据进行清洗处理，去除重复、无效或错误的数据，根据分类标准，为每条数据标注相应的类别标签，将标注好的数据按照类别存储在相应的数据库或数据仓库中，采用分布式存储技术，确保数据的可扩展性和安全性。利用数字集成技术工具将来自不同数据源、不同格式的数据进行整合，形成统一的数据资源池，对整合后的数据进行标准化处理，包括数据格式统一、单位转换、编码规范等，确保数据的一致性和可比性，为后续的数据分析和应用奠定基础。三是生态产品可视化展示，提供可视化展示界面，通过图表、地图等形式直观展示生态产品的分布、变化趋势及价值评估结果。选用 Tableau、ECharts、Power BI 等专业的数据可视化软件提供丰富的图表类型和交互功能，满足不同场景的可视化需求，对于需要展示生态产品空间分布、环境变化等复杂场景的情况，可以采用 Unity、Unreal Engine 等三维建模与仿真技术构建逼真的虚拟环境进行展示，考虑使用 Highcharts 等开源的可视化库，根据具体需求进行二次开发。根据数据类型和展示目标，选择条形图、饼图、热力图、地图可视化等图标类型进行展示，设计良好的交互功能，自由切换图表类型、调整数据范围、筛选数据等，实现生态产品的产量变化、环境参数监测等数据的实时更新和展示。

10.3.2　生态产品数字化流转平台

生态产品数字化流转平台主要涉及线上流转、智能匹配推荐、透明流转流程（见图 10-5）。一是线上流转平台，实现生态资源的在线展示、流转和支付，买卖双方可以在平台上发布流转信息、浏览商品详情、进行在线谈判和流转。采用分布式架构，将平台拆分成多个独立的模块或服务，每个模块负责处理特定的业务逻辑，通过 API 接口进行交互，设计高效、可扩展的数据库系统，采用数据备份和恢复机制，存储生态产品的基本信息、流转记录、用户数据等，集成防火墙、入侵检测等网络安全技术，采用加密技术保护用户数据和流转信息的安全。提供高清图片、视频、产品描述、规格参数等丰富的产品展示功能，支持关键词搜索、分类浏览、筛选排序等功能，支持多种支付方式，实现订单生成、支付确认、产品收储等完整的流转流程，提供在线聊天或留言功能，支持流转双方上传文件、图片等附件辅助谈判过程，实现用户注册、登录、账号管理、权限分配等功能，采用多因素身份认证技术确保用户身份的真实性和合法性。二是利用大数据和人工智能技术对买卖双方的需求和供给进行智能匹配，匹配合适的流转对象，提高流转效率，降低流转成本。利用大数据技术对买卖双方的用户行为数据进行分析，包括需求方的购买偏好、消费能力、信用状况、历史流转记录等信息，通过对历史流转数据的分析，结合当前市场动态和趋势，预测未来一段时间内生态产品的供需情

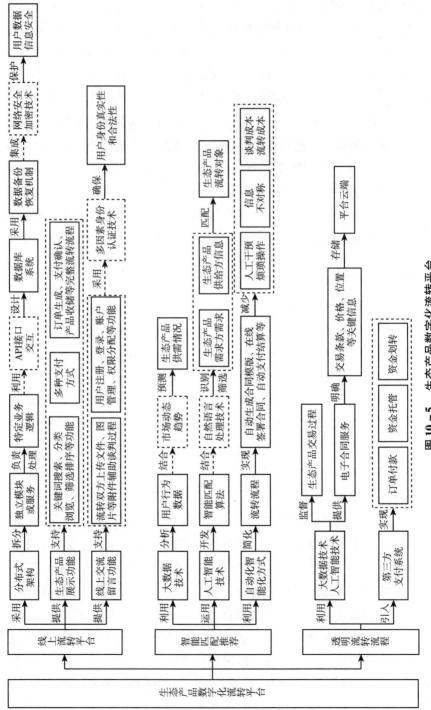

图 10 - 5　生态产品数字化流转平台

况。运用机器学习、深度学习等人工智能技术，开发智能匹配算法，通过自然语言处理技术，解析需求方在平台上的搜索关键词、浏览记录、咨询内容等，准确识别其需求，根据需求方的需求，从供给方发布的信息中筛选出符合条件的生态产品，综合考虑价格、质量、位置等多个因素，对筛选出的供给进行排序和推荐，确保推荐给需求方的流转对象既满足需求又具有高性价比。通过自动化和智能化的方式简化流转流程，减少人工干预和烦琐操作，如自动生成合同模板、在线签署合同、自动支付结算等，通过智能匹配和推荐，减少买卖双方之间的信息不对称，降低谈判成本和流转成本。三是透明流转流程，包括流转申请、审核、签约、支付等环节，确保流转过程的公开公正。利用大数据和人工智能技术对流转过程实时监督，流转双方可以通过平台实时查看流转进度和状态，提供电子合同服务，明确流转条款、价格、位置等关键信息，存储于平台云端。引入安全可靠的第三方支付系统，需求方通过平台支付系统完成订单的付款，资金暂时托管于第三方支付平台，流转完成后自动划转给供给方。

10.3.3　生态产品储备管理平台

生态产品储备管理平台主要涉及产品储备库、智能调度分配、风险管理（见图 10-6）。一是生态产品储备库。将具有开发潜力和价值的生态产品进行储备，对储备产品进行定期评估和维护，确保其可持续利用。利用区块链技术的不可篡改和可追溯性，为储备库中的生态产品建立数字化档案，记录其基本信息、评估报告、入库时间等关键信息，通过智能合约实现储备产品的自动入库和出库管理，确保流程的规范化和透明化。智能监测系统对储备的生态产品进行定期监测，利用大数据分析技术生成定期评估报告，通过自动化技术实现维护工作自动化执行，建立动态评估机制，根据市场需求和资源状况的变化，定期评估储备产品的可持续利用性。二是根据市场需求和储备情况，智能调度和分配生态产品，确保产品的合理配置和高效利用。通过数据挖掘和机器学习算法，对市场需求进行深入分析，预测未来一段时间内的需求趋势，结合历史数据和当前市场动态，形成科学、准确的需求预测模型，根据市场需求预测和生态资源储备情况，利用遗传算法、粒子群算法等智能算法进行智能匹配和调度，综合考虑生

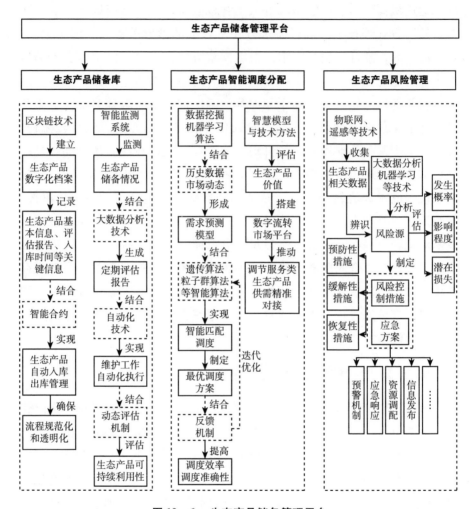

图 10 - 6　生态产品储备管理平台

态产品类型、数量、质量、分布等因素制定最优的调度方案，在调度过程中，根据市场变化和资源变动情况，对调度方案进行动态调整和优化，利用反馈机制，收集调度执行过程中的数据，对算法进行迭代优化，提高调度效率和准确性。对生态产品进行分类统计，建立详细的目录清单，运用智慧模型与技术方法，开展生态产品价值的定量化、货币化评估，搭建数字流转市场和平台，推动水权、排污权、碳排放权等调节服务类生态产品的供需精准对接。三是根据生态产品可能面临的风险进行识别、评估和管理，制定应急预案和风险控制措施，降低风险对生态产品的影响。利用物联网、遥感等技术，实时收集生态资源储备产品的相关数据，辨识可能影响储备产品的风险源。利用大数据分析、机器学习等技术，对风险源进行深入定量化和结构化分析，评估其发生概率、影响程度和潜在损失，考虑风险之间的相互作用和关联进行综合性评估，将风险划分为不同等级（如高、中、低），制定针对性的风险控制措施。针对不同等级的风险，制定详细的应急预案，主要涉及预警机制、应急响应、资源调配、信息发布等内容，针对风险发生的不同阶段实行预防性措施、缓解性措施、恢复性措施。

10.4　应用场景

结合物联网、区块链、数字孪生等赋能生态产品流转储备的技术应用及其相关数字平台运作，本节通过分析在生态产品数据采集与监测、信息管理与共享、流转优化与市场拓展等生态产品流转储备场景下，物联网技术、区块链技术、数字孪生技术等的运行逻辑及其具体表现，为生态产品流转储备实践操作提供参考依据。

10.4.1　生态产品数据采集与监测场景

（1）物联网技术赋能生态产品数据采集与监测的应用场景。在生态产品的生产、加工、仓储及流转等各个环节，部署温度传感器、湿度传感器、光照传感器等物联网传感器，实时采集生态产品的环境参数和生产状态数据，通过 NB-IoT、LoRa 等无线通信技术将采集到的数据传输至数据中心或云平台。数据中心或云平台对接收到的数据进行实时分析，通过算法模型识别异常数据或潜在风险，当发现生态产品状态异常或存在潜在风险时，系统自动触发预警机制，通知相关人员采取应对措施，预警系统不仅提供预警信息，还可以与应急响应系统联动，实现快速响应和处置，例如，在农业领域，当物联网传感器检测到土壤湿度过低时，系统自动启动灌溉设备，确保作物正常生长。物联网技术实现了数据的自动化采集，减少了人工干预和误差，采用高精度传感器，能够更准确地采集生态产品的数据，例如，温度传感器的精度可达 ±0.1℃，湿度传感器的精度可达 ±2%RH，为生态产品管理提供了更加精细的数据支持。

（2）区块链技术赋能生态产品数据采集与监测的应用场景。区块链技术以其不可篡改的特性，确保了生态产品数据采集与监测过程中的数据真实性和可信度，一旦数据被写入区块链，便无法被篡改或删除，这为生态产品的追溯提供了可靠的依据，通过区块链技术，为生态产品赋予唯一的数字身份（如 NFT 或数字证书），实现防伪验证，需求方或管理者可以通过查询区块链上的记录，验证生态产品的真实性和来源。不同的利益相关者（如政府、企业、消费者等）通过区块链平台访问相关数据，实现信息透明化，增强了各利益相关者之间的信任，减少了信息不对称和欺诈行为的可能性。结合智能合约实现生态产品数据采集与监测的自动化执行，当监测数据达到预设条件时，智能合约可以自动触发相应的操作或通知，提高监测的效率和准确性，降低人工干预的成本和时间，例如，在农业领域，智能合约可以自动监测土壤湿度并触发灌溉设备的启动，减少人工灌溉的成本和误差。区块链技术采用加密技术存储数据，确保了生态资源产品采集与监测过程中的数据安全，防止了数据泄露和非法获取，通过分布式账本和匿名化处理等方式，在数据共享的过程中，避免生态产品供需方敏感信息泄露，保护了各方的合法权益。

（3）数字孪生技术赋能生态产品数据采集与监测的应用场景。基于生态产品采集数据，利用计算机图形学和仿真技术等数字孪生技术，构建出与真实生态产品环境相似的三维虚拟模型，精确反映生态产品的地理位置、形态特征、生态环境等关键信息。通过内置的算法和规则，数字孪生模型能够自动识别生态产品状态中的异常或潜在风险，一旦发现异常情况，模型将立即触发预警机制，通知管理者采取相应措施。数字孪生技术能够模拟生态资源在不同环境条件下的变化情况，通过调整模型参数或引入外部因素，模拟出多种可能的未来场景，基于虚拟仿真的结果，提出改善生态资源的生长条件、提高资源利用效率或降低管理成本等优化方案，实现生态产品优质管理。

数字技术赋能生态产品数据采集与监测场景应用，具体表现如表 10-1 所示。

表 10-1　　　　　　　　　生态产品数据采集与监测场景应用

数字技术	场景应用	运行逻辑（具体表现）
物联网技术	数据实时采集	部署温度传感器、湿度传感器、光照传感器等物联网传感器，实时采集生态产品的环境参数和生产状态数据；通过 NB-IoT、LoRa 等无线通信技术将采集到的数据传输至数据中心或云平台
	潜在风险识别	数据中心或云平台对接收到的数据进行实时分析，通过算法模型识别异常数据或潜在风险
	预警机制触发	当发现生态产品状态异常或存在潜在风险时，系统自动触发预警机制，通知相关人员采取应对措施，预警系统不仅提供预警信息，还可以与应急响应系统联动，实现快速响应和处置
区块链技术	数据真实化	通过区块链技术，为生态产品赋予唯一的数字身份（如 NFT 或数字证书），实现防伪验证，需求方或管理者可以通过查询区块链上的记录，验证生态产品的真实性和来源
	信息透明化	通过区块链平台访问相关数据，实现信息透明化，增强了各利益相关者之间的信任，减少了信息不对称和欺诈行为的可能性
	执行自动化	结合智能合约实现生态产品数据采集与监测的自动化执行，当监测数据达到预设条件时，智能合约可以自动触发相应的操作或通知，提高监测的效率和准确性，降低人工干预的成本和时间
数字孪生技术	信息精准反映	利用计算机图形学和仿真技术等数字孪生技术，构建出与真实生态产品环境相似的三维虚拟模型，精确反映生态产品的地理位置、形态特征、生态环境等关键信息
	预警机制触发	通过内置的算法和规则，数字孪生模型能够自动识别生态产品状态中的异常或潜在风险，一旦发现异常情况，模型将立即触发预警机制，通知管理者采取相应措施
	产品优质管理	通过调整模型参数或引入外部因素，模拟出多种可能的未来场景，基于虚拟仿真的结果，提出改善生态资源的生长条件、提高资源利用效率或降低管理成本等优化方案，实现生态产品优质管理

10.4.2 生态产品信息管理与共享场景

（1）物联网技术赋能生态产品信息管理与共享场景。通过物联网技术实现数据共享，打破部门间的信息壁垒，促进跨部门之间的协同合作，例如，在水资源管理中，水利、生态环境、农业农村等部门可以共享水资源监测数据，共同制定合理的水资源利用和保护策略。物联网技术结合智能算法，构建生态产品智能调度系统，实时监测分析生态产品的供需情况，系统自动实现生态产品的调度和优化配置，实现对生态产品流转储备的智能化管理，确保生态产品的合理利用和高效流转。物联网技术结合图像识别、语音识别等人工智能技术，实现对生态产品的智能识别和监管，例如，在森林生态产品储蓄过程中，通过无人机搭载的高清摄像头和物联网传感器，可以实时监测森林火灾、病虫害等风险事件，并自动报警和定位。

（2）区块链技术赋能生态产品信息管理与共享场景。利用区块链技术为森林、湿地、水资源等生态产品建立数字身份，将生态产品信息上链，通过智能合约和加密算法，将生态产品的地理位置、面积、类型，权属人等关键信息记录在区块链上，形成不可篡改的数字凭证。监管部门利用区块链技术实时掌握生态产品状况，提高生态产品保护和监管效率，同时将监管规则和标准嵌入智能合约中，实现监管规则的自动化执行。基于区块链的生态产品信息共享平台，在遵循隐私保护和数据安全的前提下，政府部门和供需双方共享生态产品信息，通过区块链的分布式账本技术，实现资源优化配置和协同管理。

（3）数字孪生技术赋能生态产品信息管理与共享场景。基于数字孪生模型，多方案模拟和对比分析，通过调整模型参数和仿真条件，模拟不同管理策略下的生态产品状态变化，评估其对生态平衡的影响和经济效益。基于数字孪生技术的生态资源信息共享平台，整合各类生态产品数据和信息，通过平台提供的数据接口和 API，支持多用户协同工作，促进跨部门、跨领域的合作与沟通，实现数据的互联互通和共享。利用数字孪生技术模拟预测生态产品的演变趋势，评估生态产品的潜在风险，基于预测结果制定针对性的保护措施和可持续发展策略，同时通过数字孪生平台监测生态产品保护效果，及时调整保护策略和优化产品配置。

数字技术赋能生态产品信息管理与共享场景应用，具体表现如表 10 – 2 所示。

表 10 – 2 生态产品信息管理与共享场景应用

数字技术	场景应用	运行逻辑（具体表现）
物联网技术	跨部门数据共享	通过物联网技术实现数据共享，打破部门间的信息壁垒，促进跨部门之间的协同合作
	产品智能化管理	结合智能算法，构建生态产品智能调度系统，实时监测分析生态产品的供需情况，系统自动实现生态产品的调度和优化配置，实现对生态产品流转储备的智能化管理，确保生态产品的合理利用和高效流转
	智能识别和监管	结合图像识别、语音识别等人工智能技术，实现对生态产品的智能识别和监管
区块链技术	建立数字身份	利用区块链技术为森林、湿地、水资源等生态产品建立数字身份，将生态产品信息上链，通过智能合约和加密算法，将生态产品的地理位置、面积、类型、权属人等关键信息记录在区块链上，形成不可篡改的数字凭证
	监管自动化	用区块链技术实时掌握生态产品状况，提高生态产品保护和监管效率，同时将监管规则和标准嵌入智能合约中，实现监管规则的自动化执行
	资源优化配置	基于区块链的生态产品信息共享平台，通过区块链的分布式账本技术，实现资源优化配置和协同管理
数字孪生技术	效益评估	基于数字孪生模型，多方案模拟和对比分析，通过调整模型参数和仿真条件，模拟不同管理策略下的生态产品状态变化，评估其对生态平衡的影响和经济效益
	数据互通	基于数字孪生技术的生态资源信息共享平台，整合各类生态产品数据和信息，通过平台提供的数据接口和 API，支持多用户协同工作，促进跨部门、跨领域的合作与沟通，实现数据的互联互通和共享
	产品配置	利用数字孪生技术模拟预测生态产品的演变趋势，评估生态产品的潜在风险，基于预测结果制定针对性的保护措施和可持续发展策略，同时通过数字孪生平台监测生态产品保护效果，及时调整保护策略和优化产品配置

10.4.3　生态产品流转优化与市场拓展场景

（1）物联网技术赋能生态产品流转优化与市场拓展场景。通过物联网技术实时采集的生态产品关键指标数据，为生态产品的评估定价提供科学依据，有助于减少流转中的信息不对称等问题，例如，在林业产品流转中，通过监测树木的生长状况、木材质量等指标，可以更准确地评估其价值。物联网技术应用于生态产品的仓储管理，通过 RFID 标签、GPS 定位等技术手段，实现资源的实时定位和追踪，提高仓储管理的效率和准确性，减少资源在流转过程中的损失和浪费。物联网技术结合大数据分析、人工智能等技术手段，以精准营销、个性化推荐等方式增强需求方对生态产品的认知度，为生态产品的数字化营销和品牌建设提供支撑，提升生态产品价值。

（2）区块链技术赋能生态产品流转优化与市场拓展场景。区块链技术通过分布式账本记录生态产品的流转数据，确保数据的真实性和不可篡改性，减少虚假流转的风险，例如，在林业碳汇流转中，区块链可以记录每棵树的生长数据、碳汇量等关键信息，确保流转双方对数据的信任。利用区块链技术简化流转流程，记录流转时间、流转方、流转金额、流转对象等全过程，同时区块链的追溯功能使得流转双方实时查看流转记录，增强流转双方信任度。基于区块链技术构建生态产品流转平台，为供需双方提供可信的流转环境，吸引更多供需双方参与流转交易，扩大市场流转规模。

（3）数字孪生技术赋能生态产品流转优化与市场拓展场景。在生态产品流转过程中，通过数字孪生技术模拟流转流程，找出流转瓶颈和冗余环节，提出改进方案，降低流转成本和时间成本。利用数字孪生技术构建生态产品虚拟展示平台，让潜在买家在虚拟环境中亲身体验生态产品的质量和特点，提升生态产品吸引力和市场竞争力，同时，虚拟场景可以打破地域限制，让其他区域需求方便快捷了解生态产品。基于数字孪生技术，为不同需求方提供定制化的生态产品流转服务和解决方案，增强生态产品流转的灵活性和个性化程度，满足不同需求方的特定需求。通过数字孪生技术收集和分析生态产品流转数据，协助流转双方掌握市场动态和趋势，制定科学合理的流转策略，数据驱动的市场分析可以提高流转决策的准确性，为生态产品的增值和市场拓展提供有力保障。

　　数字技术赋能生态产品流转优化与市场拓展场景应用，具体表现如表 10 - 3 所示。

表 10 - 3　　　　　　　　生态产品流转优化与市场拓展场景应用

数字技术	应用场景	运行逻辑（具体表现）
物联网技术	评估定价	通过物联网技术实时采集的生态产品关键指标数据，为生态产品的评估定价提供科学依据，有助于减少流转中的信息不对称等问题
	仓储管理	通过 RFID 标签、GPS 定位等技术手段，实现资源的实时定位和追踪，提高了仓储管理的效率和准确性，减少了资源在流转过程中的损失和浪费
	品牌建设	结合大数据分析、人工智能等技术手段，以精准营销、个性化推荐等方式增强需求方对生态产品的认知度，为生态产品的数字化营销和品牌建设提供支撑，提升生态产品价值
区块链技术	流转数据记录	通过分布式账本记录生态产品的流转数据，确保数据的真实性和不可篡改性，减少虚假流转的风险
	流转记录追溯	利用区块链技术简化流转流程，记录流转时间、流转方、流转金额、流转对象等全过程，区块链的追溯功能使得流转双方实时查看流转记录，增强流转双方信任度
	流转环境可信	基于区块链技术构建生态产品流转平台，为供需双方提供可信的流转环境，吸引更多供需双方参与流转交易，扩大市场流转规模
数字孪生技术	流转方案优化	通过数字孪生技术模拟流转流程，找出流转瓶颈和冗余环节，提出改进方案，降低流转成本和时间成本
	产品虚拟展示	利用数字孪生技术构建生态产品虚拟展示平台，让潜在买家在虚拟环境中亲身体验生态产品的质量和特点，提升生态产品吸引力和市场竞争力，同时虚拟场景可以打破地域限制，让其他区域需求方便快捷了解生态产品
	流转服务定制	基于数字孪生技术，为不同需求方提供定制化的生态产品流转服务和解决方案，增强生态产品流转的灵活性和个性化程度，满足不同需求方的特定需求
	流转策略制定	通过数字孪生技术收集和分析生态产品流转数据，协助流转双方掌握市场动态和趋势，制定科学合理的流转策略，为生态产品的增值和市场拓展提供有力保障

10.5　典型案例

10.5.1　案例：湖州安吉县"竹林碳汇改革推动低碳共富"①

2005 年 8 月 15 日，时任浙江省委书记习近平在湖州安吉县考察时，首次提出了"绿水青山就是金山银山"的重要理念。近 20 年来，安吉县作为习近平总书记"两山"理论的诞生地，坚定不移推动"双碳"目标落地落实，立足县域 87 万亩毛竹林资源，把碳汇和浙江高质量发展建设共同富裕示范区相结合。作为"绿水青山就是金山银山"理念的发源地，2020年，安吉县在浙江省乃至全国率先开展"两山银行"改革试点，生动诠释了存入"绿水青山"、取出"金山银山"的绿色发展实践。为进一步释放"两山银行"的"磁石效应"，安吉将目光锚定了数字化改革。入选浙江省数字化改革"一本账"S1 版、省数字政府系统"一地创新、全省共享"应用，获评 2021 年度省改革突破奖铜奖、省数字政府最佳应用和省数改门户优秀应用等荣誉……眼下，乘着"两山银行"数字化改革的东风，安吉正加速推动生态资源的高质转换。

"两山银行"主要定位——生态资源招商平台、生态修复平台、产业融合平台、交易平台、融资担保平台、生态资源管理平台。具体运作模式如图 10 - 7 所示。

（1）基本情况。

安吉县"七山一水二分田"，是著名的中国竹乡，先后被国家林业局授予"国家级毛竹生物产业基地""全国乡村振兴林业示范县"等荣誉称

---

① 中农富通长三角规划所. 浙江省千万工程典型案例：湖州安吉竹林碳汇改革推动低碳共富经验 [EB/OL]. （2024 - 04 - 09）[2024 - 08 - 20]. https：//baijiahao. baidu. com/s？id = 1795848191153143179&wfr = spider&for = pc.

小康杂志社. 县域数字生态！安吉：以数为"媒"绿水青山变"活钱"[EB/OL]. （2022 - 04 - 08）[2024 - 08 - 20]. https：//baijiahao. baidu. com/s？id = 1729533448770526789&wfr = spider&for = pc.

资料来源：中农富通长三角规划所. 浙江省千万工程典型案例：湖州安吉竹林碳汇改革推动低碳共富经验 [EB/OL]. （2024 - 04 - 09）[2024 - 08 - 20]. https：//baijiahao. baidu. com/s？id = 1795848191153143179&wfr = spider&for = pc.

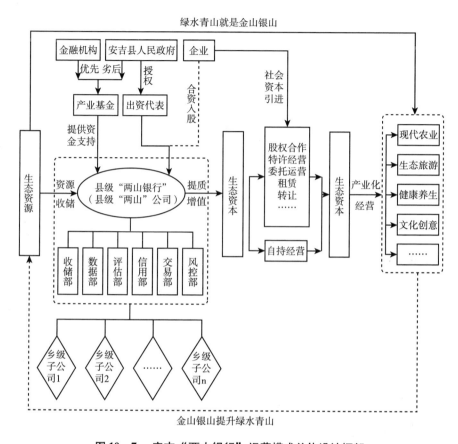

图 10 - 7　安吉"两山银行"运营模式总体设计框架

号。全县拥有 101.1 万亩竹林，其中毛竹林 87 万亩，蓄积量 1.8 亿支，县内年采伐量近 3000 万支，年消耗量 1.5 亿支。安吉的立竹量、商品竹年产量、竹业年产值、竹制品年出口额、竹业经济综合实力五项指标在全国均名列前茅，2021 年全县竹产业总产值达 190 亿元，从业人员近 3 万人。安吉以全国 1.8% 的立竹量，创造了全国近 10% 的竹业总产值。

（2）主要做法。

①推动资源集聚，打造生态资源管理应用一张图。安吉县"两山银行"展厅的数字大屏将森林、耕地、湿地等生态资源数据尽收眼底，资源入库率、项目收储率、项目转换率、资源增值率、群众受益率、环境提升率六大指标一目了然，项目情况也可实时获取。数字化的应用让安吉原本碎片化的资源得以强化整合、实现转化。比整合更先行一步的是"细拆"。

安吉"两山银行"利用卫星遥感、区块链等数字化手段开展资源调查，按照资源摸底清单化、信息录入便捷化、策划评估个性化要求，通过 V 字拆解出 6 项二级任务、27 项三级任务、50 项四级任务、181 项指标体系。摸清家底后，安吉"两山银行"便以雷霆之势，强势整合现有资源。联合 15 个业务部门、应用 11 套数源系统、整合 181 项数据、汇总 289 项资源图层……安吉"两山银行"以数字化改革为龙头，打通资源规划、住建、农业农村等部门数据信息，积极推动生态资源高效整合、业务多跨协同、机制系统重塑，形成了以资源规划、生态环保、农业农村数源数据为基础，以 GEP 核算为支撑的"生态资源管理应用一张图"。安吉县的山水林田湖草房矿等，分门别类，每一个都可以按图索骥。

②盘活闲置资源，放大生态增收。依托一体化智能化公共数据平台，安吉"两山银行"已完成 IRS 应用目录编制，并成功接入浙里办、浙政钉两大门户，连通 11 个平台。群众或企业可实现掌上一网通办，乡镇（街道）和村（社区）可实现辖区内的生态资源一键录入，吸引更多投资者，让资源变"钱"景。"一幢农房、一片茶园、一亩竹林……只要老百姓名下用不上的生态资源，都可以通过浙里办应用进行'存入'，而乡镇也可以凭借生态资源管理库和数据可视化平台实现资源管理和项目管控。"

③加强配套服务，实现强村富民。一方面，安吉通过 GEP 核算为支撑的生态资源管理应用图，以科学的方式给绿水青山贴上"价格标签"；另一方面，通过搭建"两山银行"资源普惠服务平台，更好地对生态产品进行价值评估与策划运营。普惠服务平台以数字化平台为支撑，集成咨询、评估、策划、金融、交易五大服务中心。群众或企业通过服务机构注册入驻"两山银行"平台，可以在"五个中心"自主选择政策咨询、价值评估、方案策划、融资贷款、产品交易等配套服务。2020 年 12 月 28 日，安吉"两山"竹林碳汇收储交易中心成立，并发放首批碳汇收储交易金和碳汇生产性贷款。这标志着全国首个县级竹林碳汇收储的数字化交易平台落地运营。打开"两山银行"资源普惠服务平台，在"交易中心"板块，除了竹林碳汇交易、水权交易等通过转移支付、指标交易等方式提高价值的调节服务类产品，还有安吉白茶、安吉冬笋、安吉竹林鸡等通过地理标志产品提高价值的物质供给类产品，通过项目招商、闲置资产盘活等方式提高转化的文化服务类产品，等等。

（3）工作成效。

①2020 年安吉"两山银行"数字化应用共计入库重点资源点位 550 个，包括存量建设用地约 2000 亩、集体经营性建设用地约 5000 亩、林地 10 万余亩、水域约 1500 亩、闲置农房 200 余幢。

②截至 2021 年底，"两山银行"已成功转化文旅融合、闲置资源盘活等项目 22 个，村集体经济增收 2000 余万元，解决群众就业 2100 余个，正在推进文旅融合、闲置资源盘活、循环经济等项目 18 个，这些项目建成运营后，预计年度营收超 3 亿元，村集体经济增收超 1600 万元，解决群众就业 1800 余人，富民增收成效进一步提升。

③安吉县首期完成竹林碳汇收储（含预收储）14.24 万亩（预计年碳汇量 5.6 万吨），合同总金额达 7230.79 万元。山川乡大里村党总支书记应忠东代表村集体凭借 5425 亩竹林，成功拿到该县首批竹林碳汇收储流转金 27.5 万余元。

10.5.2　案例：衢州常山县"两山银行"助力富民增收[①]

常山"两山银行"积极探索生态产品价值实现机制，有效打开了农村低效资源高效转化的便捷通道。自运营以来，通过数字化赋能、开辟增值通道、创新共享模式，激活了县域资源资产经济效益，壮大了乡村产业，促进低收入人群增收致富，形成了新的共富模式。

（1）基本情况。

常山县，为浙江省衢州市下辖县，总面积 1099.07 平方公里、总人口 32.48 万人。2021 年，常山县城乡居民收入比 1.73∶1，持续保持全省前列；全体居民收入增长 12.8%，增速排名全市第 3 位；低收入农户收入增长 16.4%，位列浙江省山区 26 县第 4 名。常山"两山银行"，主要包括六大银行功能。即以"农业产业投资银行、生态资源储蓄银行、有效资源招商银行、文化资源开发银行、有偿权项变现银行、生态安全保障银行"为功能定位，推出 17 类产品。其中，农业产业投资银行对应以"常山三宝"

---

① 天和经济研究所. 天和案例库：浙江"千万工程"十大典型案例 [EB/OL]. (2024 - 05 - 10) [2024 - 08 - 20]. https://mp.weixin.qq.com/s?__biz = MzI4MjUzMjM5Ng == &mid = 2247488969&idx = 4&sn = 5dd4f02bcc1a715fd56d1031b8977917&chksm = eaad4437d360b609b7c5db8678c2f5f46b2f09f06e 19405f5681ead1ec313856ffd31b7a9123&scene = 27.

（胡柚、油茶、猴头菇）为主的新品种推广、行业公共服务、知名品牌培育、小微科创企业股权投资等，提高县域特色农产品品质、产能和品牌价值；生态资源储蓄银行对应包括闲置（低效）开发资源、砂石矿产资源在内的各类有效资源存储和开发，形成资源库；有效资源招商银行对应闲置资源招商、已开发资源二次提升二类招商，通过创意设计、包装策划、基础配套和整合提升，实现与资本的有效对接；文化资源开发银行对应古镇（古村、古街）、无形资产开发（常山胡柚地理标注品牌）和文化大 IP（胡柚娃、鲜辣文化、宋诗之河等），促进文化资源有效开发和农业资源文化赋能；有偿权项变现银行对应"生态贷""收益贷"，通过"两山银行"为相关主体增信，创新"林权贷、胡柚贷、奇石贷、苗木贷、民宿贷、养殖贷、财信贷、门票贷"等，有效解决融资难等问题；生态安全保障银行对应森林等生态资源保护、碳配额竞争性交易（碳汇定向交易）、遗留问题矿山保护性收储，促进经济发展与生态保护良性循环。

（2）主要做法。

①数字赋能，让分散的资源聚起来。以数字化改革为引领，以城乡共同富裕为目标，借鉴商业银行零存整取的逻辑，打造了一个"资源整合、定价交易、价值转换"的生态价值实现新平台，为建设共同富裕县域典范提供强大助力。一是面向散户存资源。依托数字化技术，在"浙里办"平台上线"常山生态云脑"应用，打通 12 个部门中的 869 项数据，实现散户手机端便捷存储、管理端一图感知、使用端一键可控。按照相对连片的农房 5 栋以上、宅基地 5000 平方米以上、经济林 100 亩以上等标准，以租赁、流转、入股等形式集中统一收储生态资源，并将数据及时上传，同步实时更新。2021 年，存入"山水林田矿房旅"等各类生态资源 1585 项，总价值 17.6 亿元。二是提升价值整合功能。散户的生态资源统一归集后，"两山银行"根据开发方向、开发方式、使用功能等进行整合连片、系统优化、配套升级，提升规模优势和可开发价值。根据城市规划功能定位和区域整体布局对生态资源进行整合优化，通过出台一系列配套的人才、创新、金融等政策提升招商吸引力。如，收储辉埠片区废弃矿地、闲置用地近 3000 亩，通过道路配套、生态整治，吸引正大集团等头部企业前来洽谈对接。三是对接市场主体。村股份经济合作社将统一管理的土地进行平整作业，修复灌溉水系、田间操作道等基础设施，引进高产优质品种，采用

现代化农业生产技术，完成农业生产机械翻耕、播种、病虫害防治和农产品收成等各环节，有效减少农业生产投入成本，每亩大约节省 200 多元。同时保障农产品产量产值，增加农业生产收入，2021 年 7 个试点村代收代种的 1200 余亩土地，水稻平均亩产达 1000 斤，总产达 120 万斤。

②挖潜增效，让沉睡的资产活起来。一是给增信，打通融资贷款堵点。通过提供担保、承诺收购、受让返租等方式，为难确权、难抵押的生态资源增信赋能，进行盘活。目前，已与县域内 14 家金融机构签署框架合作协议，开展深度合作，共同推出"一行一品"金融支持"两山银行"操作手册，在"林权贷""胡柚贷""奇石贷"等基础上，迭代推出"两山贷""共富贷""经营权质押贷"等 13 款金融创新类产品，并不断优化抵质押担保流程。在风险可控的前提下，进一步放大增信范围，惠及更多融资困难的生态经营主体。截至目前，"两山银行"已为全县 778 家主体授信 3.86 亿元。如，"两山银行"在柚乡谷经营困难时，以 2500 万元收购 30 万株香柚树并返租，为企业解决流动资金短缺难题，帮助企业走出困境。二是重配套，补齐产业链条短板。针对农业产业链条短、经济效益低、产品市场竞争弱、整体水平差的现状，"两山银行"通过与高等院所合作研发、培育本土品牌、引进下游公司等方式，快速突破产业支撑力低、产品竞争力弱等瓶颈制约，以产业增效带动农业经营主体增收致富。如着眼"两柚一茶"产业高质量发展，针对检验检测、冷链物流等薄弱环节，"两山银行"投资建成国家级标准农产品检验中心、2.5 万 m³ 冷链仓储中心和 3 条智能分选生产线，解决了广大中小经营主体"想干干不了、干了不划算"的难题，为果农服务，为产业添力。三是育品牌，提升生态产品价值。"两山银行"充分发挥农业产业投资银行作用，通过股权投资、品牌运作等方式，培育本土品牌，有效提升了农产品知名度。比如，培育了"一份常礼"区域公用品牌，授权经营主体无偿使用，提升标准化和辨识度。打开了盒马鲜生、山姆会员等高端市场，带动"柚见 80 +"胡柚鲜果由 10 元/袋向 10 元/个"蜕变"。注重与知名品牌合作，联合胡庆余堂、江中制药等知名企业开发胡柚膏、猴头菇等深加工产品，不断提高品牌影响力、产品附加值，助力农民增收致富。

③抱团经营，让群众的口袋鼓起来。以"做大蛋糕、分好蛋糕"，推动共同富裕为落脚点，激发各方经营潜力，创新了一套"产业植入、管理导入、利益融入"的生态价值共享新模式。一是打造共富果园，做给农民

看。农业是"看样经济"。"两山银行"抓点做样，集中连片收储农户胡柚园、油茶林，以专业种植、低碳U码实现精准管控，以统一收购、基地认领形成销售闭环，以增值收益、交易费一次分配给予农民保底收益，以专业化管理、品牌化营销提升品质和价值，以增值收益、二次分红反哺农户，走出了一条"两山银行＋农户"的共富果园新路子。今年，常山将不断扩大规模，继续打造共富果园3万亩，带动"两柚一茶"产值增长50%以上。二是牵手强村公司，帮着村里干。"两山银行"与强村公司开展经营合作，导入现代企业管理，提升乡村产业运营水平，做强乡村产业，壮大集体经济。与同弓乡8个村合作推进万亩土地综合整治项目，导入观光农业、主题民宿、田园综合体等产业项目15个，带动村集体经济增收359万元；与新昌乡10个村联合成立共富公司，依托山海协作机制，借力浙能集团、慈溪市、拱墅区，推销农副产品，发展生态种养、乡村旅游、研学培训产业。2023年9月以来经营收入突破900万元，带动村集体增收173万元。三是招引龙头企业，带领大家富。引入社会资本联合开发乡村旅游，盘活闲置农房，实现"九个统一"，即规划、设计、品牌、标准、管理、采购、营销、业态、引流相统一，带动农户"财产性、劳务性、经营性"三项收入增长。金源村引进衢州腾云旅游公司，开发床位355个，2023年导流12万人次，实现村集体收入翻两番，村民增收1000万元，该模式入选省"文旅助力共富最佳实践案例"。

（3）工作成效。

自2020年常山成立"两山银行"以来，已收储土地17272亩，废弃厂房9.8万平方米，香柚树苗木30万株，胡柚2500吨，砂石资源19.44万吨，工程性矿产资源156.5万吨，水库水面经营权5个，胡柚基地50亩，民房22幢，3A景区1个，闲置校舍1个，民宿1个；为全县299户主体授信20549万元，发放生态贷款20393万元；收储资源总额达3.5亿元，撬动社会资金19.6亿元。"两山银行"通过参股分红、导入业态、参与资源处置、运作扶贫资金等共享机制，反哺村级集体经济组织，带动176个村增收消薄，推动农民和村集体增收1492.34万元，经济与社会效益均十分明显。

①拓宽了生态价值转化通道。常山"两山银行"以总行＋乡镇支行的架构，将"两山"转化触角延伸到了基层末梢，构建了"两山银行"、社会资本、村集体、农户等多方共赢模式，盘活了零散、闲置和低效开发的

生态资源，目前存储资源的 73% 已实施开发，从无人问津的闲置抛荒资源成为田园综合体、民宿集群、矿山公园、旅游景区和农业基地。

②激活了资源资产金融潜力。通过各类增信方式，让难以估价、难以融资的观赏石、胡柚林、香柚苗等成为资产和资本，激活了蕴含的金融潜力。目前，已助力 411 家经营主体获得生态贷款 2.25 亿元，有力地激发了广大农户和经营主体的创业动力。

③带动了产业壮大和群众增收。以金融赋能、品牌打造、配套帮扶等举措推动胡柚、香柚、油茶等特色产业发展，联合强村公司创新合作模式，通过龙头企业和产业的培育，带动区域周边的整体发展，推动利益再分配，形成共富新模式。

10.5.3 案例：常山县创新"两山生态资源云脑"赋能胡柚产业数字化发展[①]

（1）基本情况。

胡柚是常山县特色农产品，该县胡柚种植面积已达 10.5 万亩，鲜果年产量达 14 万吨，而胡柚产业发展存在"低效闲置""粗放经营""增收乏力"等问题。为破解难题，常山以生态价值转化为主线，创立"两山生态资源云脑"数字化应用，实现了项目信息全景化、价值评估自动化、咨询服务精准化、资源交易便捷化、金融服务个性化等目标，目前该应用已纳入全省数字化改革重大应用"一本账 S0"。

（2）主要做法。

①破解碎片化，为规模经营添力。常山县依托"两山生态资源云脑"应用，对县域内分散闲置、低效利用的农用地资源进行摸底梳理、规模流转、连片整合、配套升级，为后续综合运营开发打下坚实基础。

②聚焦变现难，为主体融资探路。按照资产证券化的理念，实行融资租赁模式，创新推出"胡柚贷""生猪贷"等 14 个金融产品，有效缓解农业经营主体融资难的问题。

③瞄准薄弱点，为科技强农赋能。积极搭建农业公共服务和科技创新

---

① 浙江网信办. 常山县创新"两山生态资源云脑"赋能胡柚产业数字化发展［EB/OL］.（2023－03－13）［2024－08－20］. https：//www.zjwx.gov.cn/art/2023/3/13/art_1229720890_58872900.html.

平台，升级农产品检验检测中心，建成种苗繁育基地和胡柚数字化选果中心。构建全县域智能化农产品冷链仓储运输网，组建无人机作业社会化服务组织，提升机械化水平。

④扩大影响力，助推品牌建设。通过"两山生态资源云脑"系统，融入地域文化元素，提升胡柚品质，制定出台胡柚产品售卖标准，拓展胡柚销售渠道，打响常山胡柚特色农产品品牌。

（3）工作成效。

①"碎片化"资源形成规模。流转散户土地、柚林等资源，打造连片种植基地，累计新增百亩柚林63个、千亩柚林3个、万亩柚林1个。建成"经营主体＋村集体＋农户"的胡柚"共富果园"27家，带动从业人员6000人，统一管理后，精品果率和产量均提高30%，亩均增收2000元。

②"沉淀化"资源激活变现。出资2500万元收购柚香谷公司30万株香柚树并返租，解决企业资金短缺问题。为851户经营主体授信2.95亿元，有效激活柚林价值。

③"薄弱化"基础实现增强。强化数字农业农村技术装备应用，实现从种植、分选、包装、储藏到冷链配送全过程"机器换人"，效率提高6倍以上。建成智能贮存冷库58座，产品运输损耗率下降40%。建设县级数字化种苗繁育中心500余亩，推广水肥一体化、无人机作业等先进技术，出苗率从60%提升到80%，更新优质种苗120万株，优果率提高到90%以上。

④"立体化"产业加快培育。培育艾佳食品等27家精深加工企业，开发系列产品70多款，胡柚深加工消耗量从原来的20%提高到38%，胡柚特级果销价升级为10元/个，2022年全年胡柚销售快递量265万单，增长248.68%。

10.6 结论与讨论

10.6.1 结论

在数字经济时代，物联网、区块链等数字技术在生态领域持续运用，为生态产品流转储备提供了新动能（黄波等，2024）。本章节内容在厘清物联网技术、区块链技术和数字孪生技术等数字赋能生态产品流转储备关键技术的基础上，分析生态产品数据管理平台、生态产品数字化流转平台、生态产品储备管理平台 3 个数字平台的应用，总结归纳了数字赋能生态产品数据采集与监测场景、生态产品信息管理与共享场景、生态产品流转优化与市场拓展场景 3 个典型生态产品流转储备的应用场景，结合数字赋能生态产品流转储备的 3 个典型案例探讨数字技术赋能生态产品价值实现的关键路径，可为解决生态产品"流转难""储备难"等问题和建立生态产品价值实现机制提供参考。

10.6.2　讨论

践行"两山"理念，以数字赋能生态产品流转储备，要聚焦生态产品流转储备不顺的"堵点"，将自然资源产权制度改革和数字化转型有机结合起来，创建更多协同高效的生态产品流转储备数字化应用平台和应用场景，提高生态产品流转储备的广度、深度和效度（胡熠和黎元生，2023）。首先，以数字技术赋能生态产品流转储备。物联网技术实现环境监测和产品追踪、智能调度和自动化仓储、大数据分析与智能预警、信息共享与协同、成本控制与资源优化等；区块链技术实现数据不可篡改与智能合约、数据共享与协同、去中心化网络与跨组织数据共享等；数字孪生技术实现全生命周期管理与资源流转透明化、智能预测调度与动态调整策略、多维度数据分析与可视化展示交互等。其次，以数字技术增强生态产品流转储备数字化平台应用。借助生态产品数据管理平台实现生态产品数据采集、数据分类与整理、可视化展示；借助生态产品数字化流转平台实现生态产品线上流转、供需智能匹配、流转流程透明化；借助生态产品储备管理平台实现生态产品储备库建立、智能调度分配、风险识别管理。最后，以数字技术推动生态产品流转储备数字化场景应用。通过物联网技术、区块链技术和数字孪生技术等数字技术赋能生态产品数据采集与监测、生态产品信息管理与共享、生态产品流转优化与市场拓展等应用场景。

在未来，仍然需要在顶层设计、统建统管、数据整合共享、技术应用创新、制度建设等方面发力，加快生态产品流转储备数字技术开发应用，推进生态产品流转储备数字化平台建设，拓宽生态产品流转储备数字化应用场景（王颖，2022），形成一个全方位覆盖生态产品流转储备各环节的数字化应用体系。

第11章 数字经济赋能生态产品经营开发

11.1 引 言

在新一轮的科技革命与技术变革的驱动下，以大数据、物联网、云计算、共享技术、人工智能为代表的数字经济产业登上新的历史舞台。扎卢茨基（2019）将数字经济定义为基于数字技术的经济，其提供了包容性的社会经济发展和繁荣。数字经济依靠技术优势和政策支持已成为引领各行各业各领域发展的新动能（Kalyan et al.，2018）。党的二十大报告指出，加快建设数字中国是中国现代化的重要内容。《"十四五"数字经济发展规划》强调，要发挥数字经济在促进绿色发展方面的重要作用，利用数字经济赋能全社会各领域的绿色发展。2021年4月中共中央办公厅、国务院办公厅印发的《关于建立健全生态产品价值实现机制的意见》提出，建立健全生态产品价值实现机制是从源头上推动生态环境领域国家治理体系和治理能力现代化的必然要求，对推动经济社会发展全面绿色转型具有重要意义。结合政策要求可以得知，数字经济是社会绿色发展的重要动力，而生态产品价值实现是关键路径，这为学界提供了数字经济赋能生态产品价值实现的思维源头。

当前我国生态产品经营开发仍面临着生态产品难度量、难抵押、难交易、难变现等问题，并且随着国民生活水平的不断提高，优质生态产品供给能力难以满足广大人民群众日益增长的需求（靳诚和陆玉麒，2021）。因此，依仗数字经济在信息传输速度和精确配置资源方面具有的独特优势，利用数字经济赋能生态产品价值实现的技术可以打破信息壁垒，提高生产要素的流动，有效破解生态产品价值实现中资源错配、时间错配、空间错配等难题（吴宸梓和白永秀，2023）。数字经济在赋能生态产品价值实现上具有巨大发展潜能，已有研究发现，数字经济可以为生态产品的生产、加工、销售等环节提供更加智能化的解决方案，能够提升生态产品质量和市场竞争力，带来更广阔的销售渠道，从而拓展市场份额，实现更高价值的变现（马国勇和刘欣，2023）。

关于数字经济赋能生态产品经营开发的研究，学者们多角度多维度进行了探讨。陈倩茹等（2023）从涵盖所有类型的生态产品入手，对数字经济如何协助生态产品价值实现的思路逻辑和方法应用进行了系统性的阐述，这其中蕴含了生态产品经营开发这一关键步骤，并得出数字经济有助于打破生态产品在生产、分配、交换、消费各环节的行业壁垒和时空限制。对于特定的生态产品经营开发，如森林生态产品、生态农产品、海洋生态产品等，学者们对各类生态产品进行了更细致具体的研究。栾晓梅等（2024）对数字经济如何帮助乡村生态农产品的典型模式与形成机制进行了分析。王晓丽等（2024）对数字技术赋能森林生态产品经营开发的思路进行了理论阐释与路径实现。匡后权等（2023）根据当前乡村数字经济发展仍处于较低水平的现状，得出应当采用相应的政策措施和管理机制并联合政府、企业和社会多方力量，聚焦在数字基础设施建设和人才培养等方面，推动乡村数字技术渗透的广度和深度，促进乡村生态农产品经营开发。从技术路径的角度来看，袁晓玲等（2023）发现，利用遥感、物联网、区块链等数字技术理清碳汇资源账本可以促进碳汇生态产品价值实现。刘耕源等（2020）研究得出，利用区块链、大数据等技术赋能生态产品价值实现，可以构建生态资产加密数字货币化，形成不同生态产品的价格形成机制、成本监审机制和价格调整机制，并且完善市场交易机制。由上述可知，生态产品经营开发本身存在诸多难题，不同类型的产品面临的困境不尽相同，但正是数字经济技术日新月异的迭代和强大的处理能力，为各类生态产品的经营开发提供了多角度的思路和创新。基于此，本章从数字经济如何赋能生态产品经营开发入手，首先阐述各类产品相应的关键技术；其次分析如何搭建数字平台协助经营开发；再次探讨存在的应用场景；最后列举出当前已有的典型案例进行分析，以期为政策制度、学术研究、地方实践等提供参考。

11.2 关键技术

伴随着经济的发展与科学技术的进步，区块链、大数据、云计算、物联网、5G、数字孪生等数字经济技术的诞生，借助数字技术助推现代产业的融合发展，实现产业的生态化、数字化和智能化，正成为中国产业发展的新引擎、新动力、新支点（陈文烈和寿金杰，2023）。数字经济涉及一系列活动，这些活动将数据资源作为核心生产要素，依赖现代信息网络作为主要平台，并将信息通信技术的高效应用视为提高效率和优化经济结构的关键动力（许周迎等，2024）。从技术逻辑的角度看，正是数字技术日新月异的发展为生态产品经营开发提供了强有力的技术支撑（陈倩茹等，2023）。生态产品价值实现需要经历"生产—分配—流通（交换）—消费"四个环节（杜焱强等，2022），围绕着价值实现的各个阶段，数字技术凭借其大数据、智能化、多样化的特点，可以精准地赋能生态产品经营开发的各个环节。

当前的生态产品可以分为物质供给类生态产品、调节服务类生态产品、文化服务类生态产品三种，不同类型的生态产品面临的关键问题不同，价值实现的方式也不尽相同，各类型的生态产品都有各自的特点以及不同的应用场景，因此面对的难点也不同，适合的关键技术固然也不会完全一致，但凭借着数字经济技术类型多样、针对性强的特点，我们可以因地制宜，采用具体问题具体分析的思维，利用不同的数字经济技术赋能不同类型生态产品经营开发（见表 11-1）。

表 11-1　　　　　　　　　生态产品经营开发关键技术

关键技术	技术特点	主要面向的产品类型	应用场景
大数据 云计算	信息分析处理高效	物质供给类生态产品 调节服务类生态产品 文化服务类生态产品	了解用户信息 打造信息平台
感知技术 自动化控制 智能交互	成本低 便捷	物质供给类生态产品	无人售卖机
物联网 自动化	智能管理	物质供给类生态产品 调节服务类生态产品 文化服务类生态产品	管理农机设备 利用无人机

续表

关键技术	技术特点	主要面向的产品类型	应用场景
电子商务 智能仓储	销售渠道庞大 信息交流高效	物质供给类生态产品	淘宝、京东等 购买平台
虚拟现实技术	强大仿真能力 提供交互体验	调节服务类生态产品 文化服务类生态产品	非物质生态产品情景体验

11.2.1　面向物质供给类生态产品的关键技术

物质供给类生态产品主要包括食物、水资源、木材、棉花、医药、生态能源及生物原材料等实体化产品。针对物质供给类生态产品，结合其产品特性以及过往经营开发中遇到的主要问题——产品缺乏市场竞争力、产品溢价难以实现、信息不对称、供需对接难、交易成本较高、质量溯源机制欠缺（罗琼，2021；郭韦杉和李国平，2022；高晓龙等，2022）。在物质供给类生态产品经营开发过程中，产品往往是以实物的形式出现，而实物商品在经营开发过程中，安全性是关键，会出现信用风险，如出现合同诈骗风险、资金结算风险、价格风险。在现实中，采用区块链技术的分类账本，可以保证交易记录和信息不被篡改，保障交易安全和信息安全。同时区块链技术可赋能生态产品信息可查询、质量可追溯。因此对于物质类生态产品而言，区块链技术是赋能生态产品经营开发的关键支撑。具体表现为：首先，基于分布式账本、哈希算法、P2P 网络、密码学原理、链式结构等区块链基础层技术，将生态产品产业链、供应链数据进行全新管理，形成去中心化、可追溯、匿名性、去信任、开放性、自治性、可编程、安全性、不可篡改、自动执行、集体维护等信息管理特征；其次，促进物质生态产品供应链与产业链之间的共享机制、协同共赢、智能合约和安全透明，从而实现自动执行、精准追责和高效管理，进而实现监管主体范围扩大，使监管成本更低，建立了物质生态产品交易完全信任机制；最后，在数字技术和功能特征的基础上，区块链技术可促进物质生态产品信息查询、质量追溯更加智能化和现代化，优化了物质生态产品价值实现路径和产业链交易方式，促进物质生态产品提质增效（王晓丽等，2024）。除区块链技术外，其余几类技术对物质类生态产品经营开发也起到关键作用，如使用智能感知技术形成生态产品生产精细化管理；使用电子商务技术,打开物质生态产品的销售渠道;使用物联网技术连接机械设备协助产品经营开发,如无人机自动采摘果物等农产品;使用感知技术、自动化控制和智能交互技术打造无人售卖机进行生态产品销售;采用机器学习和数据可视化等技术,形成可溯源的、高效的生态产品仓储中心和销售链,促进物流与销售效率。

11.2.2 面向调节服务类生态产品的关键技术

调节服务类生态产品主要包括涵养水源、调节气候、固碳、生产氧气、保持土壤、净化环境、调蓄洪水、防风固沙、授粉等。调节服务类生态产品具有无具体物化形态与纯公共性特征,因而导致其价值往往难以直接实现(向雪萍和齐增湘,2024),难以进行价值度量。对于调节服务类生态产品当今面临的困境,采用先进的数字经济技术是发展的必然要求。助力调节服务类生态产品的经营开发,关键路径是对其价值进行核算,对其产权进行明晰,对其内涵进行推广。利用 GIS、GPS、传感器、遥感等地理信息技术,可以帮助我们探清资源本底,监管资源动态,对这类生态产品的价值进行更全面的保护,在此基础上,可以使用调查监测技术如 5G 和大数据技术等,对区域的碳汇本底进行调查,对碳储量进行评估并对其潜力进行分析。依靠这些关键技术保障了该类生态产品的价值存在,也就打造了调节服务类生态产品开发的基石。涉及调节服务类生态产品的经营是重点同样也是难点,不仅要在依靠上述技术的基础上维护资源,而且要建立完整的、完善的、合理的价值核算体系,这样才能使消费者接受产品。云计算技术与大数据难以分离(李万予,2013),一方代表着庞大的数据量,另一方则代表着强大的算力,共同为生态产品的价值核算保驾护航,利用生态产品价值核算基础数据与国民经济核算体系相融合,突出 GEP 核算。同时,可以利用数字孪生开发生态产品第四产业核算技术,利用光纤通信打造生态产品价值核算数字化平台。依托这些关键的数字技术,调节服务类生态产品的生产、分配、交换等过程都能得到充分的帮助。在消费环节,诸如物质生态产品一样,调节服务类生态产品也可采用数字技术(如电商、直播、VR)来开拓其销售的渠道,加大其宣传的力度。

11.2.3 面向文化服务类生态产品的关键技术

对于文化服务类生态产品,其内涵主要包括如自然体验、生态旅游、自然教育与精神健康等。文化服务类相比于调节服务类生态产品会更直接地面向消费者，不同于调节服务类生态产品倾向于自然生态功能价值的特点；也不同于物质类生态产品更强的实体化和商品化，文化服务类生态产品的竞争力来源于景观价值、精神价值。因此文化服务类兼具两者的特点，在经营开发中面临的问题也涵盖了前者所遇的难点。面对文化服务类生态产品的关键技术需要解决其价值量化难、销售渠道窄、宣传力度低、管理难度高的困境。

以下几类数字经济技术是协助文化服务类生态产品经营开发的关键。针对文化服务类价值量化难、质量标准不统一的问题，可以采用自然语言处理技术，凸显各个区域特色的文化服务类生态产品，同时利用大数据分析与市场其他同类、同价位产品的共同点与不同点，如生态风景酒店对标的其他连锁酒店，打造产品价值标准与体系，维护生态产品"生态＋"标签的质量与信誉；针对销售渠道窄的问题，部分民宿和生态旅游区在网络销售平台并未登录，因此游客难以认识到，所以这类产品应加大与网络支付平台的合作；拓宽了销售的渠道后，需要打造品牌效应，提高知名度，加大宣传力度，可以依靠电商技术平台，采用"网红＋直播＋生态标签"提高当地生态产品的知名度，形成品牌效应，同时由于调节服务类生态产品本身受限于时空格局，可采用虚拟情境体验技术，如 VR 和 AR，为遥隔千里的用户带来体验；文化服务类生态产品同调节服务类生态产品一样，具有明显的外部性和公共性特点，难免出现"搭便车"行为，因此为方便资源的管理和维护产品的价值，可采用多种数字技术联合打造监管平台，利用互联网、大数据和人工智能等新一代信息技术，搭建自然资源一体化信息平台，实现了日常管理、政务审批、业务管理、移动应用等业务一体化管理，并在文化服务类产品的消费区内，如景区等，安装感应器，通过物联网，对各类不当行为进行监督。

随着人民群众对优质生态产品需求的不断提高，并配合数字技术的不断更新迭代，"数字＋生态产品"的场景也会愈加增多。表 11 – 1 为各类赋能生态产品经营开发的关键技术，关键技术之间可以相互搭配、优劣互补，为实现经营与开发目标提供大于预期的效果，例如大数据与云计算结合，起到更好的信息处理能力；物联网与无人机技术结合，兼顾效率的同时保证可控性与安全性；电子商务与智能仓储结合，为物质类生态产品提高销量的同时保障产品的售后服务和物流效率。因此，不难看出关键技术并不是指一项技术，而是指多种技术的融合。

11.3　数字平台

生态产品经营开发的核心和难点是降低交易成本（Giulia，2016）。张五常（1999）指出，交易费用不可能发生在一个人的、没有产权、没有交易、没有任何一种经济组织的经济体中，说明交易费用时刻存在。对于生态产品的交易亦是如此，在生态产品交易过程中，会产生搜寻信息、达成合同、签订合同、监督合同履行和违约成本等费用（王晓丽等，2024）。所以，平台是降低费用、解决这类问题的有效举措。数字技术的出现大大克服了市场参与主体之间的信息不对称问题，能够在特定领域降低交易成本（师博，2022）。借用数字技术打造数字化平台，可以更大程度地推广生态产品，解决当前生态产品交易存在的生态产品供给方与需求方对接不精准，资源方与投资方合作不畅通，大量偏远地区的生态产品受运输时效和物流成本影响其价值难以实现等问题。

生态产品经营开发的数字平台建设，各个平台的建立支撑和功能各有不同（见图 11 -1），但可以知道的是，利用数字平台帮助生态产品的经营开发，要发挥各类数字技术的技术特点，依照现实逻辑，按产品需求设计。结合数字平台建立的案例经验、运行模式与框架（匡后权等，2023；何雄伟，2023；许周迎等，2024；栾晓梅等，2024），我们可以得出普遍数字平台搭建的基本过程为：围绕总目标—了解现实问题—确认开发需求—明晰技术功能—设计数字平台—取得技术支撑。

11.3.1　生态产品交易数字监管平台

任何形式的交易市场都需要接受一定程度监管，才能保障各个主体的利益不被侵犯、产品市场持久稳定。因此，利用数字技术打造生态产品交易监管数字平台（见图 11 -2），可以为生态产品交易过程中的诸多事宜提供依据，同时给各个企业提供安全性的保证和充足的信心。生态产品交易监管平台需要综合运用数据加密技术、区块链技术、智能合约、大数据分

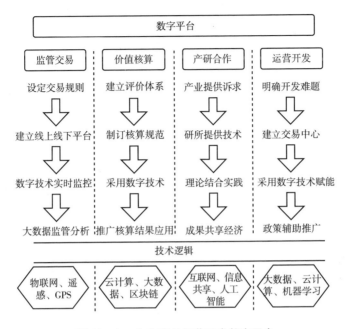

图 11 – 1　生态产品经营开发数字平台

析技术、人工智能技术等数字技术，以确保交易的安全性、透明度和效率。明确平台的目标、用户需求和监管要求，采用数字加密技术保护用户数据安全和交易信息安全，利用区块链技术的不可篡改性和透明性，记录生态产品交易活动。结合智能合约自动执行合同条款，减少欺诈和违约的风险，利用大数据分析技术识别异常行为和潜在的欺诈活动，使用人工智能和机器学习算法监测生态产品交易模式，预测和防范风险，利用风险管理工具开发风险评估模型，实时监控市场风险，通过交易监控系统实时监控交易活动，快速响应可疑交易，同时利用平台报告和审计功能，生成生态产品交易报告，便于监管机构审计。通过用户界面（UI）和用户体验（UX）设计，提供直观、易用的操作界面，利用网络安全措施，部署防火墙、入侵检测系统和网络安全协议，通过数据备份和恢复机制，确保数据安全和业务连续性。通过 API 与其他金融服务和监管机构系统集成，通过反馈机制，不断优化平台功能和用户体验，定期对平台进行技术维护和升级，以适应市场和技术的变化。通过数字技术的应用，构建一个安全、高效、符合生态产品交易监管平台，确保平台的设计和实施能够适应不断变化的技术和监管环境。

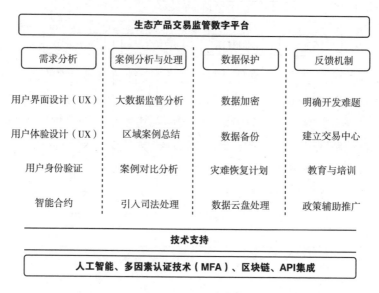

图 11-2　生态产品交易监管数字平台

11.3.2　生态产品价值核算数字平台

生态产品价值核算数字平台主要涉及摸清生态产品底数、价值评价体系、价值核算规范、核算结果应用等（见图 11-3）。一是摸清生态产品底数，利用大数据、物联网、云计算等技术，有助于摸清生态产品构成、数量、质量等底数，为生态产品经营开发提供新思路，并加快建设开放共享的生态产品信息云平台。二是生态产品价值评价体系，构建行政区域单元生态产品总值和特定地域单元生态产品价值评价体系，考虑不同类型生态系统功能属性，体现生态产品数量和质量，并建立覆盖各级行政区域的生态产品总值统计制度。三是生态产品价值核算规范，开展以生态产品实物量为重点的生态价值核算，再通过市场交易、经济补偿等手段，探索不同类型生态产品经济价值核算，并逐步修正完善核算办法。四是生态产品核算结果应用，推进生态产品价值核算结果在政府决策和绩效考核评价中的应用，依据自然资源部和生态环境部的相关标准，并根据各个地方的生态特点，对核算体系和标准做创新性优化，形成成熟的 GEP 实时核算的平台和软件产品，探索在编制各类规划和实施工程项目建设时，结合生态产品实物量和价值核算结果采取必要的补偿措施；推动地方实践和标准化，鼓励地方根据自身特点研发自然资源资产信息化管理平台，依托遥感技术、空间高分数据和测绘信息，形成自然资源资产"一张图"信息化管理平台，并鼓励有条件的城市建设生态系统生产总值（GEP）数字化服务平台。通过生态产品价值核算数字平台，为生态产品经营开发提供强有力支撑。

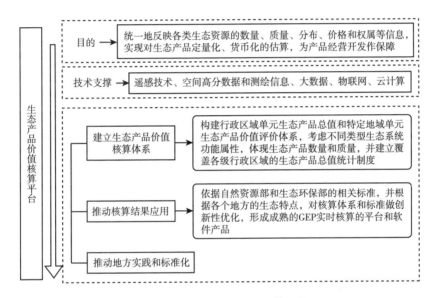

图 11 - 3 生态产品价值核算平台

11.3.3 生态产品产学研合作共享平台

通过与高校、农业专家、科研院所等建立产学研合作共享平台（见图 11 - 4），可以带动企业和组织创新，加快生态产品科技成果转化，增强产业经营的抗风险能力，并形成以技术创新、人才培养、科研合作、战略咨询等为主要形式的生态产品经营开发新格局。不仅如此，依托科研院所的技术创新，可以促进生态产品品种培优、品质提升、品牌打造和标准化生产的提升。搭建产学研合作共享平台，通过理论结合实践，企业与科研机构解决了生态产品经营开发过程中竞争力不足、创新性不强的缺点。在现代产研合作平台中，数字技术应用是关键，也是不可或缺的，如解决距离因素方便校企进行高效交流的线上会议技术；依靠大数据和云计算搭建的网上服务平台可以进行线上资源对接，为产学研各方提供真实有效的技术供需信息，从而促进科研成果产业化；使用区块链技术保障合作交流的信息安全。

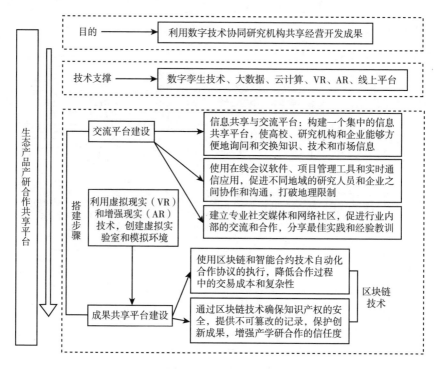

图 11 – 4　生态产品产研合作共享平台

11.3.4　生态产品运营开发数字平台

生态产品运营开发平台功能复杂，需要作支撑的数字技术诸多，要全面地对生态产品经营开发的每一个环节赋能。如交易平台的建立，面对生态产品难度量、难抵押、难交易、难变现等难题，地方政府可考虑建立"市场定价、信息聚集、交易安全"的生态产品线上交易平台，推动生态资源一体化收储、确权、交易、有偿使用。通过出让、租赁、买卖等多种方式，推动生态资源资产集约化、规模化、产业化运营；开展生态产品线上交易、招商，促进生态产品供给与需求、资源与资本高效对接；逐步实现生态资源信息化管理平台与交易平台的嵌套管理，实现与自然资源、农业农村、生态环境等多部门生态资源信息的互通共享，为生态产品运营开发过程中引入新的资金来源渠道。建立一个产品运营开发的数字平台是一个复杂的过程，涉及价值定位、架构设计、产品开发、数据体系构建以及运营策略等多个方面（见图 11 – 5）。明确数字化平台的价值定位，确定它将为不同角色（如需求方、资源方、平台方）提供什么价值。例如，是否提供直接的收益、良好的体验等。确定数字化平台上的核心业务流程和业务范围，梳理出业务功能表，确保平台功能与业务目标一致。设计一个可持续的技术架构，确保平台的可扩展性和可维护性。考虑使用模块化设计，以适应未来可能的业务拓展。进行用户访谈和调研，了解用户需求，设计满足用户需求的产品功能。同时，考虑 B 端用户的特殊需求，可能需要更高层次的业务调研和访谈。建立数据可视化、分析和变现体系，使数据成为支持决策和优化运营的重要资产。遵循敏捷开发的原则，分阶段进行开发和测试，确保每个阶段的质量，并及时调整开发方向以适应变化。制定运营策略，包括用户增长、活跃度提升、商业转化等，确保平台的可持续运营和盈利能力。在搭建过程中，避免价值定位不清晰、缺乏可持续的架构设计、不考虑一线工作人员的执行方案等问题。数字孪生技术可以为产品开发提供无限可能，通过创建虚拟模型来模拟、分析和优化产品，从而提高开发效率和产品质量。结合用户体验和数字平台是数字化转型的双引擎，可以同时实现产品优质、体验优越和成本低廉。

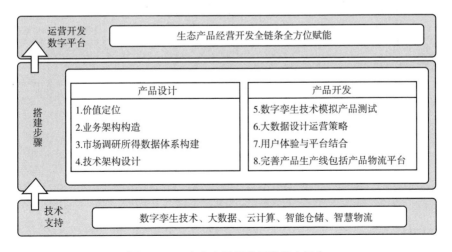

图 11 – 5　生态产品运营开发数字平台

11.4 应用场景

数字技术可以打破交易活动的地理范围限制，提供多样化产品，提高市场的供给效率，促进产品信息交流共享，呈现新形态新业态，为生态产品的价值实现注入能量。因此数字技术赋能生态产品经营开发的应用场景层出不穷。结合上一小节所述，在生态产品的经营开发上数字技术可应用于生产与供应链优化，包括产品的创新、销售模式的改变、建立交易平台、采用智能模式生产、数字化生态产品体验。

数字技术在生态产品经营开发上的应用不仅提高了运营效率，也为企业和组织提供了新的商业模式和增长机会，随着技术的不断进步，这些应用场景也在不断的扩展和深化（见表11-2）。接下来，对生态产品经营开发中出现的三类主要应用场景进行总结。

表11-2　　　数字技术在生态产品经营开发上的应用场景

序号	应用场景	具体表现
1	生态产品市场研究	利用大数据分析消费者对生态产品使用态度，预测市场趋势
2	生态产品开发	通过3D建模、模拟和快速原型制作技术加快设计和开发过程
3	生态产品供应链管理	利用物联网、区块链技术提高供应链透明度和效率
4	客户关系管理	使用客户关系管理（CRM）系统服务客户，提高满意度和忠诚度
5	生态产品销售自动化	自动化销售流程，实现全天候模式，提高销售力度
6	电子商务平台	建立在线商店，提供购物体验，扩大市场覆盖范围
7	数字营销	利用SEO、社交媒体、电子邮件营销提高品牌知名度和销售
8	数据分析和报告	运用数据仓库和商业智能工具分析业务数据，支持决策
9	移动办公	通过云服务和移动应用实现远程工作，提高团队灵活性和协作效率
10	客户服务和产品推荐	客户服务、产品推荐等方面应用人工智能（AI）技术
11	产品推广	利用虚拟现实（VR）和增强现实（AR）提供沉浸式体验，助力产品推广
12	项目管理软件	使用项目管理工具规划、执行和监控项目进度
13	人力资源管理	利用HRIS管理员工数据、招聘和培训
14	知识产权管理	使用数字工具保护和管理公司专利、商标和版权

续表

序号	应用场景	具体表现
15	环境监测和能源管理	使用传感器和智能系统监测环境状况，优化资源使用
16	合规性和风险管理	确保业务流程符合法规，使用技术预测和管理风险
17	金融科技	使用数字技术提供快捷、安全的金融服务，支持生态产品经营开发

11.4.1　生态产品开发生产场景

在生态产品的经营开发过程中，例如农产品的培育和采摘、林场资源的收集和整治、闲置土地的价值开发等，在这些场景里，数字技术都可以发挥出强大的作用。在生产开发中利用云计算、大数据等技术对生态物质产品的生产全过程进行数字化监管和管理（Singhal Kalyan，2018）；利用无人机和物联网技术可以大大地降低人工、时间成本，为生态农产品等产品进行浇水、施肥、采摘等工作；采用恒温调节技术和 AI 智能检测技术可以为生态产品的开发提供更优质的环境，解决原本的自然环境苛刻性，打造智慧菜棚等设施并搭配环境监测和能源管理技术，使用传感器和智能系统来监测环境状况和优化资源使用；利用云计算、互联网模式运营管理生态产品，提高企业的管理效率，并打造项目管理工具来规划、执行和监控生态产品经营开发项目的进度；在人力资源管理方面，利用人力资源信息系统（HRIS）来管理员工数据、招聘和培训；同时可以通过运用数据仓库和商业智能工具来分析业务数据，为生态产品运营决策提供支持；对于部分生态产品的开发可以先通过 3D 建模、模拟和快速原型制作技术，制造雏形，帮助加快生态产品的设计和开发过程；在生态产品供应链管理上也可利用物联网（IoT）、区块链等技术，提高生态产品供应链的透明度和效率。

11.4.2　生态产品经营销售场景

生态产品的经营销售一直是生态产品价值实现的重点，只有切实地通过产品获得经济收益才能支撑生态产品后续的开发。当前，诸多物质类生态产品通过获得国家地理标志等特殊的生态标签来彰显产品特色，从而达到提高产品知名度和销售额的作用。同时，现如今各大公共场合都设有乡村农产品、扶贫农产品的专柜，在此销售情境下，借助智慧门店、无人售货机等售卖生态物质产品，可以显著地提高效率并实现生态产品销售自动化。除此之外，数字技术在生态产品经营销售环节仍具有很大的空间，可以提供更多元的经营销售方式。

在生态产品销售市场上，可以利用大数据分析消费者们对生态产品使用的态度，预测市场趋势，从而更好地理解目标市场；利用搜索引擎优化（SEO）、社交媒体营销、电子邮件营销等手段提高品牌知名度和销售；也可以利用人工智能技术在客户服务、产品推荐、风险管理等方面应用 AI 技术，提高业务智能；非物质生态产品的销售拓展一直是一个难题，而我们可以利用虚拟现实（VR）和增强现实（AR）技术，在调节服务类生态产品和文化服务类生态产品上提供沉浸式体验，为产品的推广提供助力；也可以利用互联网技术和网络公众号，打造网络产品形象，为产品的宣传提供助力；采用自动化销售流程，实现 7 天 24 小时的模式，提高生态产品销售的力度；可以依靠电子商务拓展市场，提高销量，扩张销路，包括潜在客户开发、销售跟踪和订单处理；采用智慧仓储和智慧配送，提高运输效率和管理水平；依托智能托管技术打造生态产品管家系统和交易平台。

11.4.3　生态产品市场服务场景

数字经济技术的多样性为生态产品市场的稳定和服务赋能，在产品销售售后、打造产品周边、创新产品、处理客户关系等场景上提供诸多帮助。在金融服务领域，使用数字技术来提供更快捷、更安全的支付、贷款和投资服务，为生态产品的经营开发提供更多资金帮助；在安全问题上，使用区块链技术来保护和管理公司的专利、商标和版权，保护客户的隐私；使用大数据和云计算技术打造 CRM 系统（客户关系管理）来服务客户并进行互动，提高客户满意度和忠诚度，有助于产品形象的塑造；利用风险评估技术和合规性检验，确保业务流程符合法律法规，同时使用人工智能来预测和管理潜在风险；利用数字孪生等数字化工具帮助企业实现产品即服务（product as a service）的商业模式，通过在线软件更新和按需功能开发等形式，在产品生命周期内实现性能的持续提升。

11.5　典型案例

当前，部分地区实践探索数字技术赋能生态产品经营开发（见表11 - 3）。北京市平谷区运用物联网、无人机等技术，通过产学结合平台利用高精尖科技成果，打造了"平谷大桃""北寨红杏"等一批国家地理标志保护产品；湖北省五峰土家族自治县运用云计算、大数据监管、电子商务与高效物流仓储等技术带动当地就业和农产品销售，2021 年实现农产品网络销售总额为 3.25 亿元；福建省南平市运用卫星遥感、大数据、区块链等数字技术，实现生态产品产业链全面绿色发展，2021 年 5 大生态产业链总产值达1829.23 亿元。

表 11 - 3　　　　数字经济赋能生态产品经营开发典型案例

案例名称	运用技术	成效
北京市平谷区数字经济引领生态产品经营开发	物联网，线上小程序，无人机，产学结合平台高精尖科技成果应用	打造了"平谷大桃""北寨红杏""茅山后佛见喜梨"等一批国家地理标志保护产品，农产品等总产值达到 34.7 亿元
湖北省五峰土家族自治县"五峰蓝"	电子商务与高效物流仓储体系，大数据监管，云计算	摆脱贫困县帽子，带动就业人员超过 3000人，农产品网络零售总额为 3.25 亿元
福建省南平市生态产品产业链全面绿色发展	卫星遥感、视频监控、大数据、区块链、金融 + 模式，无人机 + 智慧车间	2021 年全市生产总值突破 2000 亿元，其中5 大生态产业链总产值达 1829.23 亿元，人均生态产值超 6.8 万元

11.5.1　案例：北京市平谷区数字经济引领生态产品经营开发①

（1）基本情况。

北京市平谷区，北京市辖区，位于北京市东北部，总面积948.24 平方千米，南与河北省三河市为邻，北与密云区接壤，西与顺义区接界，东南

---

① 中国城市报. 北京市平谷区：林下"掘金"，既美生态也富口袋 [EB/OL]. (2024 - 05 - 08）[2024 - 08 - 20]. https：//m. thepaper. cn/newsDetail_forward_27299050.

与天津市蓟州区、东北与河北省承德市兴隆县毗连。平谷区的自然资源丰富，包括矿产资源和农业资源。此外，平谷区还拥有 17 座海拔千米以上的山峰，以及 32 条河流。

平谷区在"十四五"规划中提出了生态立区、绿色发展的理念，强调了持续打好污染防治攻坚战、推动生态空间价值创造转化、构建绿色低碳生产生活方式、创新完善生态文明建设体制机制的重要性。同时，规划中也强调了科技引领和创新驱动的重要性，旨在打造农业科技创新高地；高标准建设农业科技创新示范区；高质量发展都市型现代农业；高水平架构农业现代化体系。此外，平谷区还计划运用公铁融合服务首都，建设绿色智慧商贸物流枢纽，丰富休闲旅游产品供给，加快发展旅游新业态和推动品牌建设，提升休闲旅游服务品质。与此同时，在推动现代制造业转型发展、培育无人机产业、加快发展数字经济等方面也有明确的规划和目标。

平谷区的远景目标是：到 2035 年建成更高质量的宜居宜业宜游生态谷，实现生态环境质量的根本改善，形成绿色创新发展格局，完成乡村振兴，构建基层社会治理体系，提供均等普惠的公共服务，实现人民的全面发展和共同富裕。

（2）具体做法。

北京市平谷区利用与北京市高校、研究院、农业专家等建立产研合作共享平台，以合力引导企业创新农产品，形成理论结合实际、技术带动经营的体系。通过数字经济技术开展了一系列运动，诸如建立微信小程序"大桃专项服务小程序"，开启慢直播云上平台，建设试点"未来果园"，构建电商体系和物流快递体系，建有精品民宿 229 家。引入无人喷药机、搬运采摘升降平台等装备，引入高精尖科技成果应用。现如今平谷区打造了"平谷大桃""北寨红杏""茅山后佛见喜梨"等一批国家地理标志保护产品。

北京市平谷区不仅在农业生态产品上勇于创新，在其他类型生态产品的经营开发上，平谷区的做法也是值得学习与研究的典型案例。平谷区利用区域优势和智能仓储、物联网等数字技术，打造全国最大的单体物流项目——东久新宜智慧城市物流谷，借此拓展生态产业多种功能、挖掘乡村多元价值，实现一二三产业融合发展，打造优质休闲产品。不止于此，平谷区利用电商平台技术，深化"一湖两河一带多沟多点"布局，全面升级打造 18 个乡镇街文旅 IP，全域旅游更有内涵、更有品质。按照"山区做流量、城区优存量"思路，深入挖掘北部山区、沟河南沟域资源，对标阿尔卑斯山下的世界级休闲旅游胜地，打造高品质乡村休闲综合体。

（3）工作成效。

平谷区光缆总数已达 5000 条，建成 4G 基站 1872 个，移动宽带覆盖率达到 98%，平谷区农林牧渔业总产值达到 34.7 亿元，居生态涵养区首位。现代种业收入突破 2.2 亿元。大桃产值 10.4 亿元，增长 1.2%。西红柿产值 7424 万元，增长 26.7%。民宿累计接待游客 7.2 万人次，实现收入 3067 万元，增长 30.9%。2022 年，平谷区实现地区生产总值 408.6 亿元，按不变价计算，比 2021 年增长 7.9%。"平谷大桃""北寨红杏""茅山后佛见喜梨"等都是获批国家地理标志保护的产品。

11.5.2　案例：湖北省五峰土家族自治县打造"五峰蓝"生态产品标签①

（1）基本情况。

五峰土家族自治县集"老少边山穷"于一身，农业人口占全县总人口的 70%，是典型的山区农业县，并且一直是湖北省深度贫困县，直到 2020 年 4 月，该县才脱掉了贫困县的帽子，而这其中生态农产品所提供的帮助不言而喻。2021 年，全国农村网络零售额 2.05 万亿元，同比增长 11.3%，增速比上年增加 2.4 个百分点。全国农产品网络零售额 4221 亿元，同比增长 2.8%，电子商务促进农民增收的作用进一步显现。以往五峰特色产业资源丰富，但产品销售渠道不畅、市场价格不高，制约着产业发展。五峰土家族生态产业发展格局如图 11 - 6 所示。

（2）具体做法。

近几年该县紧抓机遇，大力发展农村电子商务。主要做法有：①严控网销农产品质量。建立了包括可视化实时监管系统、农产品质量溯源系统和快速检测检验中心等在内的网货质量监管体系，确保网销农产品安全。②重点培育本土电商龙头企业。充分调动社会资源，在电商增值培训、政

① 三峡日报．电商引进来 土货走出去——五峰电商催生乡村振兴新活力 [EB/OL]．（2021 - 12 - 02）[2024 - 08 - 20]．https：//old. cn3x. com. cn/content/show?catid = 324894&newsid = 727859.

策扶持、发展规划、融资服务、环境建设等方面给予重点倾斜，鼓励发展"电商＋市场主体＋产业＋农户"的产业化经营新模式，加速形成满足市场需求、集约化、现代化的特色产业，提升特色产品规模效益和市场竞争力。③深挖好山货，培育好品牌。一方面加速推进特色产品网货化，推进产品大数据建设，将全县 2623 种产品统一建库，进行开发培育；另一方面完成 40 多个本土网货品牌注册工作，五峰茶叶、马尔科土豆、牛庄天麻、土家腊肉等一批绿色农产品借助农村电商走出大山。④对接电商平台。建立本土电商平台"五峰蓝"，先后在供销 E 家、邮乐网、汉购网、当当网、京东等平台开通五峰地方特色馆，积极对接天猫、苏宁、1 号店、一亩田、"832"等交易平台，拓宽五峰茶叶等特色农产品、手工艺品的线上销售渠道。⑤建设大物流。优化物流服务平台，建立三条物流专线，由县电商物流公共服务中心统一调配、协同配送，实现快递 24 小时到乡镇、48 小时到村，快递物流价格下降 55%，县内运输时效平均缩减 16 小时。同时，充分整合县域冷链运输资源，在各乡镇租赁或自建冷库，在主要服务站点配备冰柜，购置冷链运输车辆，由县服务中心统一管理，有效解决五峰生鲜农产品和新鲜果蔬运输难题。⑥探索新模式。通过"电商企业＋合作社＋农户"模式，积极完善农产品产业链，合作社与农户签订包销协议，发展订单农业，统一提供种子、技术指导、回购包装等，线上线下共同发力，扩宽农产品销售渠道，提高农产品交易速度。

（3）工作成效。

目前，五峰已建成较为完善的县乡村三级电商公共服务体系，涌现出五峰印象、采花毛尖、万绿电商、五峰老腊味、重泰磨具等一批电子商务龙头企业，全县电商从业人员 5600 多人，带动就业人员超过 3000 人，2021 年网络零售额总额达 5.71 亿元，较 2020 年增长近 20%，其中农产品网络零售总额为 3.25 亿元，比 2020 年增长 29.48%。

正是五峰县农村电商的快速发展，有力促进了农村消费升级、消费品下乡、农产品出村，打造出电商示范服务中心、农村电商产业园、电商产品生产基地、直播基地、网红小镇等建设；平台电商、垂直电商、内容电商、乡村团购、直播电商、兴趣电商等新产业新业态新模式也在乡村遍地开花。现如今五峰县的电商倒逼乡村产业发展，挖掘产业潜力，优化资源配置，促进产业融合，擦亮农业品牌，提升产品质量，拓宽营销渠道，提高流通效率，扩大农民就业，增加农民收入，活跃农村经济，不仅如此，电商也改变了农民的观念习惯，提升了农村生活品质，缩小了城乡差距。农村电商对助力乡村振兴的作用日益凸显。

11.5.3　案例：南平市生态产品产业链全面绿色发展[①]

（1）基本情况。

南平市是国家级生态示范区、全国绿色发展示范区，福建生态屏障，地球同纬度生态环境最好的地区之一。境内山峰耸峙，低山广布，河谷与山间小盆地错落其间，具有中国南方典型的"八山一水一分田"特征，同时拥有全国仅有的 4 个"世界自然与文化遗产地"之一的武夷山等旅游资源 150 多处。南平聚焦"一座山、一片叶、一根竹、一瓶水、一只鸡"等生态产业，构建 5 大生态产业链支撑体系，树立绿色为底的产业培育路径。

例如南平市依靠数字经济技术打造的"森林生态产品交易中心"。生态产品交易中心依托数据脱敏、智能托管技术而建立，坚持"分散输入，集中输出"，助力"资源"变"资产"。将碎片化的资源集中管理和售卖，不仅便于资源的管理，而且利于当地政府清楚整体资源状况。南平市全面摸清了武夷山的自然资源现状，形成了国家公园自然资源"一张图"；综合运用卫星遥感、视频监控、大数据、区块链等技术手段，智慧武夷山国家公园管理平台加速升级，构建起一套集功能展示、预报预警和数据分析为一体的生态资源管理体系，实现了对生物多样性与自然资源的严格保护、整体保护、体系保护。

（2）具体做法。

南平市鼓励本地企业利用数字技术来进行生态品牌创新，万里茶道、印象大红袍、建盏文化、水美经济、深呼吸小城等接地气生态品牌创新实践成效渐显。例如，位于南平建阳区的龙竹科技集团股份有限公司，是一家集竹家居制品、竹建筑装饰类材料和竹自动化机械研发、设计、生产及销售于一体的高新技术企业，在它们的生产车间内 6 台机器人在流水线上加工制作不同口径的竹碗，另一台机器人则在喷漆房对流水线上的竹碗进

---

① 大武夷新闻网．瞭望｜"南平模式"做强生态产品价值链［EB/OL］．（2022 - 03 - 14）［2024 - 08 - 20］．https：//www.np.gov.cn/cms/html/npszf/2022 - 03 - 14/2065559918.html.

行喷漆加工。通过自研无刻痕竹展开技术和弦向刨切带竹节薄片技术，该企业研制出厚度仅为0.2毫米、长度可达2米的微薄竹片，开发生产出多款缠绕式竹吸管，海内外市场前景极为广阔。扶持生态产业多元化共生发展。南平市实施固链延链强链，推进聚群化发展，节约成本发挥生态产业最大效益。

同时南平市在调节服务类生态产品上的创新也有目共睹。全国首笔竹林碳汇交易和碳汇质押贷款在闽北"破茧而出"。2019年，闽北顺昌县在国内首创"一元碳汇"生态产品试点项目，从脱贫山村及脱贫农户碳汇林开发破题，将碳汇产品实施过程中产生的碳汇增量，通过微信小程序扫码平台，以1元10千克的价格向社会销售。两年多来，"一元碳汇"不断拓展生态产品，碳汇＋金融、碳汇＋保险、碳汇＋会议等创新应用不断涌现，认购资金用来助力当地绿色发展和乡村振兴。

（3）工作成效。

2021年全市生产总值突破2000亿元，其中5大生态产业链总产值达1829.23亿元，人均生态产值超6.8万元。以总部位于闽北光泽县的圣农集团为例，其专注做"一只鸡"全产业链，配套农牧、食品、兽药疫苗、冷链物流等7大产业集群，生产基地达500多个，肉鸡年产能达6亿羽，成为国家重点龙头企业。

11.6　结论与讨论

11.6.1　结论

当前生态产品经营开发面临的诸多挑战，如难度量、难抵押、难交易和难变现等问题，同时优质生态产品供给能力难以满足日益增长的市场需求。在数字经济时代，本章系统分析数字经济技术赋能生态产品经营开发过程，在以往学者的研究基础上总结了数字经济的重要性，即数字经济作为基于数字技术的经济形态，通过技术优势和政策支持，成为推动各行业发展的新动能，数字经济在生态产品价值实现上展示出巨大潜能，可以通过信息传输速度的提升和资源配置的精确性，有助于解决生态产品价值实现中的资源错配和时空错配问题。并从物质供给类生态产品、调节服务类生态产品、文化服务类生态产品三种类别入手，总结了三类生态产品生产经营开发分别需要的关键技术，并得出各类生态产品所需的关键数字技术并不唯一；总结了打造数字平台帮助生态产品经营开发的步骤和机理；总结了数字技术在生态产品经营开发上的各种应用场景；结合三个典型案例的具体做法，分析了案例中数字经济赋能生态产品经营开发的思路与方法，为今后数字经济如何解决生态产品经营开发难题提供了现实的参考依据。

11.6.2　讨论

根据上述结论，数字技术在生态产品价值实现中发挥了关键作用，不仅提高了生态产品的价值核算和经营效率，还促进了经营开发的精准性。未来，继续深化数字技术在生态产品价值实现中的应用，将进一步推动经济社会的绿色转型和可持续发展，为生态产品经营开发提供更多创新。

在数字经济赋能生态产品经营开发的背景下，本章梳理了一系列关键技术、数字平台和应用场景，但研究仍存在不足之处，以下是几个值得深入探讨的话题：如何更有效地将数字技术与传统生态产品产业相融合，以实现产业链的升级和转型，这涉及到技术适配、人员培训、基础设施建设等多个方面；不同地区和不同规模的企业在获取和应用数字技术方面存在差异，如何缩小这种数字鸿沟，确保所有参与者都能从数字经济中获益；通过数字经济技术打造生态产品标准化与认证，在推动生态产品市场化的过程中，如何建立和完善生态产品的标准化体系和认证机制，以增强消费者对生态产品价值的认可；政府和相关机构应如何制定政策，提供激励措施，以促进数字技术在生态产品经营开发中的应用，这包括财政补贴、税收优惠、研发支持等；鉴于生态产品往往具有区域性特征，如何建立跨区域的合作模式，促进资源共享和优势互补，提升生态产品的市场竞争力；面对快速变化的技术环境，如何持续跟踪和采纳新技术，以保持生态产品经营开发的技术先进性和市场竞争力；本章提供的案例虽然具有启发性，但它们是否具有普适性，在不同地区和不同文化背景下，如何调整和应用这些案例的成功经验值得进一步探讨。

第 12 章　数字技术赋能生态产品质量追溯

12.1　引　　言

随着全球经济的快速发展和消费者对产品质量及安全性的日益关注，产品质量追溯体系成为保障消费者权益、提升企业信誉、推动产业升级的重要一环。生态产品具备独特的环境友好性和可持续发展特性，建立健全生态产品追溯体系，有助于促进生态产品溢价和品牌塑造。

生态产品质量追溯体系覆盖生态产品从生产到消费的全过程，涉及对生态物质产品、调节服务产品和文化服务产品等生态产品的追溯管理。例如，我国自 2003 年起开始探索实施"互联网＋"农产品质量安全追溯体系建设，逐步实现了农产品的源头追溯和流向追踪。通过产品标签信息码的开发、管理、使用、查询等手段，提高了农产品质量安全的透明度和管理效率（杨雅萍等，2020）。

在生态产品追溯体系的建设中，物联网、大数据、人工智能等现代信息技术发挥了重要作用。这些技术能够实现生产、加工、运输、销售等全流程数据的实时采集、传输和分析，为追溯提供了坚实的技术支撑。例如，通过物联网技术，可以实现对农产品生产环境的实时监测和数据采集；通过大数据技术，可以对海量数据进行挖掘和分析，发现潜在的质量问题和风险；通过人工智能技术，可以实现对追溯信息的智能化处理和决策支持（张羽，2023；黄燕等，2023）。当前，学界对典型生态产品（如有机农产品、森林产品、渔业产品等）质量追溯的实践进行了研究（栾晓梅等，2024；王化宏等，2024；周文英，2022），验证了生态产品质量追溯技术的可行性，探讨了生态产品质量追溯系统对消费者信任的影响。相关研究显示，透明的追溯系统能够显著提升消费者对生态产品的信心，促进了生态产品价值溢价，推动生态产品市场需求的增长（胡雯等，2024）。

为探讨数字技术在生态产品质量追溯的应用实践，本章节在详细介绍数字孪生、区块链、机器学习以及数字脱敏等关键技术，在生态产品质量追溯中的应用场景、优势特点以及具体实现路径基础上，明确生态产品质量追溯数字平台架构，总结了数字技术赋能生态产品质量追溯在生态环境导向开发项目（EOD）、生态司法和生态农产品质量追溯三个具体的应用场景；结合六盘水生态产品质量追溯体系、招贤五彩现代农业农产品质量追溯体系、云南省区块链普洱茶追溯平台体系等具体案例，分析了数字技术在不同地点不同行业中关于产品质量追溯的应用，有助于进一步发挥数字经济在提升生态产品供给质量、增强市场竞争力、推动产业升级等方面的积极作用，为生态产品质量追溯领域的发展提供了有益的参考和借鉴。

12.2　关键技术

12.2.1　数字孪生技术

（1）发展背景。2002 年，迈克尔·格里夫（Michael Grieves）教授首次提出"镜像空间模型"，这成为数字孪生概念的起源（Grieves，2011）。从 20 世纪 80 年代开始的模型仿真驱动阶段，到 21 世纪初物联网技术的融入，再到 2010 年后多技术融合驱动阶段，尤其是随着物联网、BIM、GIS、大数据、AI 等技术的成熟和普及，数字孪生技术逐渐从单一场景应用到智慧城市、智能制造等多领域扩展，实现了从模型到感知、位置、交互的全面融合，为复杂系统的全生命周期管理提供了强大的技术支撑。

自约翰·维克斯（John Vickers）和迈克尔·格里夫（Michael Grieves）提出数字孪生以来，学术界从产品设计、制造到全生命周期管理等角度对数字孪生进行了定义，但由于制造系统涉及物理对象的多样性，因此很难给出数字孪生的具体定义。对于不同的物理对象，例如工件、制造设备、工厂和员工，需要匹配不同的数字孪生模型，以配合特定的结构、功能需求和建模策略。参考多篇文献以及考虑本土化的因素，本章以陶飞教授于

2018 年提出的概念作为数字孪生技术的定义，即：数字孪生是产品全生命周期（PLM）的一个组成部分，利用产品生命周期中的物理数据、虚拟数据和交互数据对产品进行实时映射（陶飞等，2018）。

（2）数字孪生技术基本原理。数字孪生技术的实现操作是一个涉及多个环节和技术的过程（见图 12 - 1）。数字孪生技术首先需要采集实际系统的各种数据信息，包括物理过程变量、环境参数、运行状态等，它们构成了数字孪生模型的基础。采集到的原始数据需要进行一系列的处理，包括数据清洗、数据存储、数据处理和数据分析等。在数据处理的基础上，数字孪生技术需要建立一个量化的模型，用于描述物理过程的特点和规律。这个模型可以是基于物理学、化学、工程学等学科的原理构建的，也可以是基于机器学习、人工智能等技术的预测模型。模型构建的过程中，需要充分考虑实际系统的复杂性和不确定性，确保模型的准确性和可靠性。使用仿真软件，根据构建好的数字孪生模型进行仿真实验。通过输入不同的参数和条件，模拟实际系统的运行过程，观察和分析系统的响应和性能。仿真执行可以帮助预测和优化实际系统的运行效果，发现潜在的问题和风险，提前制定应对措施。根据仿真实验的结果，对实际系统进行优化和调整。通过调整系统参数、改进设计或采取其他措施，提高系统的性能、降低成本或改善用户体验等。同时，将优化后的实际系统数据反馈到数字孪生模型中，进行模型的更新和迭代，使模型更加准确地反映实际系统的状态和行为。数字孪生技术还可以实现实时监控和预测功能。通过实时采集实际系统的数据，并与数字孪生模型进行同步更新，可以实时监控系统的运行状态和性能。同时，利用数字孪生模型，预测系统的未来状态和趋势，为决策提供有力支持。

综上所述，数字孪生技术的实现操作是一个涉及数据采集、数据处理、模型构建、仿真执行、优化与反馈以及实时监控与预测等多个环节的过程。通过这个过程，可以实现对实际系统的精准控制和优化，提高系统的性能和效率。

（3）数字孪生在生态产品质量追溯中的应用。在当前的制造业和服务业中，产品质量追溯已成为企业确保产品质量、满足法规要求、提升消费者信心的重要手段。然而，传统的产品质量追溯体系往往面临着信息记录不完整、追溯效率低下、数据准确性不足等问题。这导致在产品质量问题

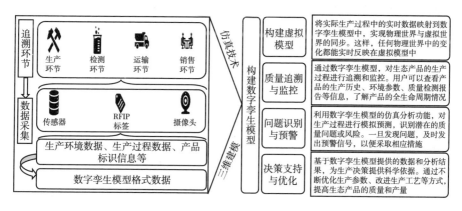

图 12 - 1　数字孪生技术质量追溯流程

出现时，企业难以迅速定位问题源头，从而影响了问题的解决效率和企业的声誉（胡才旺等，2023）。

传统产品质量追溯体系在实际操作中往往显得力不从心，主要不足体现在信息记录的不完整性和追溯流程的烦琐低效。由于缺乏全面的数据记录与实时更新的能力，企业在面临产品质量问题时难以迅速并准确地定位问题源头，这不仅影响了解决问题的效率，还可能导致企业声誉受损。因此，传统的追溯体系已无法满足现代制造业对高效、精准、全面追溯的需求。

数字孪生技术驱动的产品质量追溯具有显著优势，它能够实现产品全生命周期的实时、精准数据记录与追溯，通过虚拟模型与物理实体的双向映射，快速定位问题源头，优化决策过程，提升产品质量和消费者信任，为企业带来更高的市场竞争力（郭亮等，2020）。目前，关于数字孪生技术在产品质量追溯中的应用研究已涉及各行各业各领域。

武颖等（2019）搭建复杂产品装配过程质量管控平台，通过构建物理车间、虚拟车间和车间生产管理系统协同工作的质量管控数字孪生模型，实现了装配过程质量数据的采集、分析与反馈，在此基础上利用 Markov 方法预测质量数据的未来状态。孙惠斌等（2019）利用数字孪生技术在刀具质量检测、寿命预测等方面做了更加精细快速的测量，帮助用户适时适当地做出刀具购买及更换决策。戈哈等（2020）利用数字孪生技术建立产品孪生模型，能够在检测产品表面质量是否符合要求的同时不对实际产品产生损害。胡兴等（2021）构建复杂产品装配过程管控的数字孪生模型，实现了对复杂产品装配过程中小样本量质量数据的实时预测与分析。张佳朋等（2021）提出一种基于数字孪生的航天器装配质量在线监控与预测方法。黄俊波等（2020）构建的数字孪生数据模型能够创造一种连接生产全过程的全方位接口，带领质量监督者进入到数字化的产品开发和生产一线，从源头保证产品质量监督。刘然等（2022）利用数字孪生技术分析产品制造过程中质量数据实时采集、质量监测、动态分析、质量预测及智能控制方面的优势，以提升产品制造质量。郝博等（2021）依托数字孪生技术，通过研究分析历史数据来优化预测下一步的装配质量控制方案。

通过上述分析可知，数字孪生技术在各行各业产品质量追溯中的应用主要体现在其能够实时采集、整合和分析产品全生命周期的数据，通过构建虚拟的数字模型来映射实际产品的状态和行为。这种技术使得企业能够实时监控产品的生产、流通和使用过程，及时发现潜在问题，实现精准的质量追溯。在制造业、医疗、城市规划、能源、建筑与房地产以及农业等多个领域，数字孪生技术都展现出了强大的应用潜力，不仅提高了产品质量和可靠性，也优化了生产和运营效率，为企业和社会带来了显著的经济效益和社会效益。

12.2.2　区块链技术

（1）发展背景。区块链技术起源于比特币（Bitcoin），最初由中本聪（Satoshi Nakamoto）于2008年提出，并作为比特币的底层技术。具体而言，区块链就是一种按照时间顺序将数据区块进行有序连接组合的链路式数据库结构，并结合分布式存储、加密技术及共识机制等技术，保证上链的数据不可伪造、不可篡改的分布式账本。从诞生初期的比特币网络开始，区块链逐渐演化为一项全球性技术，吸引了全球的关注和投资。

区块链技术的发展历程是一段由技术探索到广泛应用的演进过程。自2008年比特币白皮书提出以来，区块链技术作为其底层技术开始逐步进入公众视野。起初，区块链主要作为比特币等加密货币的交易账本，实现了去中心化、安全可靠的交易。随着技术的不断成熟和演进，区块链逐渐展现出其独特的价值和潜力，吸引了全球范围内的关注和探索。近年来，区块链技术已经扩展至金融、供应链管理、物联网、智能合约等多个领域，并逐渐成为推动数字化转型和商业模式创新的重要力量。如今，区块链技术正处于快速发展的阶段，其去中心化、不可篡改、透明公开等特性，正在为解决信任问题、提高效率、降低成本等方面带来革命性的变化。

（2）区块链技术基本原理。区块链技术的实现操作主要可以分为以下几个关键步骤，每个区块由特定的数据结构组成，通常包含区块头（header）和区块体（body）两部分。①区块头包含区块的元数据，如时间戳、前一区块的哈希值（PrevHash）、当前区块的哈希值（Hash）等。②区块体则包含一定时间段内产生的交易记录。当前所有者利用私钥对前一次交易和下一位所有者签署一个数字签名，并将这个签名附加在这枚数字货币的末尾，制作成交易单。一笔新交易产生时，会先被广播到区块链网络中的其他参与节点。交易单被广播至全网，每个节点会将数笔未验证的交易哈希（Hash）值收集到区块中。每个节点通过工作量证明（PoW）等共识机制来争夺创建新区块的权力，并验证交易的有效性。当一个节点找到解时，它会向全网广播该区块记录的所有时间戳的交易，并由全网其他节点核对。其他节点会确认这个区块所包含的交易是否有效，如未被重复花费且具有有效数字签名后，接受该区块。验证通过的区块会被添加到区块链的末尾，与前一个区块通过哈希值连接起来，形成一个完整的链条。每个区块的哈希值都是由该区块的数据和前一个区块的哈希值计算得出的，确保了区块链的不可篡改性。区块链使用不同的共识机制来确保所有节点在数据上达成一致，如工作量证明（PoW）、权益证明（PoS）等。这些共识机制使得区块链能够在去中心化的环境中安全、可靠地运行。区块链使用公钥和私钥的加密技术来确保交易的安全性和匿名性。公钥用于接收数字货币，而私钥则用于签名交易和证明所有权（见图 12-2）。

总结来说，区块链技术通过特定的数据结构（区块）、交易生成与验证、区块链接以及共识机制等步骤，实现了去中心化、不可篡改、安全可靠的分布式账本。这种技术为数字货币、供应链管理、智能合约等领域提供了全新的解决方案。

（3）区块链技术在生态产品质量追溯中的应用。区块链的每个数据块都包含了前一个数据块的哈希值，这种链式数据结构确保了数据的完整性和真实性。任何试图篡改数据的行为都会因为哈希值的不匹配而被迅速检测出来，从而保证了产品质量追溯信息的真实性。比如丁庆洋等（2017）

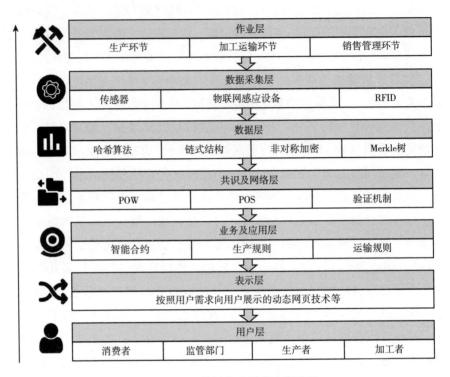

图 12－2　区块链技术质量追溯流程

利用区块链不可篡改的特性以及结合物联网技术，来确保信息客观、公正、动态地传输到电商平台产品信息区块链，实现对产品性状等信息的实时跟踪记录和解决产品防伪问题。陶启等（2018）利用区块链技术，建立去中心化、低成本高效率、信息可靠的执行环境，构建从农田到餐桌的大米全产业链质量全息数据库。

区块链技术可以实现供应链的透明管理，将每一笔交易都记录在区块中，并且形成链式结构，确保每一环节的可视性。生产商、供应商和消费者都可以通过区块链网络查找到产品的前一环节和后一环节，提高供应链的可追溯性和可管理性。这种透明化的管理方式可以降低供应链中的信息不对称和欺诈行为，提高整个供应链的效率（郭上铜等，2021）。比如柳祺祺等（2019）构建基于区块链的溯源系统，能够促进产品数据的统一性和有效性，明确责任主体，降低追溯成本，从源头遏制假货。同时借助区块链中的联盟链技术，吸引更多的农产品生产方、流通方和消费方加入本溯源系统。孙传恒等（2022）利用区块链技术设计溯源数据存储模型，保障溯源数据的可得性和加密性。

区块链技术可以实现产品从生产到销售的全程透明化追溯。通过为产品贴上二维码或 RFID 标签，可以追踪产品从原材料采购、生产加工、物流运输到最终销售的全过程。消费者可以通过扫描标签上的二维码，迅速获取到产品的详细信息，如生产地、生产时间、物流轨迹等，从而确保产品的安全和质量。张等（2021）通过将 IDCode 编码规则与其开发的彩色二维码技术结合，设计了基于二维码技术的产品溯源方法。

12.2.3　机器学习技术

（1）发展背景。机器学习技术的演进过程历经了从概念萌芽到实际应用，再到深度学习与大数据驱动的飞跃。早期，机器学习作为人工智能的一个分支，主要依赖于符号主义学习，通过规则与逻辑来表示知识。随着研究的深入，统计学习开始崭露头角，通过决策树、支持向量机等算法，机器学习开始从知识驱动向数据驱动转变。进入 21 世纪，深度学习技术的兴起为机器学习带来了革命性的突破。受益于计算能力的提升和海量数据的支持，深度学习算法能够自动从数据中提取特征，并进行层次化的学习和推理。如今，机器学习技术已经广泛应用于图像识别、自然语言处理、推荐系统等领域，成为推动人工智能发展的重要动力。其发展历程不仅体现了人类对智能本质的深入探索，也展示了科技进步对社会发展的巨大推动作用。

（2）机器学习原理。机器学习技术的原理是通过收集大量数据，经过预处理和特征提取，利用算法训练出能够自动进行预测或决策的模型，并通过评估和优化不断提升模型的性能。这种技术使得机器能够从数据中学习并改进自身的性能，以适应不同的任务和环境。

机器学习依赖于大量的数据来进行学习和分析。数据可以来自各种来源，如传感器、日志、数据库、文本和图像等。数据通常需要经过预处理和清理，以去除噪声、填补缺失值、归一化或标准化等。从原始数据中提取出来的有用信息就是特征，它用于预测或分类。例如，在图像分类问题中，特征可能是像素的颜色或形状。使用机器学习算法根据数据集中提供的特征进行训练，以建立模型。模型可以是分类器、回归器、聚类器等。

训练过程中，机器学习算法会根据给定的输入数据和对应的输出标签进行学习，不断调整模型的参数和结构，以提高对输入数据的理解和预测能力。模型的性能通常通过指标来衡量，如准确率、精确率、召回率和F1值等。这些指标帮助评估模型的质量和效果。一旦模型经过训练和评估，并达到预期的性能水平，它可以被部署并应用于新的数据集进行预测。模型的部署可以采用各种形式，如API、应用程序、实时流等。部署后的模型能够接收新的、未见过的数据，并根据之前训练得到的模式和规律进行预测或决策。

（3）机器学习技术在生态产品质量追溯中的应用。机器学习技术应用于产品质量追溯过程中主要体现在以下几个方面：

数据收集和准备：提高产品质量的第一步是收集和准备数据。在制造过程中，可以通过传感器和监控设备收集大量的实时数据，包括温度、湿度、压力等参数。此外，还可以利用图像识别和语音识别技术获取更多的相关数据。收集到的数据需要进行清洗和整理，以确保其质量和准确性。

异常检测与预测：借助机器学习技术，可以对产品制造过程中的异常情况进行检测和预测。通过监测传感器数据，可以建立机器学习模型来识别潜在的故障或异常状态，并及时采取措施进行修复或调整。这种实时的异常检测有助于降低生产线上的缺陷率，提高产品质量。

缺陷分析与改进：当产品出现质量问题时，机器学习技术可以帮助企业进行缺陷分析和改进。通过分析产品质量数据和生产过程数据，找出导致质量问题的根本原因，并针对性地采取改进措施。机器学习模型可以挖掘隐藏在庞大数据背后的模式和规律，为质量改进提供有力支持。

质量预测与优化：机器学习技术还可以用于产品质量的预测和优化。通过分析历史数据和市场反馈，可以建立预测模型来估计产品在特定条件下的质量表现。这有助于企业提前发现潜在的质量问题，及时调整生产工艺和参数，以提供更加稳定和一致的产品质量。

智能维修与保养：机器学习技术还可以应用于产品的智能维修和保养。通过监测传感器数据和分析设备状态，可以实现对产品进行远程诊断和预测性维护。这有助于提高产品的可靠性和可用性，减少停机时间和维修成本（见图12-3）。

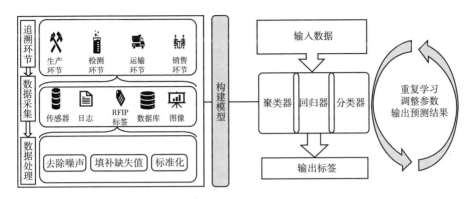

图 12-3　机器学习技术质量追溯流程

12.2.4　数字脱敏技术

（1）发展背景。数字脱敏技术的发展历程可概括为从早期的基于加密算法的数据脱敏，到数据替换脱敏、泛化与抽样脱敏，再到基于机器学习和深度学习的先进数据脱敏算法的提出。其概念在于通过对某些敏感信息应用特定的脱敏规则进行数据的变形处理，从而在不降低数据安全性的前提下，实现对敏感数据的保护。

随着技术的进步，各种基于机器学习和深度学习的先进数据脱敏算法被提出，这些算法通过对数据进行深度分析和学习，从而更好地保护敏感信息，并保持数据的实用性。此外，随着隐私保护意识的增强，各国出台了一系列数据保护法律法规，对数据脱敏提出了更高的要求和规范，进一步推动了数字脱敏技术的发展。

（2）数字脱敏技术原理。数字脱敏技术的原理主要基于对敏感数据的变形处理，以保护隐私数据等信息的安全。数字脱敏技术通过特定的脱敏算法，对敏感数据进行遮蔽、变形或替换，从而降低其敏感级别，使脱敏后的数据可以在安全的环境中使用，同时满足业务需要。

遮蔽与变形是数字脱敏技术的基本手段。通过对敏感数据进行遮蔽（如部分隐藏或完全隐藏）或变形（如替换为伪造的、但格式上相似的数据），使原始数据失去其真实含义，但仍保持一定的可读性，以便在测试、开发等环境中使用。替换是一种常用的脱敏方法。它通过将敏感数据替换为其他非敏感数据或占位符，以达到保护隐私的目的。替换可以是完全替换（如将真实姓名替换为"张三"），也可以是部分替换（如将手机号码的几位数字替换为星号）。泛化是将数据中的详细信息替换为更一般的信息，例如将具体的出生日期替换为年龄范围。抽样则是从大量数据中选取部分数据进行脱敏处理，以减少需要保护的数据量。

数字脱敏分为静态脱敏和动态脱敏两种。①静态脱敏适用于将数据抽取出生产环境后，在测试、开发、培训等场景中分发使用。它通过将数据抽取进行脱敏处理后，下发至脱敏库，供相关人员取用。静态脱敏可以概括为数据的"搬移并仿真替换"。②动态脱敏主要用于不脱离生产环境，对敏感数据的查询和调用结果进行实时脱敏。它通过将生产库返回的数据进行实时脱敏处理，使应用只能看到脱敏后的数据，从而保护生产数据的安全性。动态脱敏可以概括为"边脱敏，边使用"。

（3）数字脱敏技术在生态产品质量追溯中的应用。与上述关键技术不同，数据脱敏的应用不直接涉及产品本身的质量追溯，它作为一种数据库安全技术，旨在通过特定的脱敏规则对敏感信息进行变形处理，以保护敏感隐私数据的可靠性。这种技术允许在开发、测试和其他非生产环境以及外包环境中安全地使用脱敏后的真实数据集。在处理与产品质量相关的敏感数据时，数据脱敏技术可以提供有效的数据保护措施。数据脱敏在产品质量溯源领域的应用主要体现在保护供应链信息、处理客户隐私数据、保障数据合规性、提供有限的数据访问以及支持数据分析等方面。这些应用可以帮助企业在保护数据隐私的同时，实现产品质量的有效溯源和管理。

在产品质量溯源过程中，供应链信息是非常关键的，包括原材料供应商、生产商、分销商等。这些信息中可能包含敏感的商业数据，如合同价格、供应商联系信息等。数据脱敏技术可以应用于这些敏感信息，通过变形处理来保护其隐私，同时允许在溯源过程中使用脱敏后的数据进行查询和分析。

在产品质量问题反馈或召回过程中，可能需要收集和处理客户的个人信息，如姓名、联系方式、购买记录等。通过数据脱敏，可以将这些敏感信息进行匿名化处理，保护客户隐私，同时满足产品溯源的需求。

随着数据保护法规的日益严格，如欧盟的 GDPR（通用数据保护条例），企业需要确保在处理客户数据时遵守相关法规。数据脱敏可以帮助企业在处理与产品质量相关的数据时，满足合规性要求，避免因数据泄露或滥用而引发的法律风险。

在产品溯源过程中，不同的人员或部门可能需要访问不同的数据级别。例如，一线员工可能只需要查看基本的生产信息；而高级管理人员可能需要查看更详细的数据。通过数据脱敏，可以根据不同的访问权限，提供不同级别的数据访问，确保数据的安全性和可追溯性。

在产品质量溯源过程中，数据分析是至关重要的。通过对数据的统计分析，可以发现潜在的质量问题、识别影响质量的因素等。数据脱敏可以在保证数据隐私的前提下，提供脱敏后的数据用于分析。这样既可以保护客户隐私，又可以支持产品质量溯源的数据分析需求（见图 12 - 4）。

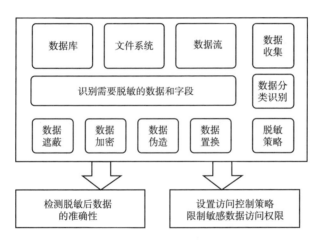

图 12 - 4　数字脱敏技术质量追溯流程

12.3　数字平台

搭建产品质量追溯平台是一个综合应用多种数字技术的过程，旨在实现对产品全生命周期的精准追溯，提供质量保障。不仅能够显著提升消费者对产品的信任度和满意度，还能强化企业自身的质量管理能力，满足市场需求和政府监管的要求，同时助力企业品牌建设和行业的规范化发展。通过构建产品质量追溯平台，企业可以实现对产品从生产、加工、流通到销售全流程的信息记录与追踪，使每个环节的质量信息都可查询、可溯源。这种透明度有助于快速发现和应对潜在的质量问题，降低产品召回风险和企业的经营风险。追溯平台的建设有助于企业提高内部管理效率，增强对供应链的控制，确保产品质量的稳定性和一致性，同时能够满足消费者对产品质量和安全的知情权。

在搭建平台的过程中首先要制定明确的建设目标和标准，系统化地采集和管理从原材料采购、生产加工到销售的全流程数据，同时采用区块链等新兴技术保障数据的安全性和不可篡改性，开发易于操作和查询的追溯系统并进行市场推广，结合智能化监控手段进行数据分析和应用反馈，持续进行系统优化，确保平台的长期高效运作和适应性的提升。通过这些措施，追溯平台不仅可以为企业提供决策支持，还能推动整个行业的透明化和标准化发展。下面以国家农产品质量追溯信息管理平台为例，阐述追溯平台的基本架构。

12.3.1 平台架构

国家农产品质量追溯平台主要包括四大模块，即监管系统、监测系统以及执法系统、追溯系统[①]。

（1）监管系统。国家监管平台为各级监管机构提供基地巡查和任务发布信息化等管理手段。监管系统工作流程主要分为三大类。一是任务发布与接收，部级监管机构通过国家追溯平台发布基地巡查、风险监测（例行监测、专项监测）、监督抽查等任务和通知公告。各级监管机构通过平台接收任务，并分配给下级机构或监管人员。二是基地巡查，监管人员使用移动专用 App 扫描农产品生产经营者电子身份标识，查看主体信息。采集录入监管信息，实现监管信息与主体注册信息关联。如发现问题，通过平台移交执法机构处理。三是数据汇总与分析，各级监管机构通过平台查看工作执行情况，进行数据汇总和分析。利用 GIS 技术，在地图上查看主体信息、农产品生产情况、农产品流向情况等信息，掌握区域农产品质量安全整体情况。

（2）监测系统。国家追溯平台为各级检测机构提供风险监测（例行监

---

① 农业农村部. 农业农村部关于全面推广应用国家农产品质量安全追溯管理信息平台的通知 [EB/OL]. (2018 - 10 - 11) [2024 - 08 - 20]. http：//www. jgj. moa. gov. cn/zsgl/201904/t20190418_6186148. htm.

测、专项监测）和监督抽查信息化管理手段。监测系统工作流程分为两方面。一是任务接收与抽样，检测机构接收风险监测（例行监测、专项监测）和监督抽查任务。抽样人员使用移动专用 App 扫描产品追溯码，自动获取样品信息，填写抽样信息。如样品未加施追溯码，则手动录入产品信息。二是实验室检测，检测人员在实验室检测时，使用国家追溯平台录入检测结果。开展数据汇总分析，并将结果上报至任务下发机构。

（3）执法系统。国家追溯平台为各级执法机构提供执法信息化管理手段。一是执法系统工作流程包括任务接收与开展两部分，执法机构通过国家追溯平台接收工作任务，开展监督抽查和行政执法工作。使用移动专用 App 扫描农产品生产经营者电子身份标识，查看主体信息，采集录入执法信息。二是问题处理，如发现违法违规行为，通过平台记录并处理，必要时向检测机构提交监督抽查抽样单。

（4）追溯系统。追溯业务是国家追溯平台的重点，支持农产品生产经营者采集生产和流通信息。一是主体注册与账号分配，农产品生产经营者通过国家追溯平台进行在线入网登记申请，填报基础信息。县级监管机构审核通过后，开通农产品生产经营者用户账号和使用权限。二是信息采集与追溯码生成，农产品生产经营者登录平台，采集录入产品信息和批次信息，生成产品追溯码。打印追溯码，并粘贴在农产品包装上。三是流通环节追溯，农产品进入流通环节时，生产经营者通过移动专用 App 扫描下游主体电子身份标识，填写交易信息及相关追溯信息。下游主体收到推送信息后，确认交易并生成新的追溯码（如尚未注册，则由上游主体手动记录信息）。农产品进入批发市场、零售市场或生产加工企业时，选择入市操作，生成并打印入市追溯凭证交给下游主体。四是消费者查询，消费者可通过国家追溯平台或相关渠道扫描追溯码，查询农产品的生产、流通信息，确保农产品质量安全可追溯。具体工作流程如图 12 - 5 所示。

12.3.2　平台应用

数字平台在生态产品质量追溯中的应用主要体现在以下几个方面，一是数据采集与整合。生态产品的质量追溯需要整合来自不同来源的多种数据。这些数据来源包括但不限于生产环境中的传感器数据（如土壤湿度、空气温度、光照强度等）、农作物生长状态的图像数据、农户的手动记录、

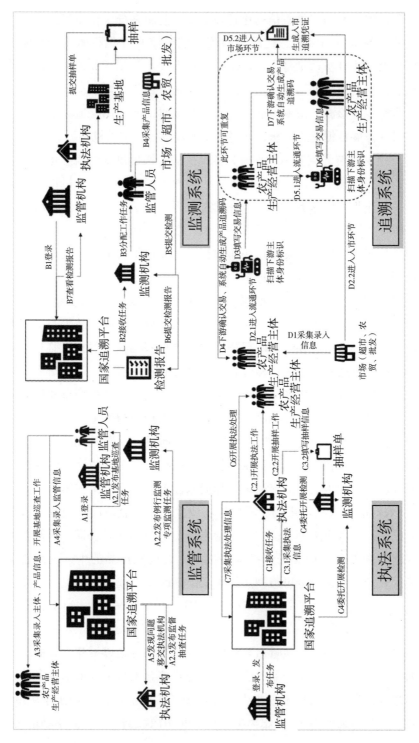

图 12－5　国家农产品质量追溯平台结构

加工厂的生产流水线数据、物流中的温湿度监控数据,以及销售环节中的库存和交易数据。为了确保追溯信息的实时性,数字平台利用物联网(IoT)技术和传感器网络,在产品生产和加工过程中实时采集数据。这些数据能够实时传输至平台,为后续的质量监控和追溯提供最新的数据信息。另外,由于不同数据来源使用的记录方式和格式可能存在差异,数据标准化是确保数据一致性的重要步骤。数字平台能够对整合后的数据进行标准化处理,使其符合统一的格式和规范。标准化后的数据不仅便于存储和管理,也为后续的数据分析和质量追溯提供了可靠的基础。

二是实时追溯监管,保持信息透明化。基于实时采集数据的基础上,每批生态产品在不同环节的质量数据都被详细记录下来,包括生产记录、加工条件、物流速度等。这些数据通过平台的数据库进行管理,形成完整的产品追溯链条。消费者、监管者和相关方可以通过访问平台,追溯到具体产品的整个生命周期信息。实时监控系统能够检测到生产和运输过程中可能出现的异常情况,并立即发出预警。例如,在冷链运输中,如果温度超过了安全阈值,系统会自动触发警报,通知相关人员采取补救措施。这种即时预警机制能够有效防止不合格产品流入市场,保障产品的安全性和质量。实时追溯和监控系统记录的每一条质量信息都可以通过平台公开展示给消费者。消费者可以通过扫描产品的二维码,获取生产、加工、运输等各环节的实时质量信息。这种信息的透明化不仅提升了产品的市场竞争力,也增强了消费者对生态产品的信任。平台还可以提供实时的消费者反馈渠道,消费者在使用产品后可以立即反馈质量问题或提出建议。企业可以根据这些反馈,进一步完善产品质量管理体系,提升消费者满意度。

三是合规性保障与认证支持。在生态产品质量追溯中,合规性保障与认证支持是确保产品符合相关法律法规和行业标准的关键环节。通过这一过程,企业能够有效管理和证明其生态产品在生产、加工、运输等环节中的合规性,并支持获得必要的质量认证,增强产品的市场竞争力和消费者信任。在申请有机、绿色、环保等质量认证时,企业需要提供详尽的产品生产和加工记录。数字平台通过整合多源数据,生成符合认证要求的追溯报告。这些报告包括产品的生产环境、使用的投入品、加工过程中的关键控制点等信息,能够帮助企业顺利通过认证审核。获得认证后,企业需要保持生产和加工过程的持续合规性,以确保认证资格的有效性。数字平台能够在生产过程中持续监控和记录合规性数据，帮助企业及时发现和纠正可能影响认证资格的问题。这样，企业不仅能够通过初次认证，还能够维持长期的认证合规性。数字平台所记录的合规性数据可以直接提供给监管机构，简化监管流程。监管机构可以通过平台远程审查企业的生产记录和认证数据，减少现场检查的频率，同时提高审查的效率和精准度。通过数字平台，市场监督机构能够及时获取产品的追溯信息和认证状态，有效预防和打击伪造认证、虚假宣传等违法行为。平台还可以帮助市场监督机构监控产品的市场流通情况，确保只有符合认证要求的生态产品进入市场流通。

12.4　应用场景

12.4.1　EOD 项目中的产品质量追溯

在 EOD（生态环境导向的开发模式）项目中，产品质量追溯是一个重要的环节，它确保了生态产品的环保性、可持续性和质量可控性。接下来，以安徽省蚌埠市禹会区天河湖生态环境治理与乡村振兴融合发展项目为例，说明产品质量追溯在其中的应用①。

（1）农业生态产品的追溯。在天河湖项目中的生态农业部分，所有农产品都建立了严格的原材料来源追溯体系。通过记录农产品的种植地块、种子来源、农药和化肥使用情况等关键信息，确保农产品的绿色、有机和无污染。消费者可以通过二维码、追溯码等方式查询农产品的完整生产链条信息。生产过程进行实时监控。包括土壤湿度、温度、光照等环境参数的监测，以及农药喷洒、灌溉、施肥等农事活动的记录，确保生产过程符合生态环保要求。

（2）文化旅游产品的追溯。天河湖项目充分挖掘大禹文化、淮河文化等地方特色文化，开发了具有文化内涵的旅游产品。这些产品的设计、制作和包装过程都会遵循生态环保原则，采用可再生、可降解的材料，减少对环境的影响。对于文化旅游产品中的服务环节，如旅游线路规划、导游服

---

① 建投智库中建政研：人民日报点评中建政研咨询团队提供服务的 EOD 项目 [EB/OL].（2024 - 03 - 01）[2024 - 08 - 21]. https://mp. weixin. qq. com/s/J0W5ieM6l6byHwpYMv_OBQ.

务、餐饮住宿等，建立了服务质量追溯体系。通过游客评价、第三方评估等方式，对服务质量进行监督和反馈，确保游客享受到高质量的旅游体验。

（3）环保产品的追溯。在天河湖项目中，引入一些环保技术和产品，如污水处理设备、生态修复材料等。这些产品的质量和效果将直接影响到项目的生态环境治理效果。因此，将对这些产品的技术性能、生产过程和使用效果进行追溯和评估，确保它们符合环保要求和项目需求。对于项目中的环保设施，如污水处理站、生态修复区等，都会建立运行监测和追溯体系。通过定期检测设施的运行状况、处理效果等关键指标，确保设施的正常运行和生态环境的持续改善。

在安徽省蚌埠市禹会区天河湖生态环境治理与乡村振兴融合发展项目中，生态产品质量追溯贯穿于农业生态产品、文化旅游产品和环保产品的全生命周期。通过建立严格的追溯体系和技术手段的应用，确保生态产品的环保性、可持续性和质量可控性，为项目的成功实施和生态环境的持续改善提供了有力保障。

12.4.2　生态农产品质量追溯

生态农产品质量追溯是指运用信息化的方式，跟踪记录生产经营责任主体、生产过程和产品流向等农产品质量安全信息，以满足政府监管、生产过程展示和公众查询需要的管理措施。其重要性在于提升农产品的质量安全水平，保障消费者的健康权益，同时也有助于提升农产品的市场竞争力。

（1）生产环节追溯。农产品生产者会建立农产品生产记录，如实记载农业投入品的名称、来源、用法、用量和使用、停用的日期，以及动物疫病、植物病虫草害的发生和防治情况等。这些信息会被记录在追溯系统中，作为后续追溯的依据。

追溯系统通过信息融合，将每一批次产品根据生产地块（场棚）、生产者、检测者、销售去向等信息生成统一编码，并赋予产品唯一的二维码标识，消费者和监管部门就可以通过扫描二维码来查询农产品的相关信息。

（2）加工环节追溯。在加工过程中，农产品的质量追溯系统将继续记录加工过程的信息，包括加工时间、加工地点、加工人员、加工设备等信息。这些信息对于确保农产品的加工质量和安全至关重要。

（3）流通环节追溯。利用物联网、移动互联网技术，将仓储物流过程实现信息化管理，准确掌握货物从生产、流通到消费者手中的所有信息。这有助于及时发现问题食品，降低食品安全风险。

（4）销售环节追溯。在销售环节，农产品的质量追溯系统通过二维码等方式向消费者提供农产品的相关信息，包括名称、产地、种植日期、批次号、检测时间等。消费者可以通过扫描二维码来查询这些信息，从而放心购买农产品。

通过农产品质量追溯系统，消费者可以了解到农产品的全过程信息，从而增强对农产品的信任度。同时农产品质量追溯系统能够及时发现和解决问题食品，降低食品安全风险。而且农产品质量追溯系统的建立和应用有助于推动农业数字化转型，提升农业生产的智能化水平。

综上所述，产品质量追溯在农产品中的应用是一个复杂而重要的过程，它涵盖了从生产到销售的各个环节，并采用了先进的技术手段来确保农产品的质量、安全和可追溯性。通过这一系统的建立和应用，可以更好地保障消费者的健康权益，提升农产品的市场竞争力，并推动农业的可持续发展。

12.4.3　生态司法中的产品质量追溯

在生态司法领域，产品质量追溯理念发挥着至关重要的作用。这一理念强调通过技术手段和管理措施，实现对产品从生产到消费全过程的追溯，以确保产品的质量安全，维护生态环境稳定，并促进司法公正与效率。在生态司法实践中，产品质量追溯不仅为案件审理提供了关键证据，还促进了环境保护法律的实施，增强了公众对司法公正的信任。

（1）提供确凿证据，助力案件审理。产品质量追溯系统能够详细记录产品生产、加工、运输、销售等各个环节的信息，形成完整的证据链条。在生态司法案件中，这些追溯信息为司法机关提供了确凿的证据，有助于查明事实真相，准确界定责任。例如，在环境污染案件中，通过追溯污染物的来源和流向，可以明确污染行为的主体和程度，为案件审理提供有力支持。

（2）强化法律执行，促进环境保护。产品质量追溯制度的实施，有助于强化环境保护法律的执行力度。一方面，企业为了避免因产品质量问题而面临的法律风险和声誉损失，会更加注重生产过程的环保管理，减少污染物排放和生态破坏行为；另一方面，司法机关在案件审理中，可以依据追溯系统提供的信息，对违法企业进行严厉处罚，形成有效的震慑作用。这种双向作用机制促进了环境保护法律的落实和生态环境的改善。

（3）提升司法公信力，增强公众信任。产品质量追溯系统的公开透明性，有助于提升司法公信力，增强公众对司法公正的信任。公众可以通过查询追溯信息，了解生态产品的真实情况和司法案件的审理过程，从而更加信任司法机关的判决结果。此外，产品质量追溯还促进了企业与消费者之间的信息对称，减少了因信息不对称而产生的信任危机。这种信任的建立，不仅有利于生态产品的销售和推广，还有助于推动整个社会的诚信体系建设。

综上所述，产品质量追溯理念在生态司法中发挥着至关重要的作用。它不仅为案件审理提供了确凿证据，强化了环境保护法律的执行力度，还提升了司法公信力，增强了公众对司法公正的信任。随着技术的不断进步和制度的不断完善，产品质量追溯将在生态司法领域中发挥更加重要的作用。

12.5　典型案例

12.5.1　案例：六盘水生态产品质量追溯体系案例分析①

（1）案例背景。

六盘水市位于中国贵州省西部，是一个典型的资源型城市。该市地处乌蒙山脉腹地，地势多山，气候湿润，生态环境优越。六盘水市因其夏季凉爽的气候而赋有"中国凉都"的美誉。该市拥有丰富的自然资源和优越的生态环境，适宜发展各种生态产品。主要生态产品包括茶叶、中草药、蔬菜和特色水果等。这些生态产品不仅是地方经济的重要组成部分，也是生态环境保护和可持续发展的重要载体。

随着生活水平的提高，消费者对食品安全和产品质量的关注度大幅增加。生态产品因其天然、无污染的特性，成为消费者追捧的对象。然而，市场上存在的假冒伪劣产品影响了供需双方的信任机制，亟须建立完善的

---

① 商品防伪溯源网络服务平台 484：六盘水生态产品质量追溯体系［EB/OL］.（2018 – 05 – 24）［2024 – 08 – 21］. https://mp. weixin. qq. com/s/eRaI6lOkaCPrViwa46wl6Q.

质量追溯体系，以保证产品的真实性和安全性。然而传统的产品质量追溯方式依赖于纸质记录和人工查询，效率低下，易出错，无法满足现代市场的需求。因此，推动数字经济赋能生态农业和建立生态产品质量追溯体系，不仅有助于修复和保护生态环境，还能实现资源的可持续利用。

为加快推进重要产品追溯体系建设，国家层面出台了一系列政策文件，如2015年12月，《国务院办公厅关于加快推进重要产品追溯体系建设的意见》等。2016年12月，贵州省人民政府办公厅发布《贵州省加快推进重要产品追溯体系建设实施方案》，进一步细化了国家政策的实施要求，为六盘水市开展追溯体系建设提供了具体指导。

基于生态产品发展现状以及传统追溯体系无法满足现实需要的情况，六盘水市根据国家和省级政策要求，结合本地实际情况，制定了《六盘水全域生态产品质量可追溯体系建设方案》，明确了建设目标、任务、措施和时间表，为开展追溯体系建设提供了明确的方向和依据。

（2）体系建构。

①体系概述。六盘水全域生态产品质量可追溯体系，是基于互联网及移动互联、地理位置服务（LBS）、图形码及数字码、数字加密认证、大数据、云计算等多项先进技术构建的多功能网络平台，对体系内的企业和产品提供全面的质量及市场监管（见图12-6）。

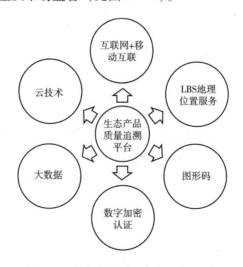

图 12-6 六盘水全域生态产品质量可追溯体系

②平台架构（见图 12 - 7）。

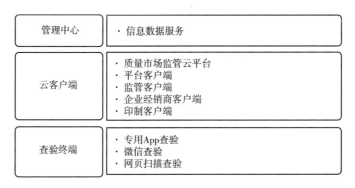

管理中心	· 信息数据服务
云客户端	· 质量市场监管云平台 · 平台客户端 · 监管客户端 · 企业经销商客户端 · 印制客户端
查验终端	· 专用App查验 · 微信查验 · 网页扫描查验

图 12 - 7　平台架构

a. 云服务平台及管理中心：云服务平台搭建在网络中心机房，通过公共网络为平台查验终端、工作站客户端，提供相应的信息数据服务。

b. 云客户端：政府监管机构、企业以安装相应客户端软件的电脑为平台工作站，随时联网监管产品质量及市场，获取相应的数据信息、对企业和产品进行监管。平台专用标识的印制机构，也可通过其工作站客户端处理标识印制业务。

c. 平台查验终端：政府监管人员或消费者，通过安装微信或专用 App 的手机等智能终端，扫描产品上的二维码标识，即可查验产品的溯源信息、鉴别真伪，并获取产品相关的信息服务。

（3）主要成效。

①强化生态产品安全监管与质量控制。该追溯体系有效整合了从生态产品源头到消费终端的全链条信息，实现了对生产流程、质量标准的全面监控与精准追溯。此举显著提升了产品安全性的监管效率与精确度，确保了生态产品符合既定的质量与安全标准，进而提高了市场流通中产品的整体质量安全水平。通过强化源头追溯与过程控制，该体系有效降低了质量风险，增强了公众对生态产品质量的信任度。

②促进生态产品市场竞争力提升。追溯体系通过提供详尽、透明的产品信息，助力六盘水市生态产品品牌形象的塑造与推广。消费者能够便捷地获取产品的完整生命周期数据，包括原料来源、生产工艺、质量检测报告等，从而增强购买信心与忠诚度。同时，该体系还为企业提供了市场反

馈与需求分析的渠道，有助于企业精准定位市场，优化产品结构，拓展销售渠道，进一步提升生态产品的市场竞争力。

③驱动农业与食品产业转型升级。六盘水市生态产品质量追溯体系的实施，深刻影响了当地农业与食品产业的发展路径。通过推动农业生产向绿色、优质、特色方向转变，该体系促进了农业产业结构的优化升级。企业在追溯体系的引导下，更加注重产品的品质提升与品牌打造，逐步摆脱传统的低价竞争模式，向高质量发展迈进。此外，追溯体系还促进了农产品加工、物流、销售等环节的协同发展，构建了更加完善的产业生态体系。

④保障消费者权益与维权便利。生态产品质量追溯体系为消费者提供了强有力的权益保障。通过扫描产品上的追溯码，消费者能够轻松获取产品的详细信息与来源，确保自身知情权得到充分保障。在发生质量纠纷时，消费者能够迅速找到问题源头，依托追溯体系提供的证据链进行维权，有效降低了维权成本与难度。

⑤推动社会共治格局的形成。六盘水市生态产品质量追溯体系的成功实施，还促进了政府、企业、消费者及社会组织等多方力量的协同合作，共同参与生态产品质量安全的监管工作。这种社会共治格局的形成，不仅增强了监管的覆盖面与力度，还提升了公众的食品安全意识与参与度，为构建更加安全、健康的食品消费环境奠定了坚实基础。

（4）案例总结。

六盘水市作为中国贵州省的一个重要城市，利用其得天独厚的自然资源和生态环境，积极发展生态农业，并专注于打造高质量的生态产品。为了保障这些生态产品的质量和安全，提升市场竞争力，并满足消费者对食品安全和产品质量日益增长的需求，六盘水市建立了一个全域生态产品质量可追溯体系。

该追溯体系基于多项先进技术，包括互联网、移动互联、地理位置服务等，构建了一个多功能网络平台，对体系内的企业和产品进行全面的质量及市场监管。这个平台不仅具备质量追溯、防伪打假、市场监管等传统功能，还引入了大数据分析、精准广告推广等创新功能，为政府、企业和消费者提供了一个全方位、高效率的服务体系。

通过实施这个追溯体系，六盘水市生态产品的整体质量得到了提高，假冒伪劣产品得到了有效遏制，市场秩序得到了进一步规范。同时，该体系也为政府和企业提供了科学的决策依据，改善了管理，降低了风险。对于消费者而言，他们可以通过扫描产品上的二维码，轻松查验产品的溯源信息，鉴别真伪，并获取产品相关的信息服务，这极大地增强了消费者的购买信心和满意度。

六盘水市生态产品质量追溯体系的成功实施，不仅推动了当地生态农业的持续发展，也提升了生态产品的市场竞争力，为六盘水市的经济发展注入了新的活力。这个案例也为其他地区建立类似的产品质量追溯体系提供了有益的参考和借鉴。

12.5.2　案例：招贤五彩现代农业的农产品质量安全追溯体系①

（1）案例背景。

招贤五彩现代农业开发有限公司成立于 2017 年 11 月，注册资本 1 亿元，现有职工 336 人，规划面积 2 万亩，位于山东省日照市，是近三年来新崛起的高端设施农业生产企业。主要从事农业项目开发，农业技术研发、花卉、苗木、农作物种植销售、园林绿化、休闲采摘、农产品初加工销售等。投资 2.4 亿元，建有 9 公顷荷兰标准智能化连栋玻璃温室、37 个高标准冬暖式大棚，生产番茄、黄瓜、茄子、辣椒等各类蔬菜，形成周年蔬菜种植生产基地；第二栋 8 公顷智能化玻璃温室即将动工；建有精品苗木展示区 430 亩，形成效益叠加，实现优势互补、协调发展的生态农业生产模式；建有 3 个专业气调库，发展冷链物流来调整和促进园区蔬菜产业的发展。

2019 年 5 月，公司主动引入使用山东省农产品质量安全追溯平台，实现了国家、省、市、县、基地数据互联互通。通过扫描追溯码，可以详细了解作物从种植准备、培育、定植、生长到收获、采后处理等生产全过程，使得每个产品拥有自己的"身份证"，做到了生产有记录、信息可查

---

①　山东农业信息网．山东：实施合格证制度　加强信息化管理［EB/OL］．（2020 - 08 - 06）［2024 - 08 - 21］．http：//www. aqsc. agri. cn/gzjl/xtdt/202008/t20200806_358618. htm.

陕西省农业农村厅．农产品质量安全追溯典型案例——招贤五彩现代农业开发有限公司［EB/OL］．（2022 - 11 - 22）［2024 - 08 - 21］．http：//nynct. shaanxi. gov. cn/jgw/home/index/detail/catId/738/articleId/6948. html.

询、流向可追踪、责任可追究、产品可召回的全程监管，实现了农产品从种植到餐桌的溯源，增强了消费者的信心，提高了五彩优质特色产品品牌影响力。在投产短短两年的时间，已累计打印 232396 张溯源码，销售各类蔬菜 1530 吨。

（2）体系建构。

①体系概述。招贤五彩现代农业的农产品质量安全追溯体系利用山东省农产品质量安全追溯系统，是一个集成化的信息平台，旨在确保农产品从生产到销售的全过程可追溯性和安全性。该系统整合了生产基础信息、生产履历、追溯信息识别与传递、追溯码生成管理及公共查询模块。系统通过统一的追溯编码标准生成二维码标签，详细记录农产品的生产、加工、储运等环节信息，消费者可以通过扫描二维码了解产品的全程信息。该系统还与农业投入品监管追溯系统和农产品质量检测数据监管系统互联互通，增强了数据共享和质量监管能力，确保了农产品质量的全程监督和管理。系统的应用不仅提升了农产品的市场竞争力，还有效保障了消费者的食品安全。

②平台架构。山东省农产品质量安全追溯系统的平台架构设计包括 7 个层级（见图 12 - 8）：

a. 数据采集层：负责从农产品的各个环节（生产、加工、流通、销售）收集数据。主要设备包括传感器、条码/二维码扫描设备、RFID 读写设备等。数据采集主要涵盖生产环境、农事活动记录、投入品使用情况、检验检测结果等。

b. 数据传输层：通过网络通信技术（如物联网、移动通信网络等）将采集到的数据实时传输到数据中心。确保数据传输的及时性和准确性，采用加密和认证机制保障数据安全。

c. 数据处理层：负责对传输来的原始数据进行清洗、整理、存储和分析。使用大数据技术和云计算平台进行数据处理，确保系统能够处理海量数据并提供实时响应。

d. 应用支撑层：包括业务逻辑处理模块、追溯码生成模块、追溯信息管理模块、查询和展示模块等。实现追溯信息的生成、管理和查询，为上层应用提供支撑。

e. 用户应用层：面向不同用户（生产者、监管者、消费者）的应用界面。提供追溯信息录入、审核、查询、展示等功能，消费者可以通过扫描二维码获取产品的详细追溯信息。

f. 数据共享与交换层：实现与其他相关系统（如农业投入品监管系统、农产品质量检测系统）的数据互联互通。通过 API 接口和数据交换标准，实现跨系统的数据共享和协同监管。

g. 安全保障层：提供数据安全、网络安全、系统安全等保障措施。包括数据加密、用户认证、访问控制、日志审计等功能，确保系统运行的安全和可靠。

农产品质量追溯平台架构如图 12-8 所示：

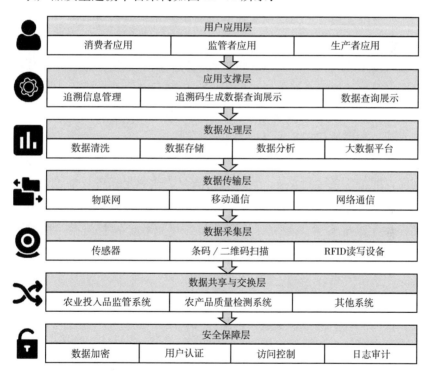

图 12-8　农产品质量追溯平台架构

（3）基本做法。

①健全的组织机构。成立以总经理为组长的质量追溯管理领导小组，配备 21 名农事区域负责人、7 名品控人员、3 名内检人员、2 名检测人员和 2 名追溯系统管理人员，所有人员经专业培训后上岗，并将工作完成情况纳入年终绩效考核，保证了质量追溯管理的独立、有效。

②先进的种植基地。投入资金2.31亿元，搭建9公顷荷兰标准智能化连栋玻璃温室、37个高标准冬暖式大棚，生产番茄、黄瓜、茄子、辣椒等各类蔬菜，按照绿色食品与Global GAP标准，定期进行环境监控和灌溉水检测，引进比利时碧奥特IPM生物防治系统、荷兰Priva硫黄熏蒸系统、补偿式滴箭灌溉系统、精准控制灌溉Ec和PH的施肥系统等从事农业生产，减少了农药化肥的使用量。2020年12月，番茄、樱桃番茄产品获得绿色食品认证。

③规范的生产管理。成功创建山东省田园综合体标准化试点单位，先后通过绿色食品认证、Global GAP（全球良好农业操作认证），与珠海华蓓生态科技有限公司、上海由由农业科技有限公司、德州浩丰智慧农业有限公司共同起草制定《现代智能玻璃温室番茄种植技术标准》行业标准，制定企业内部标准412项。农事区域负责人每天测量、记录作物生长环境的温湿度以及生长情况，对所负责的生产区域进行全时段监管；内检员对各项农事活动以及农业投入品使用等进行现场监督检查。通过高度集约化的管理方式，实现作物生长全过程的质量控制。

④严谨的检验检测。建设专业实验室，制定实验室管理制度和检验检测制度，配备3名检测人员，购置农药残留快速测定仪等仪器设备。在产品采收前7天，由1名检测人员和1名区域种植负责人共同到种植基地进行抽样后，送至实验室检测，检测合格方可采收。发货之前，由检测人员、成品库保管员、销售人员各1名共同对产品再次进行抽检，检测合格后出库销售。

⑤严格的产品流出。建有1座专业蔬菜存放气调库，产品采收后分拣包装，按照品种、规格、重量、包装形式、成熟度不同，分选包装线统计员对产品进行清点登记；入库时，库管员清点登记产品，整托成品两小时入库一次。储存期间，严格执行果品储存标准，每日抽调3名品控部技术人员巡库，检查成品存放环境和存放状态，随时通知库管员调节冷库温度，使其保持适宜状态。库管员根据《库存货架期预警表》，及时向销售部门反馈产品货架期。

⑥完善的追溯系统。全程使用山东省农产品质量安全追溯系统，该系统主要由农产品生产基础信息模块、农产品生产履历管理模块、追溯信息识别与传递子模块、追溯码生成管理模块和追溯信息公共查询五大模块构

成,包含农场日常种植管理、农资管理、种植档案、农事管理、采收管理、收购管理、检验检测、储藏管理、包装管理、运销管理和追溯管理等11个小模块,并按照全省统一的追溯编码标准生成二维码追溯标签,农产品名称、规格重量、生产公司、联系方式、产地信息、采收批次、采收时间、出库时间、农事操作记录、农事操作人员、检测人员、检测批次、检测时间、检测结果及企业信息等所有相关数据都能显示在追溯二维码中,以便把农产品全程呈现给消费者,增强消费者信心。同时,与已建立的农业投入品监管追溯系统、农产品质量检测数据监管系统数据实现数据互联互通。此外,中国商品条码的使用为产品的质量安全追溯提供了双重保障。

⑦精准的产品召回。公司自主研发了"柿一家"微信小程序线上销售产品,自主研发了售后跟踪系统,可以准确追溯到产品入库批次及批发商。一旦产品出现问题,可以根据出入库记录以及售后跟踪系统,确定问题产品的生产批号、生产日期、发货日期、发货数量以及生产区域、种植者,并最终锁定对应的消费者,确保产品精准召回。

(4)主要成效。

①社会效益:增强消费者信心。使用农产品质量安全追溯系统,对农产品生产进行全过程记录,对农产品"田间-市场-餐桌"整个环节进行实时监控,实现了农产品质量安全全程可追溯,既提高了生产主体自律意识、责任意识,又增强了消费者信心。

②经济效益:创造新的收入增长点。首先,降低了生产管理成本。企业从产前、产中、产后形成了一套全面、完善的标准化管理体系,极大地提高了工作效率,降低了人工成本。同时,细化了生产细节,优化了管理流程,降低了日常生产、包装质量及人员管理等成本。其次,提高了产品附加值。通过精准追溯下的规范化管理,提升生产质量、产品质量及包装质量,产品的商品率提高了8%。同时,生产流程、配送流程等各环节时间缩短,延长了产品货架期,货损同比降低了3%。另外,追溯码载明了产品的详细信息,能更好地展示特色和优势,增强市场竞争力,实现更多的市场价值,生产的樱桃番茄价格高出普通樱桃番茄价格一倍多,与追溯码使用前相比,同比上升18%。产品销往北京、上海、广州、江苏、浙江、河南等省份,示范带动了周边农产品生产企业。

③生态效益:实现节水、节能、节地和清洁安全生产。追溯系统的使

用，实现了产品质量全程监管，对于农产品生产提出了更高更严格的要求。公司引进比利时碧奥特 IPM 生物防治系统，监控防治生物危害；采用熊蜂授粉，杜绝了使用激素授粉的危害；利用荷兰 Priva 硫黄熏蒸系统，杀菌消毒；推广无土栽培技术，杜绝了土壤中的微生物污染；利用补偿式滴箭灌溉系统、精准控制灌溉 Ec 和 PH 的施肥系统、营养液回收消毒以及再利用精准水肥循环系统，既确保每棵植株所得到的水肥营养高度一致，又节约水肥，实现了温室内水肥的零排放和零污染，改善了大气、水质、土壤，提升了农产品品质，为农业绿色生态发展起到了积极的推动作用。

12.5.3　案例：云南省区块链普洱茶追溯平台①

（1）案例背景。

云南作为普洱茶的故乡，其独特的地理环境和气候条件赋予了普洱茶独特的风味和品质。然而，随着普洱茶市场的迅速扩大，消费者对于普洱茶的质量安全、真伪辨别以及品质溯源的需求日益迫切。市场上出现了大量假冒伪劣的普洱茶产品，这不仅损害了消费者的利益，也对云南普洱茶的声誉造成了严重影响。

为了应对这一挑战，云南省政府及普洱茶行业相关部门积极探索新的解决方案，旨在建立一个全面、可靠、高效的普洱茶追溯体系。经过深入研究和广泛调研，它们决定利用区块链技术来构建这一追溯平台。区块链技术以其去中心化、不可篡改、透明公开等特性，为普洱茶的质量追溯提供了有力的技术支撑。

因此，云南省区块链普洱茶追溯平台应运而生。该平台的建设旨在通过区块链技术，将普洱茶的生产、加工、仓储、物流、销售等全链条信息进行记录和追溯，为消费者提供真实、可靠、全面的产品信息，同时帮助政府和企业实现对普洱茶市场的有效监管和管理。

在建设该平台的过程中，云南省政府及普洱茶行业相关部门积极与科技企业、研究机构等合作，共同探索区块链技术在普洱茶追溯领域的应用，为平台的顺利运行提供了坚实的技术支持和保障。

---

① 云南网. 区块链追溯平台助推普洱茶品质提升 [EB/OL]. (2021 – 04 – 27) [2024 – 08 – 20]. https：//baijiahao. baidu. com/s?id = 1698147580083496779&wfr = spider&for = pc.

（2）平台架构。

①体系概述。云南省区块链普洱茶追溯平台体系是一个集区块链技术与茶叶生产、流通、消费环节于一体的综合管理平台。该平台通过整合"一门户、三终端"，搭建起"产品质量监管＋销售＋供应链金融服务"的完整体系，并与多个平台实现数据共融互通，形成从茶园到茶杯的全链条信息管理闭环。这一体系不仅确保了普洱茶的品质和安全，还实现了企业诚信生产、消费者信任消费和政府监管服务的联动统一，有效提升了普洱茶的品牌影响力和市场竞争力。

②平台架构。云南省区块链普洱茶追溯平台的架构主要由以下 4 个层级组成（见图 12 – 9）。

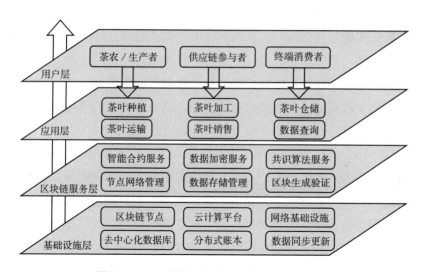

图 12 – 9　云南省区块链普洱茶追溯平台架构

a. 用户层。包括茶农（生产者）、供应链参与者和终端消费者。每个用户可以通过该平台访问相关模块来记录、查看和验证茶叶的生产、加工和流通信息。其中茶农（生产者）负责记录茶叶种植和收获信息，包括地理位置、种植时间、施肥及农药使用等。供应链参与者包括加工厂、仓储公司、物流公司等，记录茶叶的加工、包装、运输等信息。终端消费者可以通过扫描二维码或访问平台查询普洱茶的详细溯源信息，从而验证茶叶的真实性和质量。

b. 应用层。提供了各种功能模块，这些模块与茶叶的生产、加工、仓储、运输和销售各个环节相关联。茶叶种植模块负责记录和管理茶叶种植的信息，如茶园的位置、施肥记录、采摘时间等。茶叶加工模块负责记录茶叶的加工过程，包括发酵、揉捻、干燥等工序，以及相应的工艺参数。茶叶仓储模块负责管理茶叶的仓储信息，包括仓库位置、存储条件、进出库记录等。茶叶运输模块负责记录茶叶的运输过程，包括运输车辆、司机信息、运输路线等。茶叶销售模块负责记录茶叶的销售数据，如销售渠道、批次号、销售价格等。数据查询模块负责为终端消费者和其他用户提供便捷的查询功能，可以查看茶叶的生产和流通过程中的详细数据。

c. 区块链服务层。是平台的核心部分，提供区块链的基础服务功能。智能合约服务用于自动执行和管理茶叶供应链上的合同条款，如生产合约、运输合约等。数据加密服务确保平台上存储和传输的数据是安全和加密的，防止未经授权的访问。共识算法服务保证数据在区块链网络中的一致性和可靠性，防止数据篡改。节点网络管理平台中区块链节点的通信和网络管理，确保区块链网络的稳定运行。数据存储管理区块链中数据的存储，包括链上数据和链下数据的有效管理。区块生成与验证负责区块的生成和交易的验证，确保平台上所有数据的合法性和透明度。

d. 基础设施层。基础设施层为平台的运行提供硬件和软件支持。其中区块链节点部署在不同位置的节点，形成去中心化的区块链网络，确保数据的安全性和不可篡改性。云计算平台提供计算资源和存储资源支持，确保平台能够高效运行和处理大量数据。网络基础设施确保数据在不同节点之间的传输稳定和快速。去中心化数据库存储普洱茶的相关信息，并确保数据的可用性和可靠性。分布式账本用于记录所有交易和事件，确保数据的透明性和可追溯性。同时确保所有节点的数据同步，保持数据的一致性和最新状态。

（3）基本做法。

在构建云南省区块链普洱茶追溯平台的过程中，采取了一系列具体而细致的基本做法，以确保平台的稳定运行和高效追溯。

①制定追溯标准与规范。云南省政府及普洱茶行业相关部门首先制定了详细的普洱茶追溯标准和规范，明确了追溯信息采集、处理、存储和展示等方面的要求。这些标准和规范为平台的建设提供了统一的指导，确保了追溯信息的准确性和一致性。

②建设区块链网络。选择合适的区块链技术，如联盟链或私有链，构建稳定、高效的区块链网络。网络中的节点由普洱茶生产、加工、仓储、物流、销售等各个环节的参与方组成，共同维护区块链的安全和稳定运行。

③开发追溯系统。基于区块链网络，开发专门的普洱茶追溯系统，用于采集、处理和存储普洱茶全链条的追溯信息。系统包括数据采集模块、数据处理模块、数据存储模块和应用展示模块等，支持多种数据格式的输入和输出。

④采集追溯信息。在普洱茶的生产、加工、仓储、物流、销售等各个环节，通过物联网设备、RFID 技术、二维码等手段采集追溯信息。这些信息包括茶叶的品种、产地、生产日期、加工工艺、质量检测报告等关键数据。

⑤信息上链与验证。将采集到的追溯信息经过加密处理后，上传到区块链网络中进行存储。利用区块链的不可篡改特性，确保追溯信息的真实性和可信度。同时，通过智能合约等技术手段，实现对追溯信息的自动验证和更新。

⑥建设追溯查询平台。开发用户友好的追溯查询平台，支持消费者、监管部门和生产企业等多方用户进行查询和验证。用户可以通过扫描二维码、输入产品编号等方式，快速获取普洱茶的追溯信息。

⑦加强监管与培训。建立完善的监管机制，对参与追溯的各个环节进行监督和检查，确保追溯信息的准确性和完整性。同时，加强对参与方的培训和技术支持，提高他们对追溯系统的认知和使用能力。

⑧持续优化与升级。根据平台的实际运行情况和用户反馈，不断对系统进行优化和升级，提高系统的稳定性和追溯效率。同时，积极探索新的技术手段和应用场景，为普洱茶追溯平台的发展注入新的动力。

（4）主要成效。

云南省区块链普洱茶追溯平台自推出以来，取得了显著的主要成效，这些成效不仅体现在对消费者的保障上，还促进了普洱茶产业的健康发展。

①提升消费者信任度。通过平台提供的详细追溯信息，消费者能够清楚地了解普洱茶的生产过程、原材料来源、质量检测报告等关键信息，这极大地增强了消费者对产品的信任。消费者在购买普洱茶时，可以通过扫描产品上的二维码，即刻获取到全面的产品信息，这种透明化的做法有效消除了消费者的疑虑，提升了购买意愿。

②减少假冒伪劣产品。区块链技术的不可篡改性使得任何对追溯信息的修改都会立刻被网络记录并识别，这极大地提高了造假成本，减少了假冒伪劣产品的出现。平台为市场监管部门提供了有效的工具，便于及时发现并处理市场上的不合格或假冒产品，净化了市场环境。

③提升品牌形象与市场竞争力。参与追溯平台的普洱茶企业，通过展示其产品的透明度和质量保证，提升了自身的品牌形象。这种信誉的提升转化为市场竞争力，使得这些企业的产品在市场上更具吸引力，从而增加了销量和市场份额。

④提高产业链协同效率。追溯平台不仅服务于消费者，也促进了产业链上下游企业之间的信息共享和协同工作。生产商、分销商、零售商等各环节能够通过平台快速交换信息，提高供应链管理的效率和响应速度。

⑤增强政府监管能力。政府监管部门通过平台可以实时监控普洱茶的生产和销售情况，及时发现潜在的安全风险。在应对突发事件或质量问题时，政府能够迅速作出反应，保护消费者权益，维护市场秩序。

⑥推动行业标准化。追溯平台的建立推动了普洱茶行业相关标准的制定和完善。企业为了参与平台，需要按照统一的标准进行生产和信息记录，这促进了整个行业的标准化进程。

⑦技术创新与产业升级。区块链技术在普洱茶追溯领域的应用，推动了相关技术的创新和发展。企业为了适应新技术，不断进行技术升级和流程优化，从而提升了整个产业的科技含量和竞争力。

综上所述，云南省区块链普洱茶追溯平台的主要成效体现在消费者信任度提升、假冒伪劣产品减少、品牌形象与市场竞争力提升、产业链协同效率提高、政府监管能力增强、行业标准化推动以及技术创新与产业升级等多个方面。这些成效共同促进了普洱茶产业的健康、可持续发展。

12.6　结论与讨论

12.6.1　结论

在全球经济蓬勃发展的背景下，消费者对产品质量的期望与对安全性的关注持续攀升，这促使产品质量追溯体系成为维护消费者权益、强化企业信誉、促进产业转型升级的关键要素。特别是在生态产品领域，鉴于其独特的环保属性和可持续发展的重要性，构建高效、透明的质量追溯体系显得尤为重要，以确保产品的真实性和品质，满足市场与社会的双重需求。本章全面探讨了数字经济在生态产品质量追溯体系中的应用及其成效，主要从三个方面进行了详细阐述。一是关键技术的集成与应用。数字孪生技术、区块链技术、机器学习技术和数字脱敏技术等关键技术的集成应用，显著提升了生态产品质量追溯的精度和效率。数字孪生技术通过构建虚拟模型实现物理系统与数字世界的实时映射，确保了数据的准确性和可追溯性；区块链技术以其去中心化、不可篡改的特性，增强了供应链的透明度和信任度；机器学习技术在数据处理和分析中的应用，有效提升了异常检测、预测及缺陷分析的能力；而数字脱敏技术则有效保障了数据在共享过程中的隐私安全。二是追溯体系的系统构建。以数字平台为基础，将各式数字技术纳入生态产品质量追溯体系中，各司其职，涵盖了数据采集、存储、处理、隐私保护及用户交互等多个环节，形成了一个完整且闭环的追溯链条。比如利用数字孪生技术实时采集各环节的数据，利用区块链技术保障数据的安全性和可信度，再通过机器学习算法进行深度分析和预测，最终通过数字脱敏技术保护用户隐私，实现了对产品全生命周期的精准追溯。三是产品质量追溯的具体应用及实践案例分析。从产品质量追溯理念在 EOD、生态农产品和生态司法等各项不同领域内的应用，以及六盘水市全域生态产品质量可追溯体系的实施，招贤五彩现代农业的农产品质量追溯体系构建，还有区块链技术在云南普洱茶追溯平台的运用，可以清晰了解到生态产品质量追溯的必要性和可行性。它不仅提升了当地生态产品的整体质量，还有效遏制了假冒伪劣产品的流通，进一步规范了市场秩序。在提升产品质量、保障消费者权益及增强市场竞争力等方面均取得了显著成效。

12.6.2　讨论

在现有生态产品追溯体系建设取得一定成绩的同时，我们也应清醒地认识到其中存在的问题与不足：

（1）数据孤岛现象依然突出：虽然各环节数据已被逐步纳入追溯体

系，但不同部门、不同企业间的数据壁垒仍在一定程度上限制了数据的流通与共享。未来需进一步加强数据标准化建设，打破数据孤岛，实现数据的互联互通。

（2）技术融合与应用需进一步深化：尽管关键技术在追溯体系中发挥了重要作用，但技术间的融合与应用仍有待加强。例如，数字孪生技术与区块链技术的结合可以进一步提升追溯的实时性和可信度；机器学习技术在数据处理和分析中的应用仍需不断优化，以提高其准确性和效率。

（3）法律法规与标准体系尚不完善：随着追溯体系的不断完善和扩展，相关法律法规与标准体系的建设也需同步跟进。未来需加强法律法规的制定与完善，明确追溯体系各环节的权责利关系；同时加强标准体系建设，确保追溯体系的规范性和统一性。

随着数字经济的快速发展和技术的不断进步，生态产品质量追溯体系将迎来更加广阔的发展前景。通过持续深化技术创新、加强数据共享与整合、完善法律法规与标准体系等措施，我们将能够构建出更加高效、精准、可信的生态产品质量追溯体系，为保障产品质量安全、提升消费者信心及推动行业可持续发展提供有力支撑。

第13章　数字经济赋能生态产品保护补偿

13.1　引　　言

在当前高度全球化的世界中，生态保护补偿一直受到国内外广泛关注，如何保障健康良好的生态环境已经成为我国生态文明建设的热点问题之一。党的十八大以来，中央致力于推进生态文明建设，政府在加强生态产品保护方面做出了许多努力。2021年4月，国务院印发的《关于建立健全生态产品价值实现机制的意见》中第十四至十六条明确指出，要建立健全生态产品保护补偿机制；同年9月，国务院印发了《关于深化生态保护补偿制度改革的意见》，旨在分类推进我国生态保护补偿建设工作；2024年4月，国务院正式公布《生态保护补偿条例》（以下简称《条例》），为加强和规范生态保护补偿提供了法律依据。目前，学界对于生态产品保护补偿问题也进行了广泛的探讨。国内学者们围绕生态补偿机制构建（高家军和李亚兰，2024；朱梦洵等，2024）、补偿标准（姚鸿文等，2024）、生态补偿减贫效益（吴娜等，2020）等展开了大量的研究。国际上，生态系统服务付费（payment for ecosystem services，PES）与我国的"生态补偿"概念类似，在理论研究中，学者们在PES内涵解释（Wunder et al.，2008）、项目设计（LongChu et al.，2019）、效益评估（Samii et al.，2014）等方面有丰富的研究成果。

生态产品是人类从自然界获取的生态服务和最终物质产品的总称，既包括清新的空气、洁净的水体、安全的土壤、良好的生态、美丽的自然、整洁的人居，还包含人类通过产业生态化、生态产业化形成的生态标签产品（王金南和刘桂环，2021）。生态产品价值实现的过程就是将被保护的、潜在的生态产品，以政府购买、地区间生态价值交换、生态产品溢价等形式转化成现实的经济价值。生态产品保护补偿是生态产品价值实现的重要方式之一，以生态产品质量和价值为基础，通过对生态产品保护补偿主体、受偿主体、补偿标准、补偿方式、补偿资金和补偿保障等方面进行研究，协同推进生态产品的保护补偿（王金南和刘桂环，2021）。

党的二十大报告强调，要建设数字中国，加快数字经济发展，通过数字经济促进中国式现代化的实现。2023年7月，全国生态环境保护大会强调，要深化人工智能等数字技术的应用，构建美丽中国数字化治理体系，建设绿色智慧的数字生态文明。数字经济作为新一轮产业革命的起点，是推进我国生态产品保护补偿新动力，需要基于经济学理论研究数字经济赋能我国生态产品保护补偿机制完善以及实现路径。如何融合新型数据生产要素与传统生产要素，通过建立生态补偿数字化、智能化管理平台，统筹推进生态文明建设，是数字经济时代落实生态产品保护补偿战略的重要措施。基于此，本章节拟从数字经济赋能生态产品保护补偿的关键技术应用、数字平台搭建、实际应用场景和典型案例分析四个方面进行梳理，以期为学术研究和政策制定提供参考。

13.2 关键技术

生态产品保护补偿存在"谁来补、如何补、补给谁、补多少"等问题，因此，探索建立自动化、信息化、数字化的生态保护补偿系统，利用物联网、大数据、云计算和人工智能等数字技术支撑环境监测、价值评估、标准制定、机制优化、对象识别、资金分配等生态产品保护补偿重点工作尤为重要（见图13-1）。

13.2.1 物联网技术

物联网技术在生态产品保护补偿方面综合应用传感器、全球定位系统、视频监控、卫星遥感、红外探测、射频识别等装置与技术，实时采集污染源、环境质量、生态等信息，构建全方位、多层次、全覆盖的生态环境检测网络，推动环境信息资源高效、精准地传递，通过构建海量数据资

图 13 - 1　生态产品保护补偿关键技术

源中心和统一的服务平台，支持污染源监控、智能化匹配补偿方式、补偿主体与受偿主体的监管等生态产品保护补偿业务智能化，从而达到促进污染减排与环境风险防范、培育环保战略性新兴产业、促进生态产品保护补偿工作的实施和环保事业科学发展的目的。在污染源监控方面，通过物联网技术将各类传感设备与生态产品相连接，实时监测有毒、有害、有机物污染等项目对生态产品的影响，确保生态产品得到有效的保护；在智能化匹配补偿方式方面，基于云计算的集成智能算法，结合应用大数据集成智能化生成符合当地适宜的生态产品保护补偿方式；在补偿主体与受偿主体方面，物联网技术可将携带无线终端的主体与互联网联系起来，建立高效、节能、责任明晰的监管系统，确保生态产品保护补偿落到实处。

13.2.2　大数据技术

大数据技术赋能生态产品保护补偿主要体现在生态产品价值评估、生态补偿标准制定、生态补偿对象识别、生态状况动态监测、补偿资金智能分配、补偿资金透明监管等方面。一是生态服务价值评估。利用大数据、人工智能等技术手段，对生态资源的价值进行科学评估，通过收集和分析生态资源的各类数据，如生物多样性、水土保持能力、碳汇量等，建立生态服务价值评估模型，量化生态资源的经济和非经济价值，为补偿金额确定提供科学依据。二是差异化补偿标准。结合地区差异和生态保护项目的特性，大数据技术协助制定差异化的补偿标准，通过对比分析不同地区的生态资源状况、经济社会发展水平以及生态保护项目的实施效果和保护成本，制定出更加合理、公平的补偿方案。三是精准识别补偿对象。利用大数据技术的数据挖掘和分析能力，精准识别出对生态保护做出重要贡献的个人、单位或地区，以及因生态保护而受损的利益相关者，确保补偿资金能够准确发放给真正需要支持的对象。四是动态监测生态状况。通过遥感监测、物联网等技术手段收集实时生态数据，大数据技术对生态资源的状况进行动态监测，一旦发现生态资源受损或保护效果下降的情况，及时发出预警信号，为调整补偿金额和补偿措施提供依据。五是资金分配智能化。大数据技术根据生态价值评估结果和补偿标准，智能化地分配补偿资金，通过构建资金分配模型，确保补偿资金能够按照预定的比例和优先级发放给相关利益方，提高资金使用的效率和公平性。六是资金监管透明化。建立基于大数据技术的生态补偿资金监管系统，对补偿资金的发放和使用情况进行全程跟踪和记录，通过公开透明的数据展示和查询功能，提高资金监管的透明度和公信力，防止资金挪用和浪费现象的发生。

13.2.3 云计算技术

云计算技术赋能生态产品保护补偿主要体现在优化生态补偿机制、提升生态保护治理水平等方面。一是优化生态补偿机制。云计算技术支持建立多层次的智能化生态补偿平台，实现生态保护补偿、生态损害赔偿等的有机结合与协同发力，通过数字化手段，更精准地确定补偿对象、补偿标准和补偿方式，提高生态补偿的效率和公平性。在跨区域生态补偿中，云计算技术实现数据资源的跨区域共享与交换，打破信息壁垒，通过构建跨区域一体化生态环境数据共享交换体系，推动多源数据融合，为跨区域生态补偿提供数据支持。二是提升生态保护治理水平。依托云计算技术，构建生态环境治理数字化平台，实现空气、水、土壤等方面的生态环境指标实时动态监测。有助于及时发现生态环境问题，为科学保护、系统治理提供支撑。云计算平台支持复杂的数据分析模型，对生态环境风险进行监测评估与预警，通过实时监测和数据分析，提前发现潜在的生态风险，为生态保护决策提供科学依据。

13.2.4 人工智能技术

人工智能技术赋能生态产品保护补偿主要体现在生态产品价值精准评

估、生态补偿对象智能识别与动态监测、生态补偿机制智能化设计与优化等方面。一是生态产品价值精准评估。人工智能技术，尤其是机器学习和深度学习算法，能够处理和分析大规模、多维度的生态数据，从而实现对生态服务价值的精准评估。这些技术能够识别复杂的生态关系，量化生态资源的直接和间接价值，为生态保护补偿提供科学、客观的依据。通过精准评估，确保补偿标准更加合理，激励更多主体参与生态保护。二是生态补偿对象智能识别与动态监测。利用人工智能的图像识别、遥感监测等技术，实现对生态保护区域和补偿对象的智能识别与动态监测，有助于及时发现生态变化，评估生态保护效果，为调整补偿策略提供实时数据支持；人工智能技术还能帮助识别因生态保护而受损的利益相关者，确保补偿资金能够精准投放到位。三是生态补偿机制智能化设计与优化。通过构建智能合约，自动执行补偿条件，减少人为干预，提高补偿效率；人工智能技术还能通过数据分析，预测生态变化趋势，为制定前瞻性的补偿政策提供决策支持；智能算法还能优化补偿资金的分配方案，确保资金使用的公平性和效率。

13.3　数字平台

在生态产品保护补偿的数字化转型过程中，构建一个全面、集成的数字平台体系是实现精细化管理和高效决策的核心。面对生态产品价值的量化、补偿机制的公正性，以及多方利益协调等关键问题，数字平台提供了创新的解决方案。本节将探讨如何利用数字技术，包括大数据、物联网、云计算和人工智能，来打造一系列数字平台，这些平台不仅能够提升生态产品保护补偿的透明度和效率，还能够促进资源的合理分配和环境治理的现代化。通过这些平台，可以更好地实现"谁受益，谁补偿"的原则，优化补偿标准的制定，提高补偿资金的使用效率，并加强生态保护成效的监管和评估。这些数字平台将成为推动生态产品保护补偿工作向数字化、智能化发展的重要工具。生态产品保护补偿相关数字平台如图 13 - 2 所示。

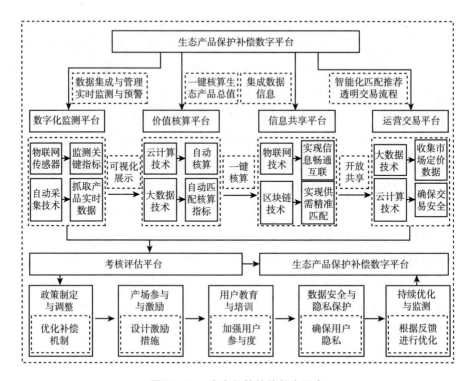

图 13 – 2　生态保护补偿数字平台

13.3.1　生态产品保护补偿数字化监测平台

在生态产品保护补偿中，有损害的一方必然也会有获利的一方。损害获利信息需要按照智能化的监测数据，确定污染损害来源，严格遵循"谁受益，谁补偿"的基本准则，精确实施生态产品保护补偿。基于此，本节认为要以数字技术完善生态产品调查监测体系，建立可视化、智能化、标准化、数字化的生态产品保护补偿数字化平台。当前，我国数字经济蓬勃发展，用好大数据、物联网、云计算等技术，有助于摸清生态产品构成、数量、质量、权属、经济价值、生态价值等基本信息，为完善生态产品保护补偿提供新思路、新方法。创新运用网格化、星地一体化、三维化等监测手段，动态监测生态产品，及时跟踪掌握全境山、水、林、田、湖、草、沙等自然资源生态产品变化信息，为精准掌握生态产品"一本账"提供技术支撑，同时为生态产品保护补偿实施过程中"怎么补""补多少"等关键问题提供数据支持。

13.3.2　生态产品保护补偿价值核算平台

生态产品价值核算结果可以为生态产品保护补偿提供量化依据，帮助确定生态保护地区的补偿标准和金额，激励社会各界更多地参与生态产品保护补偿。各地应依据《生态产品总值核算规范》等技术标准，结合地方实际，构建各方认可的生态产品价值评价体系，并在核算系统中建立核算模型，然后基于生态产品信息普查收集的指标，一键核算各级行政区域单元的生态产品总值。该平台系统通过将生态系统服务转化为货币价值来反映生态产品价值的动态变化，帮助政策制定者、企业和公众更直观地理解生态系统的经济价值，从而为生态产品保护补偿提供决策参考。系统还支持针对特定地域单元的生态产品价值核算，为经营开发、担保信贷、权益交易等市场发挥作用的生态产品价值实现领域提供数字依据。

13.3.3　生态产品保护补偿信息共享平台

生态产品保护补偿是实现各方协同推进环境治理的重要手段，也是补偿主体与受偿客体间供需精准匹配的工具。由于生态环境问题具有涉及范围大、部门广、过程复杂、驱动因素较多等特征，一旦存在信息孤岛、信息不足或信息不对称等阻碍生态补偿顺利进行的障碍，就会增加补偿交易成本，致使补偿失灵。若要解决此类问题，需要依托省域空间治理数字化平台，健全生态产品动态监测制度，跟踪掌握生态产品的数量、质量等级、功能特点、权益归属、保护与开发等信息，加快建设开放共享的生态产品信息云平台，通过建设自然资源和生态环境监测信息传输网络与大数据中心，不断增强生态产信息的流动性，全面实现不同地区和部门间各类生态产品保护补偿制度实施的统一规划、统一标准、统一监测和统一发布。

13.3.4　生态产品保护补偿运营交易平台

生态产品保护补偿制度的实施离不开交易平台的建设，而交易平台的数字化、智能化是大势所趋。面对生态产品难度量、难抵押、难交易、难变现等难题，地方政府可考虑建立"市场定价、信息聚集、交易安全"的生态产品线上交易平台，推动生态资源一体化收储、确权、交易、有偿使用。通过出让、租赁、买卖等多种方式，推动生态资源资产集约化、规模化、产业化运营；开展生态产品线上补偿交易，促进生态产品供给与需求、资源与资本高效对接；逐步实现生态资源信息化管理平台与交易平台的嵌套管理，实现与自然资源、农业农村、生态环境等多部门生态资源信息的互通共享，为生态产品保护补偿过程引入新的资金来源渠道。

13.3.5　生态产品保护补偿考核评估平台

建设生态产品保护补偿考核评估平台是生态系统管理和科学决策的重要基础。考核评估系统大致可分为两类，一类为事前考核评估；另一类为事后考核评估。事前考核评估可为生态修复、生态开发等重大生态产品保护补偿决策和生态效益评估提供重要的量化指标，为生态文明建设规划和生态工程实施决策提供科学依据，事后考核评估系统包括：（1）以负责人的职位、职责和所承担的工作任务为依据，全面考核生态保护成效、生态产品价值实现程度等任务的工作成绩与现实表现，将考核结果作为离任审计的重要参考依据；（2）帮助政府及时地了解生态文明各项举措、工程实施的成效，自动生成经过算法分析生态产品保护补偿的成效数据，对已有建设工程的不足和可取之处一目了然，为后续生态产品保护补偿项目提供经验。

13.4　应用场景

在生态产品保护补偿的数字化转型中，应用场景的创新与实现是推动该领域发展的关键。面对生态产品保护补偿的复杂性和多变性，如"谁来补、如何补、补给谁、补多少"等核心问题，我们必须探索和构建多样化的数字化应用场景，以确保生态价值的有效实现和环境治理的现代化。本节将重点探讨如何利用数字技术，包括但不限于大数据、物联网、云计算、人工智能、区块链等，来开发和实施一系列创新的应用场景，这些场景将覆盖跨区域治理、价值核算、信用体系等多个方面，旨在提高生态产品保护补偿的精准性、透明度和效率。通过这些应用场景的深入分析和实践，我们将为生态产品保护补偿的数字化路径提供清晰的方向和实践指导，进而促进生态文明建设的整体进步和可持续发展。生态产品保护补偿相关应用场景如图 13 - 3 所示。

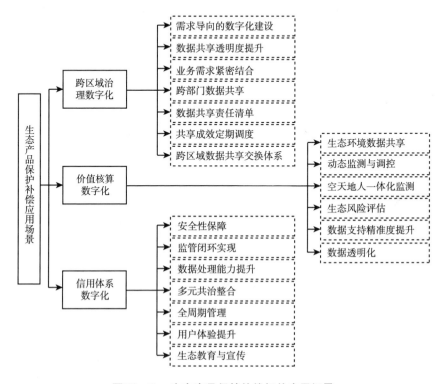

图 13 - 3　生态产品保护补偿相关应用场景

13.4.1　生态产品保护补偿跨区域治理数字化

数字化建设应以需求为导向，特别是在生态产品保护补偿和应对气候变化等关键领域。通过协同场景设计，将重大业务应用场景作为牵引，实现跨部门数据的按需归集，形成数据共享责任清单，并定期调度共享成效。这不仅能够提升数据共享的透明度和效率，还能确保数据共享与业务需求紧密结合。构建一个协调有力、畅通高效的跨区域一体化生态环境数据共享交换体系，是实现数字化补偿的关键。通过加大跨部委、跨层级、跨区域的数据共享力度，可以不断丰富跨区域数字化治理的数据资源体系，为决策提供更全面的数据支持。利用数字化集成平台，对空气、水、土壤等生态环境指标进行实时动态监测，实现人类行为与自然现象的生态风险监测评估。这种"空天地人"一体化的动态监测与调控，将极大提高生态治理的响应速度和精准度。依托区块链技术，推动生态产品的区块化保护补偿，确保数据的透明性和安全性。同时，利用云计算技术的弹性和可扩展性，提升数据处理能力，为生态产品保护补偿与管理提供强有力的技术支撑。通过虚拟现实和增强现实技术，构建"云+管+端"一体化的产业信息链生态。这不仅能够提升用户体验，实现更加直观和互动式的生态教育与宣传，还能为生态产品的展示和保护补偿提供新的平台。

13.4.2　生态产品保护补偿价值核算数字化

在数字化时代背景下，生态产品保护补偿面临诸多挑战，尤其是"度量难、交易难、抵押难、变现难"的问题。为了解决这些问题，必须利用新一代信息技术，如人工智能、大数据、区块链和数字孪生技术，对生态产业进行数字化转型，提升生态产品保护补偿的效率。在技术应用上，要通过产权数字化、经营管理数智化、交易平台化等手段，对传统生态产业进行改造，实现数据的高效管理和价值的精准核算。利用数字化集成平台，实现空气、水、土壤等生态环境指标的实时动态监测，评估人类行为与自然现象的生态风险，实现"空天地人"一体化的动态监测与调控。依托区块链技术，推动生态资产的区块化开发，确保数据的透明性和安全性；利用云计算技术，提高数据处理能力和效率。最终构建协调有力、畅通高效的跨区域一体化生态环境数据共享交换体系。以重大业务应用场景为牵引，按需归集跨部门共享数据，形成数据共享责任清单，定期调度共享成效。探索建立数字化生态补偿机制，整合生态保护补偿、生态损害赔偿、生态产品市场交易机制，形成协同效应。利用大数据、区块链、云计算技术，建立生态资产数字台账，实现生态资产的精准核算和管理。总结数字化核算系统的应用经验，为绿色发展财政奖补、生态补偿资金分配等提供精准的数据支持。通过生态系统生产总值（GEP）核算体系，管理生态资产，推动生态产品保护补偿制度的实施。

13.4.3　生态产品保护补偿信用体系数字化

建设生态产品保护补偿信用体系是推动绿色发展、实现生态文明建设的关键措施。该体系将促进生态价值的量化和货币化，为生态产品的价值实现提供坚实的信用基础。通过信用风险的专业识别和管理技术，优化监管资源配置，提高监管效能。这不仅支撑市场监管，也对社会治理起到关键作用，确保生态补偿机制的公正性和有效性。聚焦重点领域，建立生态信用基础标准，为生态产品保护补偿提供评估依据。构建生态信用价值实现标准体系，通过生态价值评估和核算，确保生态产品价值的准确量化。针对生态资源权益交易，建立生态信用交易标准体系，促进生态资源的合理流动和配置。同时，构建生态信用监管标准体系，提高生态治理的科学性和有效性。探索开发全主体、多场景、全周期的生态信用信息采集、评价和应用产品服务供给体系。重点开发清洁能源、节能环保等领域的生态评价、风险评估、价值核算等信用产品。实施生态信用承诺制度，实现事前事中事后的生态信用监管闭环。利用"三线一单＋信用承诺"的规制组合，提供场景化信用服务，实现科学化、精准化的生态治理监管。构建共建共治共享的生态环境治理新格局，利用大数据、人工智能等技术，实现生态信用的全过程管理。通过多元共治，整合政府、市场和社会力量，提升治理的系统性和协同性。生态产品保护补偿信用体系的建设，将为生态产品的价值实现提供全面的信用支持和保障。通过这一体系，可以更有效地推动生态保护和经济发展的协调统一，实现生态效益、经济效益和社会效益的多赢。

13.5　典型案例

13.5.1　案例：浙江省德清县"两山"转化经验：数字赋能，青山有"价"①

德清地处长三角腹地，是全国综合实力百强县、浙江省首批美丽乡村示范县。2018 年，联合国首届世界地理信息大会在德清召开。借助这一契机，德清构建了全省首个县域"城市大脑"智慧平台，并成为浙江省"城市大脑"建设应用的第一批示范试点。2019 年，德清以总分第一的成绩被

---

① 中国新闻网．"两山"转化的德清经验：数字赋能青山有"价"［EB/OL］．（2021－06－07）［2024－08－20］．https：//baijiahao. baidu. com/s? id＝1701886062233222778&wfr＝spider&for＝pc．

评为"全国县域数字农业农村发展水平评价先进县",并成为浙江省唯一的国家级数字农业试点创建县。2020年9月,浙江省发展改革委印发《德清县全域数字化治理试验区建设总体方案》,确立了德清县全域数字化治理试验区的战略定位,致力于将德清打造成为"全国县域治理现代化的典范、全国县域第一智城"。2020年11月,德清入选首批国家数字乡村试点地区。此后,德清的数字乡村建设工作在试点县建设要求和支持的基础上不断深化。

(1)基本情况。

德清是国家生态文明建设示范县、第一批省级生态文明建设示范县,连续八年夺得全省"五水共治"优秀市县"大禹鼎",并两次夺得"大禹鼎"金鼎、第一批省级生态文明建设实践体验地等荣誉称号。全县拥有1211条河道,串联成总长1889.1公里,总水域面积49.65平方公里。

(2)主要做法。

①完善全链条治理体系,实现全域一图智治。德清县为打通数据壁垒,全力破解治水难题,在全省率先启动"河长制"工作体系,全面落实县、镇、村、组四级河湖长制度,借助5G、人工智能、物联网感知设备等智能化基础设施,进行河道长效管理。在水域监管"一件事"应用场景中,上与省市平台,下与基层治理4个平台,横向与自然资源、建设局、交通运输、农业农村、生态环境、综合执法6个责任部门治水平台联通,以"一张图"形式全面呈现18项基层治理的水域监管事项数据,将成效监督的触角延伸到最基层,大幅提升区域河道动态监管能力。同时,为实现生态环境管理的"可视、可防、可管、可控"目标,园区开发建成"以水环境监管一张图"为核心的数字化平台,统筹区域生态环境管理工作;在企业端、管网端、受纳水体等关键点位全方位布设前端感知设备,共计安装58套企业污水收集处理在线监测设备、20套企业雨水排放在线监测设备、3套河道水质在线监测设备和8套公共雨排口在线监测监控设备,形成"源—网—河"全域覆盖性、立体性在线监控监管网络。同时创新开发企业自巡查系统应用模块,实现企业分级分类管控。

②"多管齐下"打造智慧"治污"新格局。为有效提升区域生态环境质量,浙江德清经济开发区(新市园)瞄准"企业源头排污监管"的关键,首创"一企一管一表"可视化管理系统。新建架空污水管道共计31

公里，以"一家企业、一条污水管道"的形式，将企业预处理过的污水收集后，通过一根架空明管输送至智能管控站房；同时配套构建了"1 个污染源智能管控中心系统 + 3 个智能水质集中监控站 + 42 个企业端污水排放智能远程控制系统"硬件配套，实现企业排污实时监控。在德清县经开区"一企一管"排污监控平台上，清晰地展示着重点监管企业的多项排污指标。这相当于一双全天候的智慧眼，只要通过后台切换到某个企业的排污监管现场，系统就自动提取现场的监管视频。以"一企一管"为载体，搭建智能信息化系统平台，每个月对企业数据进行统计，可以精准掌握企业排水总量、瞬间流量和平均排污浓度等数据。与此同时，利用反馈信息，对超标停排企业进行专业指导，协助其找出问题、解决问题。截至目前，德清县经开区已投入 6000 余万元，完成了 42 家重点企业的"一企一管"改造，不仅实现了工业污水管控工作从初步监测向智慧控制转变，也可有效优化产业结构、促进经济转型升级。

③探索"生态绿币"新模式，开辟保护补偿新路径。2017 年以来，为了让更多的群众参与治水，湖州市德清县下渚湖街道联合当地农商银行首创"生态绿币"治水联合激励举措。该街道的群众均可注册成为护水治水员。注册成功的护水治水员通过巡河质量、巡河次数、管理等获得相应的"生态绿币"奖励。"生态绿币"除可以兑换毛巾、香皂等生活用品外，还可以助力村民办理贷款。持有"生态绿币"越多的人信用越高，在实际贷款中可作为参考享受个人信用贷款，且利率较一般更优惠。在德清的这个"绿币"信用贷款试点，设置了 6 个档次不同额度的信用贷款（5 万~30 万元）和利率优惠。

（3）工作成效。

①2023 年 9 月，德清县实现了工业污水管控从初步监测向智慧控制转变、从末端治理向源头治理转变，全县 6000 余家涉水企业全部纳入污水"零直排"。截至目前，全县 16 个地表水常规监测断面Ⅲ类及以上水质比例达到 100%，饮用水水源地对河口水库水质达标率连续十年稳定达到100%。创建省级美丽河湖 8 条、市级美丽河湖 9 条、县级美丽河湖 340 个（条）、乐水小镇 8 个、水美乡村 26 个，水梦苕溪等 10 条景观带，织就了一幅"人水和谐、水美民富"的幸福美丽河湖画卷。2020 年，蠡山漾成为全省首条国家级示范河湖。2021 年，下渚湖入选全国首批美丽河湖优秀案

例。2022 年,洛舍漾成功创建国家级水利风景区,实现了河湖由"清"到"美"的转变。

②十年来,德清县关停矿山企业、温室养殖、生猪大棚等重污染企业上百余家;新增 4A 级景区 5 个;招募"企业家河长""乡贤河长""巾帼河长""养殖户河长"等民间河湖长 1500 多名,培育组建党员护水队、"河小青""河嫂"、护水联盟等治水护水团体近 100 个;登记在册民宿已有 800 余家;2023 年旅游等服务业总收入 14.7 亿元,增长 27.1%。推动城镇居民人均可支配收入从 2012 年的 33377 元增加到 2022 年的 71707 元;农村居民人均可支配收入从 17669 元增加到 45433 元,排名全国县域第 11 位。

③全国首创"生态绿币"机制,建立"生态绿币基金库",民众通过"公众护水平台"抢单巡河、参与"农村环境卫生全域整治"等方式可获取绿币,引导激发群众参与热情。目前已募集"生态绿币"基金超 400 万元,惠及农户 8500 余家。

13.5.2 案例:海盐县数字赋能生态修复 打造绿色"标杆园区"①

近年来,海盐县坚持以习近平生态文明思想为指导,牢固树立"绿水青山就是金山银山"理念,在深入打好污染防治攻坚战的同时,推动绿色低碳发展,擦亮高质量发展底色。

为全面展示海盐在践行"两山"理念中所取得经验和成效,海盐县特别推出海盐"绿水青山就是金山银山"实践优秀案例系列报道。通过优秀案例展现海盐在"两山"理念实践中的坚定决心和积极作为,激励更多地区学习和借鉴,促进"两山"理念转化,让良好生态环境成为人民幸福生活的增长点、经济社会持续健康发展的支撑点、展现海盐良好形象的发力点,让人们在高质量发展中过上更健康、更幸福的高品质生活。

(1) 基本情况。

武原街道地处杭州湾"大湾区"核心,地处沪、杭、苏、甬四大城市

---

① 生态嘉兴. 最"嘉""两山"│数字赋能生态修复 打造绿色"标杆园区"[EB/OL].
(2024 - 07 - 09) [2024 - 08 - 20]. https://mp. weixin. qq. com/s?__biz = MzI4MTEzMzg3Mw ==
&mid = 2650164481&idx = 1&sn = 4bd483d27e74d57a057a9ae045688ec3&chksm = f2eeca81e55839fb8dbe
de38e7ea7c117b6b7359a85652f0a7b711e5ecdeec7dcaeb5752521c&scene = 27.

中心，实现至四大城市的一小时交通圈，已成为接轨上海、融入长三角的前沿阵地，区位优势明显，交通便捷。金星工业园区位于武原街道西南，北至嘉盐塘，东至 G525 国道，西、南以大麻泾港为界，总规划面积 3.1 平方公里，其中工业用地总面积 1424 亩。现有工业企业共 68 家，其中规上企业 16 家，整个园区已基本形成了以法狮龙建材及联翔智能家居为龙头的家装产业集聚区。

"绿水青山就是金山银山"。尽管是"工业园"，但武原街道金星工业园区的发展始终将"绿色生态"作为自己高质量发展的前提和动力，基于问题短板和基础优势，"数字化＋水生态修复＋水平衡核算试点"齐头并进，实施碧水河道项目和数字化园区建设项目，以生态修复及数字化管理提升助推金星工业园实现绿色"标杆园区"创建，谋划海盐首批工业企业水平衡核算试点作为亮点工作。

（2）主要做法。

①完善体系架构，全面推进碧水工程。一是明确优势与短板，推进一体设计。金星工业园区是以家装产业、家居行业为主的产业集聚区，工业企业中没有重污染涉水企业，为其提供了良好的生态修复基础。周边水系发达，利于同时开展"碧水绕村"和"碧水绕园"两项工作，合并项目后提升施工进度，节省成本。对金星工业园区周边的四条主要河道（中叶浜、姜官桥港、时安桥港、小麻泾港等）开展碧水河道建设。主要完成了底泥改良型微生物 1870 千克、水质改善型微生物 4500 千克，"水下森林"工程 28295 平方米（其中精品区 18375 平方米，非精品区 9920 平方米）等一系列工作。二是明确建设内容，强化技术保障。项目以构建水生态自净系统为主，利用生态软围隔、生态屏障、护岸工程及护岸清理、底泥改良型微生物、水质改善型微生物、沉水植物、挺水植物、浮叶植物、水生动物、视频监控、生态养护等生态修复技术，通过人工干预恢复水体生态系统，实现生态系统中生产者、消费者和分解者的三者统一，从而逐步恢复水域生态系统的自净能力。

②依托数字平台，全面实现提档升级。一是数字赋能智慧治理，实现生态工业整合推进。依托云平台技术、信息化技术物联网技术为武原街道金星工业园"污水零直排区"进行绿色化、数字化提档升级建设，建设内容包括污水零直排系统数字化及园区相关功能基础设施配套。实现污水零

直排的河道、污水口、雨水口的水质、流量监测，对河道建立"一河一档"和"一河一策"，对水质情况进行监控，超过指标时触发报警，并在地图上实时显示相关点位及状态和对应的监控视频，同时接入武原街道指挥中心实现政府治理效能再提升。二是数字赋能管理运营，落实隐患整改闭环机制。建立工业企业水污染源数据库，建立入河排水口的水污染溯源预警体系，在管网重要节点、泵站设置监测监控设施，在园区主要河道，对主要水质指标和异常排污情况进行智慧化监控，并且通过数字化管理管平台，整合关联各项功能，有效提升长效管理水平，实现园区"源—网—厂—河"全过程监管，形成"问题发现—整改—验收"闭环管理模式。建设一套数字化水质监管平台，同时兼容政务云、微信小程序等软件。

③创新多方联动，全面建成保障体系。一是加强组织领导，形成长效机制。加强项目实施的组织领导，成立标杆园区建设工作专班，由武原街道分管街道领导担任专班组长，嘉兴市生态环境局海盐分局为指导推进单位，形成部门、街道联动的工作推进体系，建立街道各部门推进落实的分工协作机制，明确职责分工，将项目确定的目标指标和主要任务分解纳入年度工作计划，细化工程项目进度安排，做到责任到位、措施到位、保障到位。二是加强要素保障，塑造精密智控。把标杆园区建设列为公共财政支出的重点领域，加大重点工作的投入力度。完善多元化投入机制，积极引导社会资本参与标杆园区建设，创新各类环保投融资方式，推进工业污水治理、数字化管理市场化。围绕水生态保护修复、数字化改革等重点领域开展关键技术和设备的研发及应用。健全技术服务体系，完善人才培养机制，夯实科技创新基础，支撑工业园区的精准治理和科学治理。

（3）工作成效。

武原街道金星工业园区的标杆园区"数字化 + 水生态修复 + 水平衡核算试点"齐头并进，实施碧水河道项目和数字化园区建设项目，立足生态修复及数字化管理提升。通过数字化建设弥补"无法实时掌握企业排污排水情况"等监管劣势，更精确掌握污染源；通过碧水河道建设提升水体透明度，保护修复水生态系统，提升水质；通过水平衡核算模型自动核算园区总水量合理范围，分析识别异常排污情况，综合评估工业园区污水收集处理缺口和短板，为其他工业园区提供可借鉴、可推广的示范试点。

13.6　结论与讨论

13.6.1　结论

本章深入剖析了数字经济在生态产品保护补偿领域的应用与实践，揭示了数字化转型在提升生态治理效率、增强决策支持、促进资源合理配置和推动环境协同治理方面的显著作用。从政策背景的梳理到关键技术的探讨，从数字平台的构建到应用场景的分析，再到典型案例的具体展示，本章呈现了数字经济赋能生态产品保护补偿的全貌。在关键技术上，物联网、大数据、云计算和人工智能等数字技术在生态产品保护补偿领域的集成应用，有效解决了监管难、测算难、计算难等问题，提高了生态补偿的精准性和透明度。技术的应用不仅优化了生态补偿机制，还提升了生态保护治理水平，为生态产品价值的量化和货币化提供了技术支撑。在数字平台构建上，生态产品保护补偿数字化监测平台、价值核算平台、信息共享平台、运营交易平台和考核评估平台的构建，实现了从数据采集到决策支持的全链条管理，提高了生态补偿的效率和协同性。这些平台的建立，不仅促进了资源的高效配置，还为政策制定和市场参与提供了强有力的数据支持。在应用场景分析上，跨区域治理数字化、价值核算数字化和信用体系数字化等应用场景的探讨，展示了数字化手段在提升生态治理响应速度和精准度、推动生态资产的区块化开发、实现生态信用全过程管理等方面的重要作用。在典型案例展示上，德清县和海盐县的案例展示了数字经济赋能生态产品保护补偿的实践成效，证明了数字化转型在推动地方生态文明建设和实现绿色发展中的有效性。总的来说，数字经济为生态产品保护补偿提供了新的动力和路径，可为"补偿难"问题和建立健全生态产品保护补偿机制提供参考，但其实施和应用仍面临技术和管理上的挑战。技术的整合、数据的质量管理、用户的接受度、隐私保护、政策和法规的适应性等问题，需要在未来的研究和实践中不断探索和完善。

13.6.2　讨论

数字技术的引入，尤其是遥感技术、地理信息系统（GIS）和大数据分析，为精准评估生态产品的受益主体和范围提供了新的途径。通过建立自然资源资产信息化管理平台，可以整合海量资源信息，实现资源资产的可视化和动态管理。然而，这一过程中也面临着数据质量控制、技术整合复杂性以及用户接受度等挑战。首先，数字技术与生态产品价值核算的深度融合。在生态产品保护补偿领域，数字技术的集成应用，如物联网、大数据、云计算和人工智能，为价值核算提供了新的解决方案。通过实时监测和数据分析，可以更准确地评估生态服务的价值，从而为补偿机制提供科学依据。然而，这一过程中需要解决数据的标准化、集成和互操作性问题，确保不同来源和格式的数据能够无缝整合，为决策者提供一致和可靠的信息。其次，数字平台在生态产品保护补偿中的优化作用。数字平台的构建，如监测平台、价值核算平台、信息共享平台等，为生态产品保护补偿提供了一个全面、透明和高效的管理工具。这些平台通过整合跨部门和跨区域的数据，不仅提高了补偿决策的精准性，还促进了多方利益相关者的协同合作。未来，应进一步探索如何通过平台促进政策制定者、企业和公众之间的互动，提高平台的用户体验和参与度。再次，数字化转型为生态产品交易市场带来了新的发展机遇。通过建立线上交易平台，可以提高生态产品的流动性和可交易性，解决抵押和变现难题。同时，数字化手段还可以促进绿色金融的发展，通过构建绿色评级数据库和企业绿色评级模型，为投资决策提供数据支持。但在此过程中，需要关注市场监管、风险管理和交易安全等问题，确保市场的健康发展。最后，碳汇数字化交易平台的构建与挑战。碳汇作为重要的生态产品，其数字化交易平台的构建对于推动碳中和目标具有重要意义。通过这一平台，可以更有效地管理和交易碳汇资源，促进碳技术的成果转化和节能降耗政策的实施。然而，构建这一平台需要应对技术标准不统一、市场监管体系不完善等挑战。数字经济为生态产品保护补偿提供了新的动力和路径。为了充分发挥数字技术的潜力，建议政策制定者加强顶层设计，制定相应的政策和标准，促进技术的研发和应用。同时，应加强对数字平台的监管和维护，确保数据的质量和安全。此外，鼓励多方利益相关者的参与和合作，共同推动生态产品保护补偿机制的完善和发展。

第 14 章　数字金融赋能生态产品融资增信

14.1　引　言

在全球经济数字化转型的大背景下，金融科技的崛起不仅重塑了金融服务的面貌，更成为推动社会进步和经济发展的重要引擎。特别是在生态产品领域，金融科技的赋能作用尤为突出，为生态经济的可持续发展提供了强有力的支持。生态产品的价值实现是一个复杂的过程，它涉及产业催化、产权催化等多个环节。金融业在其中扮演着资金支持的核心角色，通过盘活为生态产品的开发和市场化提供了动力，加速其发展进程。

关于金融赋能生态产品融资增信，已有诸多学者进行了深入研究，陈明衡和殷斯霞（2021）认为提供融资保障、助力价值变现、推动市场价格发现和促进价值增值是实现生态产品价值的关键步骤。张黎黎（2022）认为金融支持生态产品价值实现可概括为提供融资服务、助力保值增值、形成公允价值、促进环境保护四个方面。然而，传统融资渠道应用于生态产品价值实现时存在诸多挑战。信息不对称、风险评估难度大等问题，使得生态产品面临市场风险和不确定性，加之生态产品在市场流通中面临着"难度量、难抵押、难交易、难变现"等诸多挑战，生态产品的融资成本和风险显著增加（吴倩茜，2023），传统融资渠道难以提供足够的资金支持。而中国数字经济的快速发展为金融行业带来了变革机遇，传统金融与大数据、人工智能、云计算等前沿技术的融合催生了数字金融这一新形态。数字金融作为一种创新的金融服务形态，其精髓在于通过互联网和信息技术，实现对传统金融服务业的有效融合与升级。这种融合与升级，使得金融服务更加便捷、高效，能够覆盖更广泛的用户群体。

在生态产品领域，数字金融以其独特的优势，正在重塑资源配置和产业链的协同效率。其普惠性确保了广泛的覆盖，让更多生态产品能够获得必要的资金支持；精准性则确保了资金的投放更加符合项目的实际需求，提高了资金使用的效率；高效性体现在融资流程的简化和加速上，减少了传统融资过程中的烦琐步骤并降低了时间成本，使得资金能够更快地流向需要它们的地方；透明性则通过提供清晰的资金流向和使用情况，增强了供给方和需求方之间的信任，降低了信息不对称带来的风险。兰志贤和黄忠（2024）的研究进一步指出，通过采用区块链、物联网、云计算及大数据等尖端科技手段，可以为生态产业的融资提供更为创新和可靠的解决方案。这些技术的应用不仅提高了融资的可操作性，还通过增强数据的安全性和可追溯性，有效降低了融资过程中的风险。陈卫洪（2023）的研究成果则从实践层面展示了数字普惠金融在生态林业发展中的实际效果。数字普惠金融致力于提供更为灵活且易于获取的金融服务，这不仅解决了信息不对称的问题，还打通了生态项目融资的"最后一公里"。李璞和欧阳志云（2021）的研究则强调了生态征信机制在金融支持生态产品价值实现中的核心作用。他们认为，通过建立和完善生态征信系统，金融机构可以更准确地评估企业和个人的生态信用，进而推行更为高效的金融激励和约束政策，推动生态保护和可持续发展。

综上所述，本章将深入探讨数字技术在数字金融赋能生态产品融资增信中的应用，并分析其在助力生态产品价值实现方面的潜力。本章将从理论和实践两个维度，探讨数字金融赋能生态产品融资增信的有效模式，并结合具体的典型案例，验证这些模式的实际效果和可行性。

14.2　关键技术

在数字金融的引领下，我们得以借助一系列前沿技术，如数字孪生、区块链、供应链金融技术、云计算技术（见图 14-1），对生态产品融资风险进行深度评估和细致分析，极大地提升对生态系统复杂性的认知和理解，使我们能够更加准确地辨识并预估可能遇到的风险。通过这些技术的综合应用，数字金融不仅优化了生态产品融资风险的评估和管理，还为生态产品补偿和保护项目提供了坚实的科学基础。这推动了生态环境的可持续发展，为绿色经济和生态文明建设注入了新的动力，开辟了一条解决传统生态保护中遇到的难题的新途径。

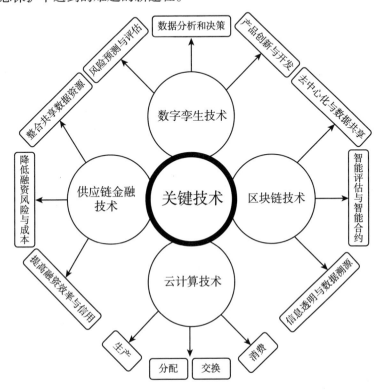

图 14-1 关键技术赋能生态产品融资增信

14.2.1 数字孪生技术

数字孪生（Digital Twin）又称为数字镜像或数字双胞胎，是以数字化方式创建物理实体的虚拟模型，利用数据来模拟真实世界中物理对象的行为，并通过虚拟与现实的交互、数据的综合分析和决策的持续优化等手段，为物理对象赋能或拓展其功能（陶飞等，2018；李德仁，2020）。数字孪生技术在金融赋能生态产品融资增信的应用，主要体现在风险预测与评估、数据分析和决策、产品创新与开发等方面（见图14-2）。一是风险预测与评估，数字孪生技术通过构建生态产品的虚拟模型，对生态产品市场数据、经济指标和其他相关信息进行分析，监测生态产品市场风险，并实时预测未来风险，帮助金融机构和投资者进行更准确的风险评估，降低生态产品风险管理成本。二是数据分析和决策，数字孪生技术通过对生态产品进行数据分析，根据生态产品价值评估结果及生态资产抵押率，测算最高授信额度，提高生态产品融资增信能力。三是产品创新与开发，数字孪生技术结合了多学科知识和技术，促进了不同领域专家的合作和交流，推动了生态保护和融资增信创新。

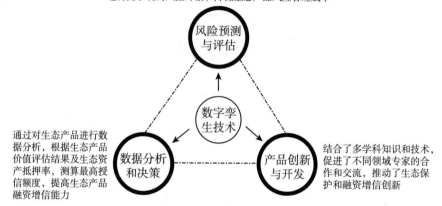

图 14 - 2　数字孪生技术赋能生态产品融资增信

14.2.2　区块链技术

区块链是由多个区块串联而成的数据结构，每个区块内包含特定信息，这些区块依据生成时间的先后顺序被链接起来，形成一条连续的链。从本质讲，区块链技术是一种需要多种计算机技术进行整合的去中心化的数据分布库（吴茜和姜奎，2024），具有链上信息共享性、数据不可篡改和智能合约自动执行等特质（Hassija V et al.，2020；Gleim M R，2021），能够实现可追溯性和安全性，以提高资金流转效率、优化合作流程、减少商业纠纷。结合区块链技术和传统金融，能够革新现代金融征信体系，有效减少金融风险，并超越金融范畴，拓宽区块链技术的应用场景（李政道与任晓聪，2016）。此外，倪旭等（2022）强调，在战略性矿产资源的生态治理方面，区块链系统营造了一个可靠的信任基础，构建了企业生态数据互信体系、促进了产业链各环节间的信息共享与合作，以及增强了生态监管部门间的跨部门协同机制。区块链技术将金融赋能生态产品融资增信主要体现在去中心化与数据共享、智能评估与智能合约、信息透明与数据溯源等方面（见图 14 – 3）。一是去中心化与数据共享，区块链技术将区块链作为信任的机器替代可信第三方角色，创建去中心化的生态产品数据共享平台，数据发布方和数据需求方能共享有效数据，使生态产品融资增信过程高效可信。二是智能评估与智能合约，数据实现安全共享后，通过共享平台实时查询数据，进行生态产品相关信息评估，同时利用智能合约进行规则描述后上传网络，能够提高数据安全性和准确性，有效简化生态产品融资增信流程，提高融资增信效率，降低交易风险。三是信息透明与数据溯源，所有上链的数据均可进行溯源查询，共享监管信息，确保数据信息的真实、透明、可信，实现生态产品的有效监督管理。

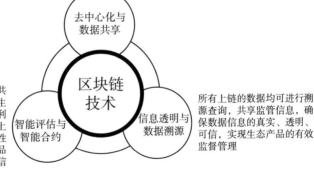

图 14 – 3　区块链技术赋能生态产品融资增信

14.2.3　供应链金融技术

供应链金融技术（supply chain finance，SCF）通过评估整条供应链风险并提供相应的金融服务，促进供应链上的企业协同发展。供应链金融技术在生态产品融资增信的应用涵盖了整合共享数据资源、降低融资风险与成本、提高融资效率与信用等问题（见图 14 – 4）。一是整合共享数据资源，供应链金融技术强化了生态产品领域内企业间的合作，通过信息共享和资源整合，缓解生态产品信息不对称问题，提升资源整合能力，提高生态产品产业链的协同效应和市场竞争力。二是降低融资风险与成本，供应链金融利用核心企业的信用，为上下游生态产品企业提供更为优惠的融资环境，降低整个供应链的融资成本，减轻了中小企业的资金压力，也提高了整个供应链的资金流动性，提升了资金使用效率。三是提高融资效率与信用，供应链金融将融资与供应链管理相结合，实现了信息的实时共享和流程的简化，使得企业能够更快地获取资金支持，提供供应链催收、风险管理等一揽子服务，进一步提升融资效率。

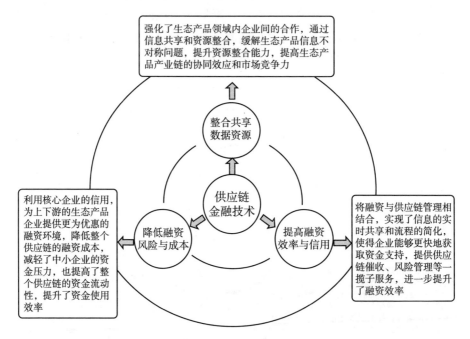

图 14 -4　供应链金融技术赋能生态产品融资增信

14.2.4　云计算技术

云计算是指以公开的标准和服务为基础，以互联网为中心，聚焦于提供安全、高效、便利的数据存储与计算能力，将互联网转变为广大用户的个性化数据中心和计算平台（谢世清，2010）。云计算技术的采纳显著增强了金融服务的数据处理效能。它为生态产品融资提供了强大的技术支持，使得金融服务更加高效、灵活和可扩展。云计算技术在生态产品融资增信的应用存在于生态产品的生产、分配、交换和消费的过程中（见图14-5）。一是生态产品的生产过程，云计算支持生态产品信息网络共享和应用，为生态产品数据整合、监测比对、分析统计提供技术和平台支持，迅速应对大规模的生态产品需求，并加速生态产品的创新，实现产品的快速迭代和优化。二是生态产品的分配过程，云计算技术的应用有助于构建分类分项的生态产品目录清单，并配套形成生态产品动态监测机制，实现资源的精准匹配，确保生态产品能够被有效地分配到最需要的地方，提高了资源的使用效率。三是生态产品的交换过程，云计算技术通过对大量数据进行快速处理和分析，集成多源数据、模型设计、场景应用、辅助决策等模块，为生态产品提供更加个性化和定制化的融资方案，降低融资的门槛，并提高融资的成功率。四是生态产品的消费过程，云计算技术为生态产品的市场化进程提供了加速器。通过云计算平台，快速将生态产品推向市场，有助于生态产品更快地适应市场需求，增强其市场竞争力，为生态产品的全生命周期管理提供强有力的支持。

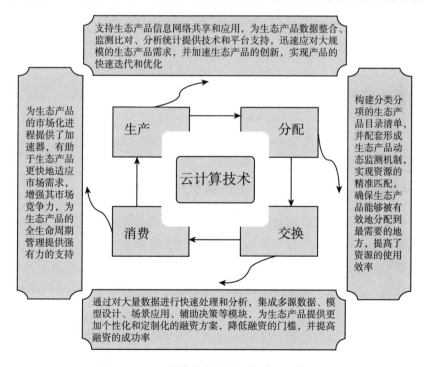

图14-5　云计算技术赋能生态产品融资增信

14.3　数字平台

本节通过分析生态产品融资增信信息共享平台、生态产品融资增信数字化监管平台、生态产品融资增信产融合作平台的规划、设计等（见图14-6），为生态产品融资增信数字平台建设提供参考。

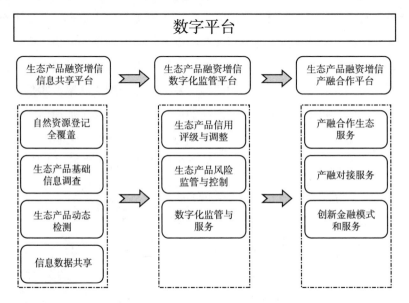

图14-6　生态产品融资增信数字平台

14.3.1　生态产品融资增信信息共享平台

生态产品融资增信信息共享平台主要包括自然资源登记全覆盖、生态产品基础信息调查、生态产品动态监测、信息数据共享。一是自然资源登记全覆盖，加速推进自然资源统一确权与登记流程，借助供应链技术和云计算技术，确保国土空间内所有自然资源均得到登记覆盖，从而为生态产品融资提供坚实的数据支撑。二是生态产品基础信息调查，开展生态产品基础信息调查，编制生态产品目录清单，为生态产品的识别、评估和交易提供详细的信息支持。三是生态产品动态监测，探索建立生态产品动态监测制度，通过构建生态产品信息的数据共享平台，对生态产品实时变化进行持续跟踪，以确保信息的时效性与准确性。四是信息数据共享，建立有效的信息共享机制，包括完善绿色产品标识管理制度，利用区块链、物联网等新技术建立完善生态产品质量追溯机制等，确保信息的透明度和可信度，促进生态产品的有效交易和融资。

14.3.2　生态产品融资增信数字化监管平台

生态产品融资增信数字化监管平台主要包括生态产品信用评级与调整、生态产品风险监管与控制、数字化监管与服务。一是生态产品信用评级与调整，生态产品融资增信数字化监管平台通过云计算等技术分析生态产品信息共享平台的数据，构建生态信用数据账户，提供信用画像、智能匹配、信用服务定制开发等一站式综合服务。通过这些服务，向金融机构提供信用评价和信用报告，帮助解决生态产品融资中的"缺数据、缺征信、缺担保"问题。二是生态产品风险监管与控制，通过数字孪生技术、供应链金融技术设立风险补偿基金或信用保证基金，探索并建立一个全面且有针对性的生态增信机制，以提升融资活动的效率，并有效应对生态产品融资过程中可能出现的风险挑战。三是数字化监管与服务，通过运用大数据、云计算等先进技术，对生态数据进行智能化挖掘与深度分析，形成包括信用评估报告和信用等级报告在内的信用产品，并依据信用状况提供个性化、定制化金融服务，以此鼓励生态产品经营开发活动。同时，平台还支持跨部门、跨领域、跨行业的信用信息共享和信用监管，推动区域信用一体化建设，实现共建、共享、共融与互认，以全面提升生态文明建设的整体性和协同效率，为生态信用信息的广泛应用奠定坚实基础。

14.3.3　生态产品融资增信产融合作平台

生态产品融资增信产融合作平台主要包括产融合作生态服务、产融对接服务、创新金融模式和服务。一是产融合作生态服务，利用大数据、云计算技术整合各方面资源，构建一个有利于生态产品融资的环境，提供包括政策咨询、市场分析、融资指导等在内的全方位支持，以促进生态产品的发展和融资活动的顺利进行。二是产融对接服务，通过搭建有效的沟通桥梁，促进生态产业与金融的深度融合，让生态产品和金融资源能够有效对接，实现资源共享和优势互补，推动产业升级和经济结构优化。三是创新金融模式和服务，平台探索和实施新的金融模式，提供创新的金融服务，以适应不断变化的市场需求，同时利用大数据技术和云计算等信息化工具，建立产融信息对接服务平台，提高产融信息对接效率，同时探索绿色金融与转型金融的双支柱模式，支持绿色低碳发展和企业的绿色转型。

14.4　应用场景

本节通过分析在 EOD 项目开发、生态信用体系构建、数据集成与智能画像场景下数字孪生技术、区块链技术、供应链金融技术、云计算技术等技术的应用，为生态产品融资增信提供参考依据。

14.4.1　EOD 项目开发

EOD 模式是一种可持续发展模式，是以习近平生态文明思想为引领，以可持续发展为目标，以生态保护和环境治理为基础，以特色产业运营为支撑，以区域综合开发为载体，采取产业链延伸、联合经营、组合开发等方式，推动公益性较强、收益性较差的生态环境治理项目与收益较好的关联产业有效融合，统筹推进，一体化实施，将生态环境治理带来的经济价值内部化的一种创新性的项目组织实施方式（生态环境部，2020 年）。

金融支持 EOD 要注意以下要点：一是坚持生态优先，确保项目实施内容关联紧密且具备一体化推进的实际可行性；二是在项目筛选上需细致甄别，既要评估项目实施后所能带来的生态效益与社会效益，也不可忽视其经济效益，同时注重这些效益之间的关联性与协同作用；三是整体评估经济效益与生态效益；四是从项目策划、建设、运营及管理全生命周期统筹实施；五是确保 EOD 项目融资的合规性（豆中强和周霖林，2022）。当数字技术与金融结合后，可以利用大数据分析和人工智能技术，可以更准确地评估 EOD 项目的生态效益、社会效益和经济效益，帮助金融机构做出更精准的投资决策；通过区块链等技术，可以提高项目资金流动的透明度，降低欺诈风险，同时通过智能合约自动执行合同条款，减少违约风险；利用供应链金融技术，可以更有效地监控 EOD 项目的融资活动，确保其符合相关法律法规和行业标准。

14.4.2　生态信用体系构建

生态信用是金融学、环境经济学与伦理学交叉融合的产物，有助于解决生态产品交易中的信用问题，促进生态与经济有机融合。现有生态信用体系主要由政府主导建立，是一个评估企业、社会团体及个人在生态保护及生态产品合理利用方面所做贡献的信用体系（吴倩茜，2023）。此体系旨在通过金融工具和市场机制来调节不同主体的生态与经济权益，确保生态保护与资源开发的良性循环，真正实现"谁保护、谁受益"（郑卓联等，2022）。杨波等（2023）提出，农村生态信用体系建设过程中面临着制度标准体系缺失、组织保障体系亟须完善、产品和服务体系不健全、守信激励和失信约束机制尚不成熟等多重挑战。数字孪生技术有助于实现对生态信用体系中实体的精确映射和实时监控，从而提高信用体系的透明度和可追溯性；区块链以其分布式账本、不可篡改和透明性的特点，为生态信用体系提供了一个安全可靠的数据存储和共享平台。且智能合约的应用可以自动化执行合同条款，有效减少违约事件发生，从而增强信用体系的效率和信任度；供应链金融通过整合上下游企业的信息流、物流和资金流，解决了中小企业融资难的问题，促进信用信息的共享和利用，加强生态信用体系的建设；云计算的强大的数据存储、处理和分析能力，使生态信用体系可以实现数据的集中管理和高效处理，提高服务的响应速度和决策的准确性。

14.4.3　数据集成与智能画像

数据集成与智能画像通过整合分散的数据资源，构建全面的生态产品信用画像，为金融机构提供更为精准的评估工具，从而促进融资过程的高效与安全。数字孪生技术通过创建物理实体的数字副本，可以在金融领域中实现对金融资产和流程的实时监控和模拟。这有助于在生态产品融资增信时，更准确地评估风险和优化决策过程，通过模拟各种可能的市场变化和风险因素，为决策者提供更为全面的视角和数据支持。区块链技术以其分布式账本、加密安全和不可篡改的特性，在生态产品融资增信中提供一种高度透明和安全的数据处理方式，确保了交易的每一步都能够被追踪和验证，从而增强了金融交易的安全性和信任度。此外，区块链技术还能够构建一个可信赖的数据集成环境，这对于智能画像的准确性和可靠性至关重要。供应链金融技术通过整合供应链上下游的信息流、物流和资金流，为生态产品融资增信提供了新的解决方案，并能够有效地管理供应链中的风险，通过实时监控供应链的各个环节，及时发现并应对潜在的风险点。同时，供应链金融技术还能够提供定制化的融资服务，根据供应链中不同参与者的具体需求，提供更加精准和个性化的金融服务。云计算技术为金融机构提供了强大的数据处理能力和弹性的资源配置，使得金融机构能够高效地处理和分析大量数据，构建更为精准的智能画像，提高数据处理的效率，降低运营成本，使得金融机构能够更加灵活地应对市场变化和客户需求。

14.5　典型案例

14.5.1　案例：中国农业银行：探索实践"智慧畜牧场景 + 智慧畜牧贷"服务模式[①]

（1）案例背景。

畜牧业是关系国计民生的重要产业、农业农村经济的支柱产业、农业现代化的标志性产业。目前，我国畜牧业总产值约 4 万亿元，预计到"十四五"末将达到 4.5 万亿元。国家高度重视畜牧业发展，近年来出台了一系列支持产业高质量发展的政策措施，推动我国畜牧业不断向规模化、集约化、数字化方向发展，畜牧业市场空间广阔、增长潜力巨大。但长期以来，畜牧养殖主体因缺乏有效抵押担保导致的融资难问题未得到根本解决，资金需求无法得到有效满足。

当前，商业银行支持畜牧业发展力度逐渐加大，但主要以对规模化养殖主体发放信用贷款为主，畜牧活体抵押信贷业务总体处于点状探索与小范围试点阶段，难以惠及中小养殖主体，其矛盾根源在于活体牲畜识别难、监管难。物联网、大数据、人工智能等现代信息技术的快速发展，为

---

① 金融界：中国农业银行：金融科技服务畜牧业高质量发展，探索实践"智慧畜牧场景 + 智慧畜牧贷"服务模式 [EB/OL]．（2023 - 07 - 07）[2024 - 08 - 20]．https：//new．qq．com/rain/a/20230707A03IL500．

商业银行发展活体抵押信贷业务提供了科技支撑，农业银行也展开了积极探索。

（2）主要做法。

①创新建设智慧畜牧场景。以"自主研发＋开放合作"两条腿走路的方式，搭建智慧畜牧场景。首先，创新推出自主产权智慧畜牧场景。发挥集团化经营优势，以农银金融科技有限公司为支撑，积极探索物联网、大数据、云计算、人工智能等现代信息技术在畜牧产业中的应用，创新推出具有完全自主知识产权的智慧畜牧场景应用。利用物联网设备为活体牲畜赋予身份标识，解决以活体牲畜作为押品时身份识别难的问题；自动采集活体牲畜生命体征数据，提供远程查看和自动预警功能，解决活体牲畜抵押贷款贷后管理难的问题，使活体牲畜抵押贷款"放得出、管得住"成为可能。其次，加强与外部智慧畜牧场景的开放合作。一是搭建数字乡村SaaS 云平台，以系统对接方式引入第三方科技公司成熟场景，通过"云"端部署供客户免费使用。客户直接在农业银行数字乡村平台注册使用云平台智慧畜牧场景，无须本地化部署，无须增加科技投入。二是搭建智慧畜牧区块链平台，以数据上链方式实现与畜牧养殖头部企业的系统对接，实现客户生产系统数据与农业银行共享，为贷款存续期管理提供了一种低成本、高效率的管理手段。最后，实现智慧畜牧场景与信贷业务流程的有机结合。一是开发标准接口，实现智慧畜牧场景系统与农业银行信贷管理系统交互，方便客户经理进行活体牲畜设押、估值、登记等操作。二是利用神经网络算法，提取瞳色、鼻子、毛色、耳朵、眼睛距离等牛体特征，构建特征矩阵，利用 CNN 算法进行高效特征比对，牲畜识别成功率达到96％，破解牛只活体重复抵押、人工识别难问题，提升畜牧活体抵押业务风控能力。

②创新研发"智慧畜牧贷"产品。在同业中率先推出"智慧畜牧贷"专项信贷产品，该产品具有以下几个显著特点：第一，适用范围广。支持对象包括龙头企业、农民专业合作社、家庭农场、农户等主体，是一款法人、个人都适用的特色产品，较好地满足了从事畜牧养殖行业的各类主体融资需求。支持的牲畜品种既包括种猪、能繁母猪、肉牛、奶牛、羊等常见牲畜，也包括骆驼、鹿、驴等区域性特色牲畜，对畜牧品种的覆盖面较广。第二，科技含量高。突出科技要素在信贷业务中的作用，加强物联

网、云计算、大数据、人工智能等技术在业务办理、押品管理、风险管理等环节的应用，将部分线下和现场信贷管理工作转移到线上，实现对活体抵押物的远程实时监管。灵活支持自建场景监管、数据对接监管等多种方式，实现智慧场景因客而异。第三，贷款额度大。利用活体抵押方式办理"智慧畜牧贷"，家庭农场、农户等个人单户贷款额度最高可达1000万元，小微型企业单户贷款额度最高可达3000万元，畜牧业行业重点客户、国家级农业产业化龙头企业等优势客户不设额度限制，能够较好地满足各类畜牧养殖主体在生产经营过程中合理资金需求。

③拓展智慧畜牧生态"朋友圈"。积极对接政府主管部门、行业协会等机构，努力打造支持畜牧业高质量发展的多方合力。第一，银政合力推动畜牧业高质量发展。2022年9月，农业银行联合农业农村部发文支持畜牧业高质量发展，从支持设施化规模化养殖、智慧畜牧建设等方面，引导和推动金融助力畜牧业高质量发展。明确提出运用物联网、人工智能等技术手段，以金融科技赋能畜牧业高质量发展；加强畜牧业数据资源互通共享，探索开展养殖主体信用评估。第二，与中国畜牧业协会建立合作关系。农业银行除做好中国畜牧业协会会员的金融服务工作之外，也积极探索在智慧畜牧场景建设方面与协会加强合作。双方已就优质客户推荐、数据资源共享、牲畜AI识别、无人机移动巡检等领域达成合作共识。第三，不断丰富畜牧业数据来源渠道。与农业农村部大数据发展中心、中国银保信公司等涉农数据机构签订合作协议，引入畜牧业主体生产经营相关信息，建立客户数字档案，开展多维度客户画像，精准匹配金融产品。对接农业农村部信贷直通车，实时获取农民专业合作社、家庭农场等新型畜牧业经营主体融资需求，开展精准营销服务。

（3）主要成效。

①聚焦痛点堵点，搭建场景应用。聚焦畜牧养殖主体担保难、融资难的痛点堵点，精准运用物联网、大数据、人工智能等现代信息技术，将活体畜牧转变为"数字畜牧"，为开展场景金融服务打下数据基础。目前，农行智慧畜牧场景入驻客户已超3200户，覆盖30家一级分行，在吉林、内蒙古、甘肃等多个畜牧主产区省份实现智慧畜牧场景落地应用，监管活体牲畜超过300万头。

②坚持创新驱动，破解融资难题。在搭建智慧畜牧场景的基础上，创

新推出智慧畜牧贷，推动场景系统与农行信贷管理系统交互，形成"场景＋信贷"服务模式。目前，农行智慧畜牧贷款余额超过 100 亿元，已成为农行服务乡村产业发展的又一拳头产品。

③加强对外合作，拓宽数据渠道。坚持"自主研发＋开放合作"两条腿走路，汇聚多方合力、拓展朋友圈，联合推动智慧畜牧场景建设，多渠道获取畜牧业数据，通过科技手段精准服务更多畜牧业经营主体。

（4）经验借鉴。

聚焦畜牧业融资难题，利用物联网、大数据、人工智能等技术为活体牲畜赋予身份标识，破解身份识别难题，并通过自动化采集数据解决活体牲畜抵押贷款贷后管理难等问题。通过自主研发并合作构建智慧畜牧场景，实现远程实时监管，推出"智慧畜牧贷"专项信贷产品，精准对接畜牧养殖主体融资需求。同时，拓宽合作网络，丰富畜牧业数据来源，提升金融服务精准度。目前，智慧畜牧场景已在多省份成功落地，显著提升畜牧业生产效率和服务质量，通过"场景＋信贷"服务模式，为畜牧业转型升级与可持续发展提供便捷、高效的金融支持。

14.5.2　案例：珠海华润银行：构建银行级数智化平台　做好数字金融大文章[①]

（1）案例背景。

近年来，随着数字经济的快速发展，党中央高度重视数字金融的建设与发展。2023 年召开的中央金融工作会议将数字金融列为金融"五篇大文章"之一，明确要求打造现代金融机构和市场体系，以疏通资金进入实体经济的渠道。在这一背景下，珠海华润银行（以下简称"华润银行"）积极响应国家号召，立足"特色数字化产业银行"的发展定位，统筹制定了智行战略及配套的数字化转型规划。按照"战略—组织—文化"一致性原则，华润银行深入推进数字化转型。

（2）主要做法。

①战略为本，数字化战略助力业务转型发展。围绕"客户—渠道—产

---

① 中国金融电脑：珠海华润银行首席信息官张昕：构建银行级数智化平台　做好数字金融大文章 [EB/OL]．（2024 - 09 - 24）[2024 - 10 - 14]．https：//www.fintechinchina.com/viewpoints/7320.

品/服务—营销—运营—风控—经营管理"等银行价值创造的主要环节，构建银行级数智化能力平台。该平台以用户为中心，加速推动业务模式的数字化升级与经营方式的智能化再造，高效支撑银行的整体性跨越式发展。

②平台为基，打造银行级数智化平台底座。重点落地了一个中心、两个在线、三大中台、四大策略及五大能力。通过持续推动客户及员工两大在线能力建设，搭建业务、数据、技术三大中台，按照移动优先、生态开放、数据智胜、安全敏捷四大策略，输出差异化产品、精准化营销、平台化运营、数字化风控、高效化管理五大能力，实现银行高质量发展。

③数智赋能，助力数字金融服务创新。结合各业务条线的重点发展方向，以数智化能力平台建设为依托，赋能公司金融、个人金融、金融市场等业务领域的产品及服务创新。通过打造创新产品及服务、构建公司业务营销模型、优化零售产品体系及配套渠道、风控及运营体系，以及引入智能化算法重塑金融市场产品等措施，推动银行业务的全面升级。

（3）主要成效。

①数字化转型成效显著。通过数字化转型，实现了对传统银行业务流程的自动化改造和银行体系的系统性重构。这不仅提升了服务效率、降低了运营成本，还显著提高了价值创造能力。

②数智化能力平台初见成效。金融基础设施创新平台和数智化能力平台的构建，为该行的金融创新提供了坚实的"安全底座"。通过重构新一代核心业务系统、供应链金融平台及手机银行，该行在基础架构自主可控与数字化转型能力提升方面取得了显著成效。

③业务及管理全面赋能。基于五大能力的输出，该行实现了对各业务及管理领域的全面赋能。这不仅推动了该行在公司金融、个人金融、金融市场等业务领域的创新发展，还提升了银行的整体运营效率和管理水平。

（4）经验借鉴。

银行围绕客户价值创造的主要环节，构建了银行级数智化能力平台，为数字化转型提供了明确的方向和目标。数智化能力平台的构建是该行数字化转型的关键。通过落地一个中心、两个在线、三大中台、四大策略及五大能力，夯实了数字化转型的基础，为业务的创新发展提供了有力支撑。同时，该行注重数智赋能，通过引入新技术、构建创新产品和服务、优化渠道和风控体系等措施，推动了银行业务的全面升级。这种创新驱动的发展模式为其他银行提供了有益的借鉴。

14.5.3　案例：江西抚州建立"信用 + 多种经营权抵押贷款"模式①

（1）案例背景。

2019 年 7 月国务院办公厅印发《关于加快推进社会信用体系建设构建以信用为基础的新型监管机制的指导意见》，应国家公共信用信息中心邀请，7 月 21 日，抚州市上报了《抚州市探索信用介入生态产品价值实现机制初步思路》。在相关文件指引下，抚州市于 2020 年出台了《抚州"信用 + 多种经营权抵押贷款"推进生态产品价值实现实施方案》，提出在全市各县（区）全面开展信用 + 多种经营权抵押贷款工作，并将建立事前、事中、事后信用监管机制作为重点任务之一予以推进。

（2）主要做法。

①事前环节。建立健全信用承诺制度，开展市场主体准入前诚信教育，明确鼓励各类市场主体在办理生态产品价值抵押贷款业务中广泛地、主动地应用信用报告。由市发改委牵头探索组建信用评级评价中心，引导符合条件的信用服务机构建立企业和自然人等市场主体多种经营权抵押交易的信用档案和信用评价机制，并将第三方信用服务机构出具的市场主体信用评价结果嵌入合作银行相关金融产品风控体系，同等条件下，信用评价等级较高的市场主体获得更高信用额度，并作为多种经营权等抵押贷款发放的重要依据，后续逐步推广应用到合作银行其他相关金融产品。

②事中环节。建立和完善市场主体信用记录，开展公共信用综合评价，加强市信用平台与合作银行的信用信息协同，依法依规为公共信用综合评价结果为"优"级的市场主体在开展多种经营权等生态产品抵押贷款业务时提供绿色通道、容缺受理；依法依规约谈公共信用综合评价结果为"差"级的市场主体并督促整改，将"差"级评价结果作为对其重点监管的重要依据，不予发放生态产品抵押贷款，推动信用分级分类监管。

---

① 经济观察报. 生态信用在金融助力生态产品价值实现中的应用浅析 [EB/OL]. (2023 - 02 - 06) [2024 - 08 - 20]. https://baijiahao. baidu. com/s?id = 1757033624438384294&wfr = spider&for = pc.

③事后环节。建立健全失信联合惩戒对象认定机制，开展失信联合惩戒，从根本上解决失信成本偏低、失信行为反复出现、易地出现的问题。

（3）主要成效。

该产品依托抚州市云计算中心大数据信息，借助区块链技术，结合外部信用评级机构的信用评级结果，重点分析公安、司法、税务、市场监管等部门提供的信用信息。充分利用信用体系建设在信用档案、信用评价机制、风险预警、风险监测，联动奖惩机制在所有信贷领域贷前、贷中、贷后的作用。同时结合运用生态产品价值相关信用行为与金融信贷、行政审批、政府采购、社会救助等挂钩的联动奖惩机制，依法依规与其他相关部门共享信息，实施联合惩戒，来完善风控体系。产品上线当天即成功授信贷款147笔，授信金额2426万元，放款89笔，放款金额646.47万元，成为以信用撬动金融资源、以金融资源促进产业发展的良好范例。

（4）经验借鉴。

江西抚州通过"信用＋多种经营权抵押贷款"模式，成功将生态信用与金融信贷相结合，为生态产品价值实现提供了有力支持。该模式通过建立事前信用承诺制度、事中信用记录和公共信用综合评价机制，以及事后失信联合惩戒机制，形成了全流程的信用监管体系。抚州市还依托云计算中心大数据信息，结合区块链技术，创新"信易贷"产品，实现了信用信息在金融信贷中的有效应用。这一模式不仅解决了市场主体的融资难题，还促进了生态保护和绿色发展，为其他地区提供了可借鉴的经验。

14.6　结论与讨论

14.6.1　结论

在全球经济数字化转型的大背景下，金融科技的崛起不仅重塑了金融服务的面貌，更为生态经济的可持续发展提供了强有力的支持。本章主要介绍数字金融赋能生态产品融资增信的关键技术、数字平台、应用场景和典型案例四方面内容。一是关键技术，数字孪生技术、区块链技术、供应链金融技术、云计算技术的应用显著降低了生态产品融资增信的风险，提高了效率与安全；二是数字平台，本章介绍并设计了生态产品融资增信信息共享平台、生态产品融资增信数字化监管平台、生态产品融资增信产融合作平台，搭建了一个数据采集、共享、监管、运用于一体的数字平台。三是应用场景，通过分析数字金融在 EOD 项目开发、生态信用体系构建、数据集成与智能画像场景下各种技术的应用，为生态产品融资增信提供参考依据。四是典型案例，主要包括中国农业银行"智慧畜牧场景 + 智慧畜牧贷"服务模式、珠海华润银行数智化平台建设、江西抚州建立"信用 + 多种经营权抵押贷款"模式，通过案例呈现使数字技术在生态产品融资增信应用中的技术逻辑和可行性更加具象化。

14.6.2　讨论

　　数字金融赋能生态产品融资增信尽管展现出巨大的潜力和前景，但在实际操作中仍面临着一系列挑战。首先，需要加强金融产品创新，缺乏针对性的金融产品和服务模式。尽管一些地区如丽水市通过创新金融产品和服务模式取得了一定的成效，例如，推出"生态贷""两山贷"等金融产品，但这些金融产品的应用和推广还需要进一步加强。金融机构需要进一步探索和开发更多符合生态产品特性的金融产品，以满足不同生态产品的融资需求，在产品设计和风险管理上进行创新和突破。其次，技术应用和推广难度大。尽管数字技术如数字孪生技术、区块链技术、云计算技术等在生态产品融资中具有显著的优势，但其在实际应用和推广中仍面临诸多挑战。同时，技术的推广还涉及到数据安全和隐私保护等问题，增加了技术应用的复杂性和难度。对于此，如何有效降低技术应用的成本，提升技术的普及率和应用效果，是数字金融赋能生态产品融资亟须解决的问题。最后，容错机制还不完善。传统的信贷模式主要以抵押贷款和担保贷款为主，这种模式虽然风险较小，但条件严格，限制了中小微企业的融资渠道。现有的容错机制尚不完善，金融机构在面对信贷风险时往往缺乏灵活性和创新性。这不仅影响了金融机构对中小微企业信贷的支持力度，也限制了数字金融在生态产品融资中的应用。通过建立和完善容错机制，鼓励金融机构在信贷决策中进行创新和尝试，是推动数字金融赋能生态产品融资的重要途径。

参 考 文 献

［1］安国发改.【坚持人民至上】科普栏目｜大数据基础知识科普第十
二期——大数据相关的新一代信息技术（一）［EB/OL］.（2024－08－19）
［2024－09－03］. https：//mp. weixin. qq. com/s?＿biz＝Mzg2MjcwODYyOA＝＝
&mid＝2247494789&idx＝3&sn＝f4f64b647cab9813aee10483bb565254&chksm＝
cf6480bfa7eb269d36069e9996f744ddbe39d6f5478a19bcd3934186f4c9ec5f914c1
7bbbbf9&scene＝27.

［2］安筱鹏.数据要素创造价值有三个模式［EB/OL］.（2020－05－
22）［2023－07－21］. http：//finance. people. com. cn/n1/2020/0522/c1004－
31720064. html.

［3］白春礼.科技革命与产业变革：趋势与启示［J］.科技导报，2021，
39（02）：11－14.

［4］白福臣，高鹏，郑沃林.生态资源赋能乡村共富——数字经济的
促进作用［J］.中国农业大学学报，2023，28（06）：263－275.

［5］白玛卓嘎，肖燚，欧阳志云等.基于生态系统生产总值核算的习
水县生态保护成效评估［J］.生态学报，2020，40（02）：499－509.

［6］百度百科.内生增长理论［EB/OL］.［2024－08－21］. ht-
tps：//baike. baidu. com/item/％E5％86％85％E7％94％9F％E5％A2％9E％
E9％95％BF％E7％90％86％E8％AE％BA/9789538?fr＝ge_ala.

［7］百度文库.技术创新理论的演化研究［EB/OL］.（2024－03－11）
［2024－08－21］. https：//wenku. baidu. com/view/409ccea4ed06eff9aef8941
ea76e58fafab045bc. html?_wkts_＝1725370845990.

［8］百度文库.内生增长理论发展综述［EB/OL］.（2023－06－06）
［2024－08－21］. https：//wenku. baidu. com/view/bf42dc21cb50ad02de80d

4d8d15abe23492f031e. html?_wkts_ =1725370356602.

[9] 蔡为民，王燕秋，林国斌等．基于"资源—资产—资本—资金"转化路径的森林碳汇价值实现机制 [J]．中国人口·资源与环境，2024，34 （03）：60 -67.

[10] 曹钰，计雪珺，袁静怡等．推动 GEP 核算实用化，加速"两山"转化——以武汉市新洲区道观河风景区为例 [J]．环境经济，2023 （05）：62 -67.

[11] 查图拉·科维达·德席尔瓦，廖静莹，杨汋溪．形态类型学视角下亚马逊物流设施开发对周边区域土地利用的影响 [J]．国际城市规划，2022，37 （04）：12 -19.

[12] 柴王军，巩紫豪，师浩轩等．数字技术赋能大型体育赛事碳中和的作用机理与实现路径 [J]．武汉体育学院学报，2023，57 （10）：12 -21.

[13] 陈辞．生态产品的供给机制与制度创新研究 [J]．生态经济，2014，30 （08）：76 -79.

[14] 陈东军，钟林生．生态系统服务价值评估与实现机制研究综述 [J]．中国农业资源与区划，2023，44 （01）：84 -94.

[15] 陈耿，陈春贻．广东省智慧生态环境监测管理体系建设思路与探索 [J/OL]．环境监测管理与技术，2022，34 （01）：5 -9.

[16] 陈贵珍，崔静，储鼎等．自然资源大数据三维应用平台的设计与实现 [J/OL]．测绘与空间地理信息，2023，46 （S1）：122 -124，128.

[17] 陈海贝，卓翔芝．数字赋能研究综述 [J]．图书馆论坛，2019，39 （06）：53 -60.

[18] 陈静，于世勇．辽宁省国家级公益林成效监测与评价研究 [J]．林业调查规划，2023，48 （06）：23 -27.

[19] 陈康，郑纬民．云计算：系统实例与研究现状 [J]．软件学报，2009，20 （05）：1337 -1348.

[20] 陈明衡，殷斯霞．金融支持生态产品价值实现 [J]．中国金融，2021 （12）：52 -53.

[21] 陈佩佩，张晓玲．生态产品价值实现机制探析 [J]．中国土地，2020 （02）：12 -14.

［22］陈倩茹，陈彬，谢花林等．数字赋能生态产品价值实现：基本逻辑与典型路径［J］．中国土地科学，2023，37（11）：116－27．

［23］陈水光，兰子杰，苏时鹏．自然资源资产价值可持续实现路径分析［J］．林业经济问题，2022，42（01）：21－29．

［24］陈涛，杨武年．"3S"技术在生态环境动态监测中的应用研究［J/OL］．中国环境监测，2003（03）：19－22．

［25］陈卫洪，路雯晶，王莹等．数字普惠金融与生态林业耦合协调发展及驱动因素研究——基于生态产品价值转化视角［J］．生态经济，2023，39（11）：128－135，155．

［26］陈文烈，寿金杰．民族地区产业生态化的内涵厘定、战略框架与推进理路［J］．青海民族研究，2023，34（03）：21－33．

［27］陈叶能，蔡巧琼，董正浩．关于数字孪生技术在生态环境领域的应用［J］．中国信息界，2024（02）：152－156．

［28］陈一博，雷良海．"双碳"背景下碳排放的边际外部性成本及最佳碳税的思考［J］．中国环境管理，2023，15（04）：53－60．

［29］陈昭彦．青海绿色有机农畜产品经营开发路径研究［J］．青藏高原论坛，2023，11（01）：32－37．

［30］城市生态智慧系统管理［EB/OL］．［2024－08－21］．https：//www.iuems.com/eco/index.html．

［31］程广斌，李莹．基于技术—经济范式的数字经济发展水平测度与区域差异研究［J］．工业技术经济，2022，41（06）：35－43．

［32］程滔．一种全国陆地生态系统服务价值的大数据计算与分析方法［J］．测绘通报，2018（08）：41－46．

［33］程文杰，孔凡斌，徐彩瑶．国家试点区森林调节类生态产品价值转化效率初探［J］．林业经济问题，2022，42（04）：354－362．

［34］崔莉，厉新建，程哲．自然资源资本化实现机制研究——以南平市"生态银行"为例［J］．管理世界，2019，35（09）：95－100．

［35］大武夷新闻网．瞭望|"南平模式"做强生态产品价值链［EB/OL］．（2022－03－14）［2024－08－20］．https：//www.np.gov.cn/cms/html/npszf/2022－03－14/2065559918.html．

［36］德清综合执法．湖州德清水域监管"一件事"：完善"全链条"

治理体系，实现全域一"图"智治［EB/OL］.（2024 – 07 – 04）［2024 –
08 – 20］. https：//mp. weixin. qq. com/s?__biz = MzI2NTQ3NTQzOA == &mid =
2247615583&idx = 2&sn = 051268ad19e06a1134cf805d3e14c8fb&chksm = eb1330
eaa9ba2c0a79ebecbb2f712cd92684bd340e923f87c659fe00c0dff50ad0aac350bbab&
scene = 27.

　［37］邓梦华，何泽恩，程思聪等. 基于改进 SobolSSA-ANP 的生态补
偿效果评估：以太湖流域为例［J］. 南水北调与水利科技（中英文），
2023，21（01）：148 – 159.

　［38］邓梦华，张天舒，陈军飞. 基于 XGBoost-SHAP 模型的太湖流域居
民生态补偿支付意愿影响因素研究［J］. 水利经济，2024，42（02）：44 – 50.

　［39］丁亮，徐志乾，章俊屾等. 长三角城市网络外部性的空间异质
性［J］. 地理研究，2022，41（09）：2433 – 2447.

　［40］丁庆洋，朱建明. 区块链视角下的 B2C 电商平台产品信息追溯
和防伪模型［J］. 中国流通经济，2017，31（12）：9.

　［41］丁志帆. 数字经济驱动经济高质量发展的机制研究：一个理论
分析框架［J］. 现代经济探讨，2020（01）：85 – 92.

　［42］董玉红，刘世梁，张月秋等. 大数据在我国生态环境监测与评价
中的应用与问题［J］. 科研信息化技术与应用，2017，8（03）：18 – 26.

　［43］豆丁网. 内生增长理论的产生、发展与争论［EB/OL］.（2023 –
12 – 07）［2024 – 08 – 21］. https：//www. docin. com/p-4560880141. html.

　［44］豆中强，周霖林. 生态环境导向开发的金融支持［J］. 中国金
融，2022（16）：47 – 48.

　［45］杜健勋，卿悦."生态银行"制度的形成、定位与展开［J］.
中国人口·资源与环境，2023，33（02）：188 – 200.

　［46］杜威漩. 现代数字技术赋能农田水利供给体系的机理与路径［J］.
农业经济与管理，2022（05）：12 – 21.

　［47］杜焱强，王继应，孙雪峰."生态颜值"何以持续转化为"农
民财富"？［J］. 中国人口·资源与环境，2022，32（10）：150 – 159.

　［48］段红波. 平台公司 EOD 项目管理的数字化转型实践［J］. 数字
技术与应用，2023，41（09）：28 – 30.

　［49］段平方. 技术创新的理论与实践［J］. 现代经济信息，2009

(17): 44 - 46.

[50] 鄂高阳, 韩芳, 秦秉希等. 遥感技术在农业资源与土壤环境综合监测上的应用 [J/OL]. 山东农业科学, 2024, 56 (3): 163 - 170.

[51] 范睿. 基于物联网技术的生态环境监测分析 [J]. 皮革制作与环保科技, 2023, 4 (16): 28 - 30. DOI: 10. 20025/j. cnki. CN10 - 1679. 2023 - 16 - 09.

[52] 范翔宇, 卢新海, 刘进进. 数字经济发展对城市土地绿色利用效率的影响——基于基础设施建设的调节效应分析 [J]. 中国土地科学, 2023, 37 (05): 79 - 89.

[53] 范振林, 马晓妍, 厉里等. "好山好水" 价值如何挖掘? 这些生态产品价值实现方式值得学习 [EB/OL]. (2020 - 07 - 22) [2024 - 08 - 20]. https: //mp. weixin. qq. com/s/kDrd8RJfiu9nETaI7UqaEw.

[54] 范振林. 生态产品价值实现的机制与模式 [J]. 中国土地, 2020 (03): 35 - 38.

[55] 方洁, 严飞. 以数字技术赋能生态产品价值实现 [J]. 上海企业, 2023 (05): 67.

[56] 冯科. 数字经济时代数据生产要素化的经济分析 [J]. 北京工商大学学报: 社会科学版, 2022, 37 (01): 1 - 12.

[57] 抚州林业. 深化改革看一线 | 抚州: 青山有颜值 金山有成色. [EB/OL] (2024 - 07 - 29) [2024 - 08 - 21]. https: //mp. weixin. qq. com/s?__biz = MzA3NjMxNzY1NA == &mid = 2648554154&idx = 3&sn = 9cfba8dd992f3e39f76ca832cdb22eb7&chksm = 874a0c13b03d850509ba4285d426acbd426ff39e190b1ab32d4c414fe0842eb89dbfa4441afd&scene = 27.

[58] 高家军, 李亚兰. 黄河流域生态补偿的实现机制研究——以河南省为例 [J]. 黄河水利职业技术学院学报, 2024, 36 (02): 20 - 26.

[59] 高世楫. 建立生态产品调查监测机制支撑生态产品价值实现 [J]. 中国经贸导刊, 2021 (11): 48 - 50.

[60] 高晓龙, 桂华, 欧阳志云. 生态产品交易机制研究 [J]. 中国土地, 2022 (08): 43 - 45.

[61] 高晓龙, 林亦晴, 徐卫华等. 生态产品价值实现研究进展 [J]. 生态学报, 2020, 40 (01): 24 - 33.

［62］高晓龙，张英魁，马东春等．生态产品价值实现关键问题解决路径［J］．生态学报，2022，42（20）：8184－8192．

［63］高新才，魏丽华．绿色技术创新如何赋能黄河流域绿色发展——基于EKC拐点内涵的新解读［J］．甘肃行政学院学报，2022（04）：90－102，127．

［64］高崟，崔丽娟，王发良等．基于大数据的湿地生态系统服务价值评估［J］．水利水电技术，2017，48（09）：1－9，23．

［65］葛艳，黄朝良，陈明等．基于区块链的HACCP质量溯源模型与系统实现［J］．农业机械学报，2021，52（06）：7．

［66］谷业凯．用数字技术赋能生态环境保护［N］．人民日报，2022－06－27（019）．

［67］管青春，郝晋珉，石雪洁等．中国生态用地及生态系统服务价值变化研究［J］．自然资源学报，2018，33（02）：195－207．

［68］管志贵，田学斌，孔佑花．基于区块链技术的雄安新区生态价值实现路径研究［J］．河北经贸大学学报，2019，40（03）：77－86．

［69］桂德竹．关于推进全国一体化大数据中心建设中自然资源时空信息相关工作建议［EB/OL］．（2021－11－23）［2023－07－21］．https：//mp. weixin. qq. com/s?__biz＝MjM5NjU0MDk1Nw＝＝&mid＝2650529885&idx＝1&sn＝70cce07eae0d4c93d6f6062556f4286c&chksm＝bee8e72f899f6e39a86d68153c526448be8621d753d27f3fa6930b2b32caa533ed07a8737858&scene＝27．

［70］郭亮，张煜．数字孪生在制造中的应用进展综述［J］．机械科学与技术，2020，39（04）：9．

［71］郭庆华，胡天宇，马勤等．新一代遥感技术助力生态系统生态学研究［J］．植物生态学报，2020，44（04）：418－435．

［72］郭上铜，王瑞锦，张凤荔．区块链技术原理与应用综述［J］．计算机科学，2021，48（02）：271－281．

［73］郭韦杉，李国平．欠发达地区实现共同富裕的主抓手：生态产品价值实现机制［J］．上海经济研究，2022，401（02）：76－84．

［74］国家发展和改革委员会，国家统计局．生态产品总值核算规范［M］．北京：人民出版社，2022．

［75］国家发展和改革委员会：加快完善生态产品价值实现机制 拓宽

绿水青山转化金山银山路径 ［EB/OL］. （2024 - 05 - 07）［2024 - 08 - 21］ https：//www. ndrc. gov. cn/.

［76］国家林草局. 林业改革发展典型案例（第四批）［EB/OL］. （2023 - 11 - 30）［2024 - 08 - 20］. https：//www. forestry. gov. cn/c/www/ lcdt/534434. jhtml.

［77］国家数据局. 数字中国发展报告（2023 年）［R/OL］. https：// www. digitalchina. gov. cn/2024/xwzx/szkx/202406/P020240630600725771219. pdf.

［78］韩剑尘，周良发. 大数据赋能乡村振兴绩效评价的价值意蕴与推进策略 ［J］. 山西农业大学学报（社会科学版），2021，20（03）：9 - 15.

［79］杭州日报. "竹林碳汇的价值会越来越高！"今天，中国绿色低碳创新大会绿色金融支持竹林碳汇发展论坛在安吉举行 ［EB/OL］. （2022 - 08 - 15）［2024 - 08 - 20］. http：//apiv4. cst123. cn/cst/news/shareDetail？id = 7439091116216344576.

［80］杭州市宜昌商会. 湖北五峰"国家级生态工业园"［EB/OL］. （2021 - 07 - 27）［2024 - 08 - 20］. http：//www. zjsycsh. com/zhaoshangxinxi/ 149. html.

［81］郝博，王建新，王明阳等. 基于数字孪生的装配过程质量控制方法 ［J］. 组合机床与自动化加工技术，2021（04）：146 - 149，153.

［82］何爱，曾楚宏. 诱致性技术创新：文献综述及其引申 ［J］. 改革，2010（06）：45 - 48.

［83］何锋，魏晓燕，周峻松. 基于机器学习的普达措国家公园生态资源资产定价研究 ［J］. 云南地理环境研究，2023，35（04）：1 - 10.

［84］何雄伟. "双平衡"目标下"湿地银行"制度创新的实践探索与路径优化 ［J］. 企业经济，2023，42（09）：103 - 112.

［85］胡才旺，刘治红. 基于数字孪生的质量管控技术研究进展 ［J］. 兵工自动化，2023，42（01）：26 - 32.

［86］胡珂，王程. 乡村全面振兴背景下农村土地数字化治理创新研究——政策·难点·路径 ［J］. 山东农业大学学报（社会科学版），2023，25（04）：11 - 17，84.

［87］胡雯，黄季焜，陈富桥等. 基于区块链技术的农产品质量安全追溯体系：实践、挑战与建议 ［J］. 农业经济问题，2024（05）：33 - 47.

［88］胡兴，刘检华，庄存波等．基于数字孪生的复杂产品装配过程管控方法与应用［J］．计算机集成制造系统，2021，27（02）：642－653．

［89］胡熠，黎元生．数字化拓宽生态产品价值实现的路径［J］．环境保护，2023，51（17）：17－20．

［90］黄建中，许燕婷，胡刚钰等．大都市圈网络外部性的借用规模分析——以上海大都市圈为例［J］．城市发展研究，2024，31（03）：16－23．

［91］黄俊波，鹿泽伦，王磊等．基于数字孪生技术的直升机质量管理应用方法探索［J］．直升机技术，2020（02）：5．

［92］黄林，孙波，杨振华等．数字赋能生态产品价值实现机制研究［J］．河南工业大学学报（社会科学版），2024，40（02）：1－9．

［93］黄茂兴，丘水林．深入践行习近平生态文明思想让绿水青山永远成为福建的骄傲［J］．环境与可持续发展，2023，48（06）：55－61．

［94］黄敏，宋扬，高哲明等．产品溯源研究综述及前景展望［J］．控制与决策，2023，38（8）：2158－2167．

［95］黄燕，樊广佺．基于大数据的农产品溯源管理系统构建［J］．物联网技术，2023，13（03）：84－87．

［96］黄颖，温铁军，范水生等．规模经济、多重激励与生态产品价值实现——福建省南平市"森林生态银行"经验总结［J］．林业经济问题，2020，40（05）：499－509．

［97］黄征，苏敏敏，谢远程等．林权确权登记规范化、标准化、信息化之路的积极探索——宁波市海曙区林权确权登记试点工作经验总结［J］．浙江国土资源，2022（06）：46－47．

［98］慧云信息．数博会发布2018"中国大数据企业排行榜"，慧云信息荣登两个细分领域榜单［EB/OL］．（2018－05－26）［2024－08－20］．https：//www. tcloudit. com/Publish/news_detail276. html.

［99］吉富星．流域"准市场化"治理与生态产品价值实现的探索［J］．甘肃社会科学，2022（05）：206－216．

［100］纪光欣，覃欣．当代创新理论从技术创新向社会创新的"范式转变"［J］．管理工程师，2017，22（04）：33－36．

［101］建投智库中建政研．人民日报点评中建政研咨询团队提供服务的EOD项目［EB/OL］．（2024－03－01）［2024－08－21］．https：//mp.

weixin. qq. com/s/J0W5ieM6l6byHwpYMv_OBQ.

[102] 江小涓. 数字时代的技术与文化 [J]. 中国社会科学, 2021, 308 (08): 4 – 34, 204.

[103] 蒋凡, 秦涛, 田治威. 生态脆弱地区生态产品价值实现研究——以三江源生态补偿为例 [J]. 青海社会科学, 2020 (02): 99 – 104.

[104] 蒋金荷, 马露露, 张建红. 我国生态产品价值实现路径的选择 [J]. 价格理论与实践, 2021 (07): 24 – 27, 119.

[105] 矫玉勋. 云计算技术在现代农业中应用分析及发展策略 [D]. 长春: 吉林大学, 2013.

[106] 金丹, 卞正富. 基于能值和 GEP 的徐州市生态文明核算方法研究 [J]. 中国土地科学, 2013, 27 (10): 88 – 94.

[107] 靳诚, 陆玉麒. 我国生态产品价值实现研究的回顾与展望 [J]. 经济地理, 2021, 41 (10): 207 – 213.

[108] 靳乐山, 朱凯宁. 从生态环境损害赔偿到生态补偿再到生态产品价值实现 [J]. 环境保护, 2020, 48 (17): 15 – 18.

[109] 靳利飞, 刘天科, 南锡康. 主体功能区生态补偿制度优化路径探析 [J]. 地方财政研究, 2021 (06): 53 – 59.

[110] 经济参考报. 做好认证溯源助力生态产品价值实现 [EB/OL]. (2020 – 08 – 18) [2024 – 08 – 21] http: //m. tanpaifang. com/article/73370. html.

[111] 经济观察报. 生态信用在金融助力生态产品价值实现中的应用浅析 [EB/OL]. (2023 – 02 – 06) [2024 – 08 – 20]. https: //baijiahao. baidu. com/s?id = 1757033624438384294&wfr = spider&for = pc.

[112] 荆金坡, 李月. 基于数字孪生技术的水综合治理应用研究 [C] //河海大学, 江苏省水利学会, 浙江省水利学会, 上海市水利学会. 2024 (第十二届) 中国水利信息化技术论坛论文集. 黄河水利委员会三门峡库区水文水资源局;, 2024: 6. DOI: 10. 26914/c. cnkihy. 2024. 009340.

[113] 柯平松, 周华, 徐丽红. 丽水市探索在土地出让领域开展生态产品价值实现路径 [J]. 浙江国土资源, 2020 (08): 62 – 63.

[114] 科学网. "十四五" 生态环境领域科技创新的挑战与对策 [EB/OL]. (2023 – 12 – 04) [2024 – 08 – 29]. https: //blog. sciencenet. cn/

blog – 3244891 – 1412435. html.

[115] 匡后权，陈缵绪，马丽. 基于产业价值链视角的大数据赋能农业生态产品价值实现研究 [J]. 农村经济，2023，485 (03)：78 – 86.

[116] 兰玉芳，石小华，李宏韬等. 基于开源 GIS 的森林资源监测智慧云平台构建 [J]. 林业资源管理，2020 (05)：131 – 137.

[117] 兰玉芳，石小华，马胜利等. 中分卫星遥感技术在森林资源动态监测中的应用 [J/OL]. 林业资源管理，2021 (03)：154 – 159.

[118] 兰志贤，黄忠. 金融服务促进生态产品价值实现 [J]. 中国金融，2024 (03)：101.

[119] 雷德雨. "两山" 理论指引下的贵州生态产品价值实现路径 [J]. 理论与当代，2024 (01)：27 – 31.

[120] 雷硕，孟晓杰，侯春飞等. 长江流域生态产品价值实现机制与成效评价 [J]. 环境工程技术学报，2022，12 (02)：399 – 407.

[121] 黎元生. 生态产业化经营与生态产品价值实现 [J]. 中国特色社会主义研究，2018 (04)：84 – 90.

[122] 李本森. 论刑事诉讼的外部性——以法律经济学为研究视角 [J]. 学术界，2024 (06)：132 – 143.

[123] 李冰强，康星. "生态银行" 嵌入自然资源资产管理的制度化构建 [J]. 经济问题，2023 (11)：8 – 16.

[124] 李德仁. 数字孪生城市智慧城市建设的新高度 [J]. 中国勘察设计，2020 (10)：13 – 14.

[125] 李国萍. 生态产业数字化来了 [N]. 内蒙古日报，2021 – 12 – 16 (06).

[126] 李红梅，张吉维. 科技赋能乡村生态产业：典型模式、现实挑战与路径选择 [J]. 科学管理研究，2023，41 (06)：139 – 146.

[127] 李宏伟，薄凡，崔莉. 生态产品价值实现机制的理论创新与实践探索 [J]. 治理研究，2020，36 (04)：34 – 42.

[128] 李慧泉，简兆权. 数字经济发展对技术企业的资源配置效应研究 [J]. 科学学研究，2022，40 (08)：1390 – 1400.

[129] 李莉，徐崇斌，孙晓敏. "GEP 星座" 助力绿水青山——解码生态环境遥感资源平台 [J]. 卫星应用，2023 (07)：30 – 31.

[130] 李丽辉, 王吉. 马克思社会资本再生产理论对我国经济高质量发展的启示 [J]. 资本论研究, 2020, 16 (00): 22 – 29.

[131] 李柳鑫, 李小婷, 万一帆等. 长江经济带生态系统生产总值自动核算平台功能设计与数据算法建设——以苏州市吴江区为例 [J]. 绿色科技, 2023, 25 (18): 243 – 251.

[132] 李璞, 欧阳志云. 金融创新生态产品价值实现路径研究 [J]. 开发性金融研究, 2021 (03): 88 – 96.

[133] 李启平, 张宏如. 新技术—经济范式下就业量质协调发展的挑战及对策研究 [J]. 湘潭大学学报 (哲学社会科学版), 2022, 46 (05): 42 – 45, 58.

[134] 李全生, 刘举庆, 李军等. 矿山生态环境数字孪生: 内涵、架构与关键技术 [J/OL]. 煤炭学报, 2023, 48 (10): 3859 – 3873.

[135] 李淑娟, 梁晓丽, 隋玉正等. 生态旅游视角下海洋保护地生态产品价值实现机理与路径 [J]. 生态学报, 2023, 43 (12): 5224 – 5233.

[136] 李双成, 谢爱丽, 吕春艳等. 土地生态系统服务研究进展及趋势展望 [J]. 中国土地科学, 2018, 32 (12): 82 – 89.

[137] 李万予. 大数据时代你还有隐私吗 [J]. 理论导报, 2013 (07).

[138] 李维明, 杨艳, 谷树忠等. 关于加快我国生态产品价值实现的建议 [J]. 发展研究, 2020 (03): 60 – 65.

[139] 李维平, 赵子新, 段存国等. 构建 "1 + 5 + N" 数字化体系推动数字化转型——基于山东省公共资源交易数字化建设的经验及思考 [J]. 中国招标, 2023 (07): 77 – 80.

[140] 李晓雪. 物联网技术在生态环境监测中的应用分析 [J]. 新技术新工艺, 2015 (08): 72 – 75.

[141] 李严, 杨玉文. 新质生产力赋能下绿色金融支持边疆地区生态产品价值实现路径研究 [J/OL]. 云南民族大学学报 (哲学社会科学版), 2024, 41 (03): 101 – 109.

[142] 李业昆, 姜樊. 互联时代如何给组织赋能 [J]. 经济研究参考, 2018 (47): 93 – 96.

[143] 李永波, 朱方明. 企业技术创新理论研究的回顾与展望 [J]. 西南民族学院学报 (哲学社会科学版), 2002 (03): 188 – 191, 252.

［144］李政道，任晓聪．区块链对互联网金融的影响探析及未来展望［J］．技术经济与管理研究，2016（10）：75 - 78．

［145］李忠．长江经济带生态产品价值实现路径研究［J］．宏观经济研究，2020（01）：124 - 128，163．

［146］李忠，刘峥延．生态产品质量评估体系的构建思路［J］．宏观经济管理，2020（04）：13 - 19．

［147］里斯·弗里曼，弗朗西斯科·卢桑．光阴似箭：从工业革命到信息革命［M］．沈宏亮主译．北京：中国人民大学出版社，2007：151 - 153．

［148］梁冠，杨海龙，王博博．郑州市生态产业化发展策略建议［J］．农村经济与科技，2023，34（21）：89 - 92．

［149］梁正，李瑞．数字时代的技术—经济新范式及全球竞争新格局［J］．科技导报，2020，38（14）：142 - 147．

［150］廖兵，魏康霞．基于5G、IoT、AI与天地一体化大数据的鄱阳湖生态环境监控预警体系及业务化运行技术框架研究［J］．环境生态学，2019，1（07）：23 - 31．

［151］林凯．绿色金融对区域经济高质量发展的空间溢出效应及传导机制研究［D］．济南：齐鲁工业大学，2024．

［152］林永民，赵欣，崔小杰．"三权分置"情境下生态资源资本化路径研究——基于南平市顺昌县"森林生态银行"的案例［J］．财会通讯，2024（02）：97 - 103．

［153］刘畅，胡卫卫．跨域生态治理"碎片化"的限度审视与整体性治理机制研究［J］．中国环境管理，2024，16（01）：154 - 161．

［154］刘耕源，王硕，颜宁聿等．生态产品价值实现机制的理论基础：热力学，景感学，经济学与区块链［J］．中国环境管理，2020，12（05）：28 - 35．

［155］刘桂环，王夏晖，文一惠等．近20年我国生态补偿研究进展与实践模式［J］．中国环境管理，2021，13（05）：109 - 118．

［156］刘桂环，文一惠，谢婧等．深化生态保护补偿制度有序推进生态产品价值实现［J］．环境保护，2023，51（22）：30 - 34．

［157］刘寒冰，王小涵．基于物联网的水生态环境智慧监测及管理系统［J/OL］．物联网技术，2024，14（02）：33 - 36，39．

[158] 刘汉烨, 曹课兴, 安强强. 基于 RFID 技术的溯源系统产品防伪机制研究 [J]. 榆林学院学报, 2017, 27 (02): 3.

[159] 刘继兵, 高芳, 田韦仑. "资源诅咒" 如何转化为 "发展福音"? ——基于数字金融破除效应视角 [J]. 武汉金融, 2022 (06): 21 – 30.

[160] 刘丽霞. 我市全面启动建设智慧林草生态大数据平台项目 [N]. 呼和浩特日报, 2020 – 10 – 06.

[161] 刘萍. 互联网金融对传统金融模式的影响及创新路径研究 [J]. 商展经济, 2024 (13): 105 – 108.

[162] 刘启雷, 张媛, 雷雨嫣等. 数字化赋能企业创新的过程、逻辑及机制研究 [J]. 科学学研究, 2022, 40 (01): 150 – 159.

[163] 刘清, 薛德升, 黄耿志等. 中国半导体产业集群网络的空间组织与网络外部性影响——基于半导体产业价值链细分视角 [J]. 地理研究, 2024, 43 (04): 909 – 930.

[164] 刘秋华, 谢余初, 覃宇恬等. 基于 GEE 云计算的南宁市生态环境质量时空分异监测 [J]. 水土保持通报, 2023, 43 (05): 121 – 127.

[165] 刘然, 刘虎沉. 基于数字孪生的产品制造过程质量管理研究 [J]. 现代制造工程, 2022 (07): 50 – 56.

[166] 刘守英. 土地制度变革与经济结构转型——对中国 40 年发展经验的一个经济解释 [J]. 中国土地科学, 2018, 32 (01): 1 – 10.

[167] 刘洋, 宋文捷, 丘水林等. 基于生态产品价值核算的跨界流域生态补偿标准测度 [J]. 河北农业大学学报 (社会科学版), 2023, 25 (05): 17 – 25.

[168] 刘玉梅, 刘芳, 孙贯益. 基于 3S 技术的湿地生态系统动态监测 [J]. 沈阳建筑大学学报 (自然科学版), 2016, 32 (02): 361 – 369.

[169] 刘志刚, 倪义平, 武红等. 浅论 3S 技术在生态环境监测领域中的应用 [C] //中国环境监测总站. 第十五次生态环境监测学术交流会论文集. 内蒙古自治区环境监测总站鄂尔多斯分站, 内蒙古自治区环境监测总站阿拉善盟分站, 2024: 7.

[170] 刘智慧, 张泉灵. 大数据技术研究综述 [J]. 浙江大学学报 (工学版), 2014, 48 (06): 957 – 972.

[171] 刘智. 碳中和目标下低碳会展实践与推进策略 [J]. 求索, 2016

（06）：85 – 89.

[172] 柳祺祺，夏春萍．基于区块链技术的农产品质量溯源系统构建 [J]．高技术通讯，2019，29（03）：9.

[173] 卢现祥，李慧．自然资源资产产权制度改革：理论依据、基本特征与制度效应 [J]．改革，2021（02）：14 – 28.

[174] 逯元堂，赵云皓，辛璐等．生态环境导向的开发（EOD）模式实施要义与实践探析 [J]．环境保护，2021，49（14）：30 – 33.

[175] 吕铁，李载驰．数字技术赋能制造业高质量发展——基于价值创造和价值获取的视角 [J]．学术月刊，2021，53（04）：56 – 65，80.

[176] 吕晓阳．大数据在我国生态环境监测与评价中的应用方法探讨 [J]．皮革制作与环保科技，2024，5（02）：78 – 81.

[177] 栾晓梅，陈池波，田云等．数字经济赋能乡村生态农产品价值实现的典型模式与形成机制分析 [J]．四川农业大学学报，2024，42（01）：224 – 230.

[178] 罗千峰，赵奇锋，张利庠．数字技术赋能农业高质量发展的理论框架、增效机制与实现路径 [J]．当代经济管理，2022，44（07）：49 – 56.

[179] 罗琼．"绿水青山"转化为"金山银山"的实践探索、制约瓶颈与突破路径研究 [J]．理论学刊，2021，294（02）：90 – 98.

[180] 罗序斌．数字经济提升城乡融合质量的机制与路径研究——以脱贫地区为例 [J]．山西大学学报（哲学社会科学版），2024，47（01）：151 – 160.

[181] 骆得瑞．自然资源确权登记工作技术难点问题探讨 [J]．测绘技术装备，2022，24（02）：64 – 69.

[182] 马国勇，刘欣．基于利益相关者理论的生态产品价值实现机制探析——以武夷山国家公园为例 [J]．世界林业研究，2023，36（04）：87 – 93.

[183] 马文保．现状与问题：马克思生产关系思想研究 [J]．哲学研究，2015（06）：27 – 30.

[184] 梅永存，彭张青．瞭望｜"南平模式"做强生态产品价值链 [EB/OL]．（2022 – 03 – 14）[2024 – 10 – 16]．https：//www．np．gov．cn/cms/html/npszf/2022 – 03 – 14/2065559918．html.

[185] 蒙继华, 何荣鹏, 林圳鑫. Google Earth Engine 在农业管理中的研究现状与展望 [J]. 地球信息科学学报, 2024, 26 (04): 1002-1018.

[186] 孟亭含. 数字经济赋能中国式现代化: 逻辑机理、现实梗阻与创新路径 [J]. 企业经济, 2024, 43 (05): 118-128.

[187] 孟夏风. 用数字技术赋能智慧城市建设——以生态环境保护为例 [J]. 中国安防, 2024 (04): 56-61.

[188] 民主与法制网. 绿水青山一键"计价", GEP 核算系统助推高质量绿色发展 [EB/OL]. (2021-07-16) [2024-08-21]. http://hunan. mzyfz. com/detail. asp?dfid=2&cid=87&id=420971.

[189] 倪旭, 付晶, 张海亮. 区块链赋能战略性矿产资源生态治理研究 [J]. 云南社会科学, 2022 (01): 91-97.

[190] 农业农村部. 农业农村部关于全面推广应用国家农产品质量安全追溯管理信息平台的通知 [EB/OL]. (2018-10-11) [2024-08-20]. http://www. jgj. moa. gov. cn/zsgl/201904/t20190418_6186148. htm.

[191] 欧阳日辉. 数字经济的理论演进、内涵特征和发展规律 [J]. 广东社会科学, 2023 (01): 25-35, 286.

[192] 欧阳志云, 朱春全, 杨广斌等. 生态系统生产总值核算: 概念、核算方法与案例研究 [J]. 生态学报, 2013, 33 (21): 6747-6761.

[193] 潘丹, 余异. 乡村多功能性视角下的生态产品价值实现与乡村振兴协同 [J]. 环境保护, 2022, 50 (16): 12-17.

[194] 潘德寿, 王嘉芃, 刘想. 基于物联网和遥感技术的湿地公园生态实时监测与集成管理系统的设计与实现 [C/OL]. 2019 年度浙江省测绘与地理信息学会学术年会论文集. 杭州: 139-142 [2024-08-25].

[195] 裴厦, 于倩茹, 刘春兰等. 生态产品价值核算中调节服务的定价方法分析 [J]. 环境保护, 2024, 52 (Z1): 31-35.

[196] C. 佩蕾丝. 技术革命与金融资本: 泡沫与黄金时代的动力学 [M]. 田方萌, 胡叶青, 刘然等译. 北京: 中国人民大学出版社, 2007: 1-27.

[197] 彭文英, 滕怀凯. 市场化生态保护补偿的典型模式与机制构建 [J]. 改革, 2021 (07): 136-145.

[198] 秦国伟, 董玮, 宋马林. 生态产品价值实现的理论意蕴、机制构成与路径选择 [J]. 中国环境管理, 2022, 14 (02): 69, 70-75.

［199］秦涛，蒋逸飞，朱然．农地流转模式创新与价值提升——以浙江衢州"两山合作社"为例［J］．世界农业，2023（05）：116-124.

［200］丘水林．持续推进完善生态产品价值实现机制［N］．学习时报，2022-11-09（07）.

［201］丘水林，黄茂兴．中国生态产品价值实现研究进展与展望［J］．环境保护，2023，51（17）：41-45.

［202］饶小康，马瑞，张力等．数字孪生驱动的智慧流域平台研究与设计［J］．水利水电快报，2022，43（02）：117-123.

［203］人民网．浙江龙泉："益林富农"走出山区共富新路子［EB/OL］.（2021-08-29）［2024-08-20］．http：//zj. people. com. cn/n2/2021/0829/c228592-34888847. html.

［204］人民资讯．安吉：以数为"媒"绿水青山变"活钱"［EB/OL］.（2022-03-26）［2024-08-21］．https：//baijiahao. baidu. com/s? id =1728366369284711160&wfr = spider&for = pc.

［205］阮建明，王哲中，殷斯霞．GEP核算金融应用的经验与启示［J］．浙江金融，2022（02）：33-39.

［206］芮韦青，黄涛珍．外部性视角下环境关心对公众低碳消费行为的影响研究［J］．干旱区资源与环境，2024，38（04）：13-20.

［207］三思派．科技革命和产业变革大循环与科技创新趋势［EB/OL］.（2021-07-26）［2024-09-03］．https：//www. shkp. org. cn/articles/2021/07/wx338798. html.

［208］三峡日报．电商引进来 土货走出去——五峰电商催生乡村振兴新活力［EB/OL］.（2021-12-02）［2024-08-20］．https：//old. cn3x. com. cn/content/show?catid =324894&newsid =727859.

［209］山东农业信息网．山东：实施合格证制度 加强信息化管理［EB/OL］（2020-08-06）［2024-08-21］．http：//www. aqsc. agri. cn/gzjl/xtdt/202008/t20200806_358618. htm.

［210］陕西省农业农村厅．农产品质量安全追溯典型案例——招贤五彩现代农业开发有限公司［EB/OL］.（2022-11-22）［2024-08-21］．http：//nynct. shaanxi. gov. cn/jgw/home/index/detail/catId/738/articleId/6948. html.

［211］商品防伪溯源网络服务平台484. 六盘水生态产品质量追溯体系［EB/OL］.（2018－05－24）［2024－08－21］. https：//mp. weixin. qq. com/s/eRaI6lOkaCPrViwa46wl6Q.

［212］沈辉，李宁. 生态产品的内涵阐释及其价值实现［J］. 改革，2021（09）：145－155.

［213］生态环境部办公厅，发展改革委办公厅，国家开发银行办公厅. 关于推荐生态环境导向的开发模式试点项目的通知［Z］. 2020.

［214］生态嘉兴. 最"嘉""两山"｜数字赋能生态修复 打造绿色"标杆园区"［EB/OL］.（2024－07－09）［2024－08－20］. https：//mp. weixin. qq. com/s?__biz＝MzI4MTEzMzg3Mw＝＝&mid＝2650164481&idx＝1&sn＝4bd483d27e74d57a057a9ae045688ec3&chksm＝f2eeca81e55839fb8dbede38e7ea7c117b6b7359a85652f0a7b711e5ecdeec7dcaeb5752521c&scene＝27.

［215］师博. 数字经济下政治经济学理论创新研究［J］. 政治经济学评论，2022，13（02）：182－197.

［216］施雄天，仵凤清，余正勇等. 集聚外部性对我国高新技术产业创新效率的影响［J］. 技术与创新管理，2024，45（02）：129－140.

［217］石敏俊，陈岭楠，赵云皓等. 生态环境导向的开发（EOD）模式的理论逻辑与实践探索［J］. 中国环境管理，2024，16（02）：5－14.

［218］数聚股份. 全周期GEP｜数据门户｜数字政府门户｜GDP｜GEP乡镇领导离任审计［EB/OL］.（2024－08－21）. https：//www. datacvg. com/Case/Detail/1166993231184622.

［219］宋百媛. 乡镇级GEP核算及成果应用研究——以歙县深渡镇为例［J］. 中国资源综合利用，2024，42（02）：45－47.

［220］宋昌素. 生态产品价值实现：现实困境与路径机制［J］. 行政管理改革，2023（09）：43－51.

［221］宋汉元. 外部性视角下产业技术创新战略联盟规范发展研究［D］. 北京：华北电力大学，2023.

［222］苏丹妮，盛斌. 产业集聚、集聚外部性与企业减排——来自中国的微观新证据［J］. 经济学（季刊），2021，21（05）：1793－1816.

［223］孙博文. 环境经济地理学研究进展［J］. 经济学动态，2020（03）：131－146.

[224] 孙博文. 建立健全生态产品价值实现机制的瓶颈制约与策略选择 [J]. 改革，2022 (05)：34 – 51.

[225] 孙博文. 建立生态产品价值实现机制："五难"问题及优化路径 [J]. 天津社会科学，2023 (04)：87 – 97.

[226] 孙传恒，于华竟，罗娜等. 基于智能合约的果蔬区块链溯源数据存储方法研究 [J]. 农业机械学报，2022，53 (08)：361 – 370.

[227] 孙东琪，陆大道，孙斌栋等. 从网络描述走向网络绩效——"城市网络外部性"专辑序言 [J]. 地理研究，2022，41 (09)：2325 – 2329.

[228] 孙惠斌，潘军林，张纪铎等. 面向切削过程的刀具数字孪生模型 [J]. 计算机集成制造系统，2019 (06)：7.

[229] 孙康慧，曾晓东，李芳.1980 ~ 2014 年中国生态脆弱区气候变化特征分析 [J]. 气候与环境研究，2019，24 (04)：455 – 468.

[230] 孙其博，刘杰，黎羴等. 物联网：概念、架构与关键技术研究综述 [J]. 北京邮电大学学报，2010，33 (03)：1 – 9.

[231] 孙庆刚，郭菊娥，安尼瓦尔·阿木提. 生态产品供求机理一般性分析——兼论生态涵养区"富绿"同步的路径 [J]. 中国人口·资源与环境，2015，25 (03)：19 – 25.

[232] 孙新波，苏钟海，钱雨等. 数据赋能研究现状及未来展望 [J]. 研究与发展管理，2020，32 (02)：155 – 166.

[233] 孙艳霞. 基于不同视角的企业价值创造研究综述 [J]. 南开经济研究，2012 (01)：145 – 153.

[234] 孙中伟. 从"个体赋权"迈向"集体赋权"与"个体赋能"：21 世纪以来中国农民工劳动权益保护路径反思 [J]. 华东理工大学学报 (社会科学版)，2013，28 (02)：10 – 20，47.

[235] 唐萍萍，任保平. 数字经济赋能我国生态现代化的机制、路径与政策 [J/OL]. 烟台大学学报 (哲学社会科学版)：1 – 14 [2024 – 06 – 22].

[236] 陶飞，刘蔚然，刘检华等. 数字孪生及其应用探索 [J]. 计算机集成制造系统，2018，24 (01)：1 – 18.

[237] 陶启，崔晓晖，赵思明等. 基于区块链技术的食品质量安全管理系统及在大米溯源中的应用研究 [J]. 中国粮油学报，2018，33 (12)：9.

[238] 滕飞. 生态补偿数字化平台建设中的关键信息技术研究 [J].

现代信息科技, 2020, 4 (02): 177 - 179, 183.

[239] 天和经济研究所. 天和案例库: 浙江"千万工程"十大典型案例 [EB/OL]. (2024 - 05 - 10) [2024 - 08 - 20]. https: //mp. weixin. qq. com/s?__biz = MzI4MjUzMjM5Ng == &mid = 2247488969&idx = 4&sn = 5dd4f02bcc1a715fd56d1031b8977917&chksm = eaad4437d360b609b7c5db8678c2f5f46b2f09f06e19405f5681ead1ec313856ffd31b7a9123&scene = 27.

[240] 田爽, 焦龙潇, 朱涛等. 湿地生态状况的时空动态与退化驱动因素研究——基于地理大数据与综合遥感指数的评估 [J]. 环境科学与管理, 2024, 49 (09): 163 - 168.

[241] 涂平生, 钟贞魁, 徐禹. 基于区块链技术的林业数据采集系统设计与研究 [J]. 自动化应用, 2022 (07): 55 - 57.

[242] 万建香, 汪寿阳. 社会资本与技术创新能否打破"资源诅咒"? ——基于面板门槛效应的研究 [J]. 经济研究, 2016, 51 (12): 76 - 89.

[243] 汪李冰. 环境保护税开征对企业创新数量与质量的影响研究 [D]. 上海: 上海财经大学, 2023.

[244] 王爱爱, 郑灿霞, 潘娴斌. 县级自然资源管理数字化转型的探索与实践——以安吉县自然资源一体化管理信息平台建设为例 [J]. 测绘与空间地理信息, 2021, 44 (11): 93 - 96.

[245] 王超贤, 颜蒙, 张伟东. 数字经济的本质逻辑、边界构成与发展策略——基于产业、"技术—经济"范式和经济形态三重视角的比较分析 [J]. 电子政务, 2023 (01): 74 - 90.

[246] 王化宏, 戴兴栋, 徐燕飞等. 数字技术赋能森林生态产品价值实现研究 [J/OL]. 中国国土资源经济: 1 - 11 [2024 - 07 - 04].

[247] 王金南, 刘桂环. 完善生态产品保护补偿机制促进生态产品价值实现 [J]. 中国经贸导刊, 2021 (11): 44 - 46.

[248] 王金南, 王志凯, 刘桂环等. 生态产品第四产业理论与发展框架研究 [J]. 中国环境管理, 2021, 13 (04): 5 - 13.

[249] 王晶, 曾水英, 郭建伟等. 区块链技术在食品安全信用体系建设中的应用 [J]. 无线互联科技, 2019, 16 (21): 4.

[250] 王蕾, 曹希敬. 熊彼特之创新理论的发展演变 [J]. 科技和产

业，2012，12（06）：84－88.

［251］王娜. 以数字经济赋能农业现代化［J］. 行政管理改革，2023（08）：13－23.

［252］王茹. 基于生态产品价值理论的"两山"转化机制研究［J］. 学术交流，2020（07）：112－120.

［253］王珊，郝祎凡，董超等. 基于 GEP 核算的生态产品价值评估与对策研究［J］. 商业经济，2023（11）：161－164，192.

［254］王仕菊，黄贤金，陈志刚等. 基于耕地价值的征地补偿标准［J］. 中国土地科学，2008，22（11）：44－50.

［255］王姝楠，陈江生. 数字经济的技术—经济范式［J］. 上海经济研究，2019（12）：80－94.

［256］王晓冬，董超. 以数字化转型推进黄河流域生态保护和高质量发展［J］. 中国经贸导刊（中），2020（01）：4－5.

［257］王晓丽，彭杨贺，石道金. 推进准公共森林生态产品价值实现：关键难题、破解路径与实践探索——基于数字赋能视角［J］. 生态经济，2024，40（03）：220－227.

［258］王晓丽，彭杨贺，杨丽霞等. 数字技术赋能森林生态产品价值实现：理论阐释与实现路径［J］. 生态学报，2024，44（06）：2531－2543.

［259］王雪瑶.2024.3S 技术在水文与水资源工程中的创新应用探讨［C/OL］//第五届电力工程与技术学术交流会议. 中国广东广州，2024－08－17.

［260］王颖. 数字技术在生态产品价值实现中的应用研究［J］. 现代工业经济和信息化，2022，12（05）：9－11，16.

［261］魏成龙，郭诚诚. 赋能与重塑：数字经济时代的政府治理变革［J］. 理论学刊，2021（05）：51－58.

［262］魏丽莉，修宏岩，侯宇琦. 数字经济对城市产业生态化的影响研究——基于国家级大数据综合试验区设立的准自然试验［J］. 城市问题，2022（11）：34－42.

［263］邬晓燕. 数字化赋能生态文明转型的难题与路径［N/OL］.（2022－04－01）［2023－12－12］. https：//www. gmw. cn/xueshu/2022－04/01/content_35629917. htm.

[264] 吴宸梓, 白永秀. 数字技术赋能城乡融合发展的作用机理研究——基于马克思社会再生产理论视角 [J]. 当代经济科学, 2023, 45 (06): 123 - 134.

[265] 吴琳琳, 侯嵩, 孙善伟等. 水生态环境物联网智慧监测技术发展及应用 [J]. 中国环境监测, 2022, 38 (01): 211 - 221.

[266] 吴娜, 潘翔, 宋晓谕. 异质性目标视角下生态补偿减贫资金缺口——以甘肃秦巴山贫困核心区为例 [J]. 干旱区资源与环境, 2020, 34 (11): 65 - 71.

[267] 吴鹏海, 方红梅, 黄晓涵等. GEE 支持下的 1988 - 2022 年淮北市土地利用变化及其对生态系统服务价值的影响 [J]. 安庆师范大学学报 (自然科学版), 2023, 29 (01): 1 - 8.

[268] 吴平, 许憬秋. 探索生态修复机制创新筑牢国家生态安全根基 [J]. 国际人才交流, 2023 (08): 8 - 10.

[269] 吴茜, 姜奎. 区块链应用与农产品供应链优化路径研究 [J]. 哈尔滨师范大学社会科学学报, 2024, 15 (04): 86 - 89.

[270] 吴倩茜. 生态信用在金融助力生态产品价值实现中的应用浅析 [EB/OL]. (2023 - 02 - 03) [2024 - 08 - 21]. https://iigf.cufe.edu.cn/info/1012/6337.htm#: ~: text = % E7% 94% 9F% E6% 80% 81% E4% BF% A1% E7% 94% A8% E6% 9C% BA% E5% 88% B6% E6% 98% AF% E9% 87% 91% E8% 9E% 8D% E6% 94% AF.

[271] 吴绍华, 侯宪瑞, 彭敏学等. 生态调节服务产品价值实现的适宜性评价及模式分区——以浙江省丽水市为例 [J]. 中国土地科学, 2021, 35 (04): 81 - 89.

[272] 吴绍华, 虞燕娜, 朱江等. 土壤生态系统服务的概念、量化及其对城市化的响应 [J]. 土壤学报, 2015, 52 (05): 970 - 978.

[273] 吴翔宇, 李新. "生态银行" 赋能生态产品价值实现的创新机制 [J]. 世界林业研究, 2023, 36 (03): 128 - 134.

[274] 武颖, 姚丽亚, 熊辉等. 基于数字孪生技术的复杂产品装配过程质量管控方法 [J]. 计算机集成制造系统, 2019 (06): 8.

[275] 武子豪, 吴礼滨, 洪伟等. 机器学习在生态环境损害鉴定评估领域的应用前景 [J]. 农业环境科学学报, 2023, 42 (12): 2860 - 2868.

［276］武子豪，张司雨，董仕鹏等．机器学习在纳米材料风险评估中的应用［J］．生态毒理学报，2022，17（05）：139 – 151.

［277］奚家亮．数字赋能"两山"转化的对策思考——以湖州市为例［J］．江南论坛，2021（08）：38 – 39.

［278］夏明，周文泳，谢智敏．城市数字经济高质量发展协同路径研究——基于技术经济范式的定性比较分析［J］．科研管理，2023，44（03）：65 – 74.

［279］夏勇，钟茂初．经济发展与环境污染脱钩理论及 EKC 假说的关系——兼论中国地级城市的脱钩划分［J］．中国人口·资源与环境，2016，26（10）：8 – 16.

［280］向廷贵，郭晓伟．"智慧林草"技术——数字化赋能生态保护［J］．中国林业产业，2023（08）：62 – 63.

［281］向雪萍，齐增湘．生态系统调节服务价值实现的景观规划策略——以耒阳市为例［J］．中国城市林业，2024，22（01）：62 – 69.

［282］小康杂志社．县域数字生态！安吉：以数为"媒"绿水青山变"活钱"［EB/OL］．（2022 – 04 – 08）［2024 – 08 – 20］．https：//baijiahao. baidu. com/s?id = 1729533448770526789&wfr = spider&for = pc.

［283］肖鹰，曾志丹，张艳．基于云计算下现代生态农业物联网监控系统的设计［J/OL］．农机化研究，2023，45（11）：117 – 121.

［284］谢花林，陈彬．生态产品价值实现的全过程协同路径［J］．中国土地，2022（11）：9 – 13.

［285］谢世清．论云计算及其在金融领域中的应用［J］．金融与经济，2010（11）：9 – 11，57.

［286］许世卫，王东杰，李哲敏．大数据推动农业现代化应用研究［J］．中国农业科学，2015，48（17）：3429 – 3438.

［287］许周迎，田昕加，鲁青艳．数字经济视角下森林生态产品价值实现的重塑：现状、机遇与挑战［J］．世界林业研究，2024，37（02）：94 – 101.

［288］薛明皋，邢路，王晓艳．中国土地生态系统服务当量因子空间修正及价值评估［J］．中国土地科学，2018，32（09）：81 – 88.

［289］薛新龙，陈润恺．构建数据要素供给制度充分释放数据要素价

值 [N]. 人民邮电报, 2023 – 01 – 19 (06).

[290] 闫瑞华. 数字赋能生态扶贫的理论逻辑与实践路径研究 [J]. 西南林业大学学报 (社会科学), 2023, 7 (06): 53 – 59.

[291] 严金明, 王晓莉, 夏方舟. 重塑自然资源管理新格局: 目标定位、价值导向与战略选择 [J]. 中国土地科学, 2018, 32 (04): 1 – 7.

[292] 严伟. 数字经济赋能旅游业高质量发展的安全风险研究——基于技术—经济范式视角 [J]. 广西社会科学, 2024 (01): 21 – 29.

[293] 杨波, 潘麒伊, 邓慧麟等. "双碳"目标下农村生态信用体系建设的若干思考与建议 [J]. 征信, 2023, 41 (06): 72 – 76.

[294] 杨凤华, 王璇. 关于数字技术赋能生态产品价值实现的思考——以太湖生态岛为例 [J]. 生产力研究, 2024 (02): 86 – 92.

[295] 杨虎涛. 社会 – 政治范式与技术—经济范式的耦合分析——兼论数字经济时代的社会 – 政治范式 [J]. 经济纵横, 2020 (11): 1 – 11.

[296] 杨维刚. 推进智慧城市建设提升政府服务能力 [J]. 中国政协, 2019 (21): 40 – 41.

[297] 杨雅萍, 姜侯, 胡云锋等. "互联网 +"农产品质量安全追溯发展研究 [J]. 中国工程科学, 2020, 22 (04): 58 – 64.

[298] 杨懿, 李玮涛. 电商平台异质性对生态产品定价策略的影响研究——以云南鲜花饼为例 [J]. 东南大学学报 (哲学社会科学版), 2023, 25 (S2): 132 – 137.

[299] 杨永华, 诸大建, 胡冬洁. 内生增长理论下的循环经济研究 [J]. 中国石油大学学报 (社会科学版), 2007 (01): 21 – 24.

[300] 姚鸿文, 王世红, 朱程昊等. 钱江源百山祖国家公园生态补偿机制与标准研究 [J]. 南京林业大学学报 (自然科学版), 2024, 48 (05): 21 – 27.

[301] 姚玉璧, 郑绍忠, 杨扬等. 中国太阳能资源评估及其利用效率研究进展与展望 [J]. 太阳能学报, 2022, 43 (10): 524 – 535.

[302] 姚毓春, 李冰. 数字经济时代的社会再生产: 数字信息主导与信息安全保障 [J] 情报科学, 2023, 41 (04): 93 – 98.

[303] 叶明. 技术创新理论的由来与发展 [J]. 软科学, 1990 (03): 7 – 10.

[304] 应申，李程鹏，郭仁忠等．自然资源全要素概念模型构建
[J]．中国土地科学，2019，33（03）：50 - 58．

[305] 于丽瑶，石田，郭静静．森林生态产品价值实现机制构建
[J]．林业资源管理，2019（06）：28 - 31，61．

[306] 于晓秋，李言鹏．数字孪生技术在流域水环境综合治理中的应用
探索［C/OL］//2024（第十二届）中国水利信息化技术论坛论文集．河海大
学、江苏省水利学会、浙江省水利学会、上海市水利学会：[2024 - 06 - 30]．

[307] 余东华．黄河流域产业生态化与生态产业化的战略方向和主要
路径［J]．山东师范大学学报（社会科学版），2022，67（01）：128 - 138．

[308] 余东华，李云汉．数字经济时代的产业组织创新——以数字技
术驱动的产业链群生态体系为例［J]．改革，2021（07）：24 - 43．

[309] 余鹏凌．数字产业的外部性效应：理论机制与实证研究［D]．
上海：上海师范大学，2023．

[310] 余星涤．自然资源领域生态产品价值的实现［J]．中国土地，
2020（07）：28 - 30．

[311] 余志良，谢洪明．技术创新政策理论的研究评述［J]．科学管
理研究，2003，21（06）：32 - 37．

[312] 俞淑，魏亦书畅．机制创新数字赋能实干巧干杭州市萧山区探
索耕地保护振兴促富新路径［J]．浙江国土资源，2021（11）：26 - 27．

[313] 袁菲．数字经济赋能农村居民收入增长的研究［D]．成都：西
南财经大学，2022．

[314] 袁峰，叶莹．关于流域物联网及智慧水务系统探讨［J]．智能
建筑与智慧城市，2021（04）：103 - 105．

[315] 袁晓玲，郭一霖，黄涛等．碳汇银行：碳汇生态产品价值实现
路径的创新模式研究［J]．当代经济科学，2023，45（04）：59 - 71．

[316] 岳文泽，夏皓轩，钟鹏宇等．自然资源治理助力共同富裕：政
策演进、关键挑战与应对策略［J]．中国土地科学，2022，36（09）：1 - 9．

[317] 云南网：区块链追溯平台助推普洱茶品质提升［EB/OL]．
（2021 - 04 - 27）［2024 - 08 - 20]．https：//baijiahao. baidu. com/s? id =
1698147580083496779&wfr = spider&for = pc．

[318] 曾贤刚，虞慧怡，谢芳．生态产品的概念、分类及其市场化供

给机制 [J]. 中国人口·资源与环境, 2014, 24 (07): 12-17.

[319] 翟华云, 李岱玲, 李青原. 数字金融发展提升"两山"转化水平了吗?——来自西部民族地区的经验证据 [J]. 财经问题研究, 2024 (03): 109-120.

[320] 张成福, 谢侃侃. 数字化时代的政府转型与数字政府 [J]. 行政论坛, 2020, 27 (06): 34-41.

[321] 张丛林, 刘千禧, 张树静等. 黄河流域源区生态产品价值实现机制研究 [J]. 生态经济, 2024, 40 (02): 212-217.

[322] 张籍, 邹梓颖. 雅鲁藏布江流域生态产品总值(GEP)核算及其应用研究 [J]. 生态经济, 2022 (10): 167-172.

[323] 张佳朋, 刘检华, 龚康等. 基于数字孪生的航天器装配质量监控与预测技术 [J]. 计算机集成制造系统, 2021, 27 (02): 12.

[324] 张洁, 夏婷. 乡村振兴绿色发展视角下绿色金融助力"两山"转化的浙江实践 [J]. 西南金融, 2023 (05): 45-58.

[325] 张俊, 钟春平. 偏向型技术进步理论: 研究进展及争议 [J]. 经济评论, 2014 (05): 148-160.

[326] 张磊, 王淼. 西方技术创新理论的产生与发展综述 [J]. 科技与经济, 2008 (01): 56-58.

[327] 张黎黎. 生态产品价值实现的金融介入与支持 [J]. 中国金融, 2022 (11): 91-94.

[328] 张林波, 陈鑫, 梁田等. 我国生态产品价值核算的研究进展、问题与展望 [J]. 环境科学研究, 2023, 36 (04): 743-756.

[329] 张林波, 程亮, 相文静等. 我国"森林生态银行"的发展历程、运行模式与完善建议——以福建省南平市为例 [J]. 环境保护, 2023, 51 (17): 21-26.

[330] 张林波, 虞慧怡, 李岱青等. 生态产品内涵与其价值实现途径 [J]. 农业机械学报, 2019, 50 (06): 173-183.

[331] 张谦, 祝树金. 贸易政策、网络外部性与数字平台搭售决策 [J]. 管理科学学报, 2023, 26 (12): 19-41.

[332] 张文明. 完善生态产品价值实现机制——基于福建森林生态银行的调研 [J]. 宏观经济管理, 2020 (03): 73-79.

[333] 张五常. 交易费用的范式 [J]. 社会科学战线, 1999 (01): 1 - 9.

[334] 张小鹏, 唐芳林, 曹忠等. 国家公园自然资源确权登记的思考 [J]. 林业建设, 2018 (03): 6 - 9.

[335] 张新春. 数字技术下社会再生产分层探究 [J]. 财经科学, 2021 (12): 52 - 63.

[336] 张雅倩, 刘江平, 陈晨. 应用 HyperledgerFabric 和物联网技术的农产品溯源系统设计 [J]. 山西农业大学学报: 自然科学版, 2022, 42 (06): 12 - 23.

[337] 张银银. 数字经济推动生态产品价值实现——来自全国首个生态产品价值实现机制试点城市丽水的实践 [N]. 中国社会科学报, 2021 - 11 - 16 (A9).

[338] 张英, 成杰民, 王晓凤等. 生态产品市场化实现路径及二元价格体系 [J]. 中国人口·资源与环境, 2016, 26 (03): 171 - 176.

[339] 张羽. 物联网和人工智能技术在农业中的应用研究 [J]. 智能城市, 2023, 9 (05): 1 - 3.

[340] 赵斌, 郑国楠, 王丽等. 公共产品类生态产品价值实现机制与路径 [J]. 地方财政研究, 2022 (04): 35 - 46.

[341] 赵丹妮, 汤子隆. 金融科技、集聚外部性与区域创新——基于空间面板杜宾误差模型的经验分析 [J]. 西南民族大学学报 (人文社会科学版), 2024, 45 (01): 88 - 102.

[342] 赵雪, 张建哲, 崔莉. 生态银行大数据平台赋能森林资源信息管理研究 [J]. 林产工业, 2024, 61 (01): 87 - 92.

[343] 赵云皓, 徐志杰, 辛璐等. 生态产品价值实现市场化路径研究——基于国家 EOD 模式试点实践 [J]. 生态经济, 2022, 38 (07): 160 - 166.

[344] 浙江省银行业协会.【"普惠金融浙十年"典型案例】安吉农商银行"生态修复贷": 化生态"疤痕"为绿色"聚宝盆" [EB/OL]. (2024 - 04 - 30) [2024 - 08 - 20]. https://mp. weixin. qq. com/s/Jnzm7XcP9dmTQ - bA95lsXA.

[345] 浙江网信办. 常山县创新"两山生态资源云脑"赋能胡柚产业数字化发展 [EB/OL]. (2023 - 03 - 13) [2024 - 08 - 20]. https://www.

zjwx. gov. cn/art/2023/3/13/art_1229720890_58872900. html.

[346] 郑少华，张翰林. 数智时代环境智理的内涵与构建路径 [J]. 甘肃社会科学，2023（05）：169 – 176.

[347] 郑卓联，赵祖亮，蒋婷婷等. 浙江省建立健全生态信用体系的思考和建议——基于丽水生态信用实践 [J]. 中国工程咨询，2022（09）：67 – 70.

[348] 中共中央办公厅，国务院办公厅.《关于建立健全生态产品价值实现机制的意见》[EB/OL].（2023 – 04 – 26）[2024 – 08 – 20]. https：//www. gov. cn/gongbao/content/2021/content_5609079. htm.

[349] 中国城市报. 北京市平谷区：林下"掘金"，既美生态也富口袋 [EB/OL].（2024 – 05 – 08）[2024 – 08 – 20]. https：//m. thepaper. cn/newsDetail_forward_27299050.

[350] 中国城市报. 北京市平谷区：林下"掘金"，既美生态也富口袋 [EB/OL].（2024 – 05 – 08）[2024 – 08 – 20]. https：//m. thepaper. cn/newsDetail_forward_27299050.

[351] 中国发展改革报社. 吉安：点绿成金，变"高颜值"为"高价值" [EB/OL].（2024 – 07 – 02）[2024 – 08 – 20]. https：//baijiahao. baidu. com/s?id =1803435281593801691&wfr = spider&for = pc.

[352] 中国环境报. 福建生态环境大数据云平台 [EB/OL].（2018 – 10 – 26）[2024 – 08 – 19]. https：//hbdc. mee. gov. cn/hjyw/201810/t2018 1026_667051. shtml.

[353] 中国新闻社浙江分社. [浙西大门，"两山银行"] ——"中国县域治理大讲堂"第十五讲 [EB/OL].（2021 – 05 – 29）[2024 – 08 – 20]. https：//new. qq. com/rain/a/20210529A0C7BU00.

[354] 中国新闻网. "两山"转化的德清经验：数字赋能青山有"价" [EB/OL].（2021 – 06 – 07）[2024 – 08 – 20]. https：//baijiahao. baidu. com/s?id =1701886062233222778&wfr = spider&for = pc.

[355] 中国信息通信研究院. 中国数字经济发展白皮书（2020 年）[EB/OL]. [2024 – 08 – 21]. http：//www. caict. ac. cn/kxyj/qwfb/bps/202007/t20200702_285535. htm.

[356] 中国自然资源报. 江苏宿迁：三维立体时空数据库赋能自然资

源高效管理 ［EB/OL］. （2024 - 04 - 10）［2024 - 08 - 19］. https：//www. iziran. net/news. html?aid = 5311532.

［357］中华人民共和国生态环境部. 生物多样性优秀案例（57）［EB/OL］. （2024 - 05 - 10）［2024 - 08 - 21］. https：//baijiahao. baidu. com/s?id = 1798602417252660044&wfr = spider&for = pc.

［358］中农富通长三角规划所. 浙江省千万工程典型案例：湖州安吉竹林碳汇改革推动低碳共富经验 ［EB/OL］. （2024 - 04 - 09）［2024 - 08 - 20］. https：//baijiahao. baidu. com/s?id = 1795848191153143179&wfr = spider&for = pc.

［359］周斌，陈雪梅. 新时代中国生态产品价值实现机制研究 ［J］. 价格月刊，2022（05）：28 - 33.

［360］周吉，吴翠青，余倩. 以平台化运营破解江西生态资源碎片化难题的思考 ［J］. 中国国情国力，2023（01）：40 - 43.

［361］周维浩. 乡村振兴战略背景下生态产品价值实现路径研究 ［J］. 价格月刊，2024（06）：19 - 26.

［362］周文英，史文崇. 机器学习在渔业研究中的应用进展与展望 ［J］. 渔业研究，2022，44（04）：407 - 414.

［363］周小亮，王子成，吴洋宏. 数字经济时代微观经济理论的探索与思考 ［J/OL］. 长安大学学报（社会科学版），2024，26（04）：58 - 75.

［364］周毅，高芳，张静等. 黄孝河、机场河水环境综合治理数字孪生平台的设计与开发 ［J/OL］. 环境工程，2023，41（11）：104 - 109.

［365］朱道林，张晖，段文技等. 自然资源资产核算的逻辑规则与土地资源资产核算方法探讨 ［J］. 中国土地科学，2019，33（11）：1 - 7.

［366］朱梦洵，王爽，朱岩芳等. 黄河口国家公园生态保护补偿机制探究 ［J］. 湿地科学与管理，2024，20（02）：89 - 92，96.

［367］朱臻，齐正顺，朱哲毅等. 山水林田湖草生态保护修复农户受偿意愿研究——以钱江源头为例 ［J］. 林业经济，2021，43（07）：45 - 57.

［368］祝滨滨，张慧一. 集聚外部性、政府作用与区域创新——基于长三角地区41个地级市数据的门槛效应分析 ［J］. 经济纵横，2024（01）：119 - 128.

[369] Acemoglu D. , Aghion P. , Bursztyn L. et al. The environment and directed technical change [J]. American Economic Review, 2012, 102 (1): 131 – 166.

[370] Ahmad S. On the Theory of Induced Invention [J]. The Economic Journal, 1966, 76 (302): 344 – 357.

[371] Alfian G. , Rhee J. , Ahn H. et al. Integration of RFID, Wireless Sensor Networks, and Data Mining in an e-Pedigree Food Traceability System [J]. Journal of Food Engineering, 2017.

[372] Anderson J. , Gomez C. W. , Mccarney G. et al. Natural Capital: Using Ecosystem Service Valuation and Market-Based Instruments as Tools for Sustainable Forest Management [M]. California: Social Science Electronic Publishing, 2014: 11 – 17.

[373] Arthur M. Diamond. Edwin Mansfield's contributions to the economics of technology [J]. Research Policy, 2003, 32 (09): 1607 – 1617.

[374] Bagstad K. J. , Villa F. , Johnson G. W. et al. ARIES-artificial intelligence for ecosystem services: A guide to models and data, version 1.0 [R]. ARIES Report Series, 2011, 1.

[375] Bottazzi P. , Wiik E. , Crespo D. et al. Payment for environmental "self-service": Exploring the links between farmers' motivation and additionality in a conservation incentive programme in the Bolivian Andes [J]. Ecological Economics, 2018, 150: 11 – 23.

[376] Costanza R. The value of ecosystem service and nature capital in the world [J]. Nature, 1997, 387 (15): 235 – 260.

[377] Danny P. , Massimo C. NFC-Based Traceability in the Food Chain [J]. Sustainability, 2017, 9 (10): 1910.

[378] Digital Manufacturing [C] //IFAC Workshop on Intelligent Manufacturing Systems. 2020.

[379] Giulia Irene Wegner. Payments for ecosystem services (PES): A flexible, participatory, and integrated approach for improved conservation and equity outcomes [J]. Environment, Development and Sustainability, 2016, 18 (03): 617 – 644.

[380] Gleim M. R. , Stevens J. L. Blockchain: A Game Changer for Marketers [J]. Marketing Letters, 2021, 32: 123 – 128.

[381] Gohari H. , Berry C. , Barari A. A Digital Twin for Integrated Inspection System in Digital Manufacturing [J]. IFAC-Papers OnLine. 2019, 52 (10): 182 – 187.

[382] Gretchen Spreitzer. Giving Peace a Chance: Organizational Leadership, Empowerment, and Peace [J]. Journal of Organizational Behavior, 2007, 28 (08): 1077 – 1095.

[383] Grieves M. Virtually Perfect: Driving Innovative and Lean Products through Product Lifecycle Management [M]. Florida: Space Coast Press, 2011.

[384] Griliches Z. Hybrid Corn: An Explanation in the E-conomics of Technological Change [J]. Econometric, 1957, 25 (04): 501 – 522.

[385] Hassija V. , Chamola V. , Zeadally S. BitFund: A Blockchain-Based Crowd Funding Platform for Future Smart and Connected Nation [J]. Sustainable Cities and Society, 2020, 60: 102145.

[386] Heal G. M. , Daily G. , Ehrlich P. et al. Protecting natural capital through ecosystem service districts [J]. Stanford Environmental Law Journal, 2001, 20.

[387] Hicks J. R. The Theory of Wages [M]. London: Macmil-lan, 1963, 2nd Edition (First Edition in 1932).

[388] Hu B. , Xue J. , Zhou Y. et al. Modelling bioaccumulation of heavy metals in soil-crop ecosystems and identifying its controlling factors using machine learning [J]. Environmental Pollution, 2020, 262: 114308.

[389] IR Zalutskyy. Socio-economic environment of city in digital economy development: Conceptual grounds of transformation [J]. Regional Economy, 2019.

[390] Islam M. N. , Patii V. C. , Kundu S. On IC traceability via blockchain [C]. 2018 International Symposium on VLSI Design, Automation and Test, 2018: 1 – 4.

[391] Johnson J. A. , Jones S. K. , Wood S. L. R. et al. Mapping ecosystem services to human well-being: A toolkit to support integrated landscape man-

agement for the SDGs [J]. Ecological Applications, 2019, 29 (08): 1 – 14.

[392] Kennedy C. Induced Bias in Innovation and the Theory of Distribution [J]. Economic Journal, 1964, 74 (295): 541 – 547.

[393] Kohler J. A comparison of the neo-Schumpeterian theory of Kondratiev waves and the multi-level perspective on transitions [J]. Environmental Innovation and Societal Transitions, 2012 (03): 1 – 15.

[394] Lilburne L., Eger A., Mudge P. L. et al. The land resource circle: Supporting land-use decision making with an ecosystem-service-based framework of soil functions [J]. Geoderma, 2020, 363.

[395] Lin, Justin Yifu. Public Research Resource Alloca-tion in Chinese Agriculture: A Test of Induced Techno-logical Innovation Hypothesis [J]. Economic Development and Cultural Change, 1991b, 40 (01): 55 – 73.

[396] Liu J., Xiao B., Jiao J. et al. Modeling the response of ecological service value to land use change through deep learning simulation in Lanzhou, China [J]. Science of The Total Environment, 2021, 796 (20): 148981.

[397] Long Chu R. Quentin Grafton, Rodney Keenan. Increasing Conservation Efficiency While Maintaining Distributive Goals with the Payment for Environmental Services [J]. Ecological Economics, 2019, 156: 202 – 210.

[398] Mowery D. and Rosenberg N. The Influence of Market Demand upon Innovation: A Critical Review of Some Recent Empirical Studies [J]. Research Policy, 1979 (08): 102 – 153.

[399] Mulligan M., Soesbergen A. V., Hole D. G. et al. Mapping nature's contribution to SDG 6 and implications for other SDGs at policy relevant scales [J]. Remote Sensing of Environment, 2020: 239.

[400] Nordhaus W. D. Some Skeptical Thoughts on the Theory of Induced Innovation [J]. The Quarterly Journal of Economics, 1973, 87 (02): 209 – 219.

[401] Perez C. Transitioning to smart green growth: Lessons from history [M] // Fouquet R. Handbook on Green Growth [M]. Cheltenham, UK: Edward Elgar Publishing, 2019: 447 – 463.

[402] Qian J., Du X., Zhang B. et al. Optimization of QR code readability in movement state using response surface methodology for implementing continuous

chain traceability [J]. Computers and Electronics in Agriculture, 2017, 139: 56 – 64.

[403] Samii C. , Lisiecki M. , Kulkarni P. et al. Effects of Payment for Environmental Services (PES) on Deforestation and Poverty in Low and Middle Income Countries: A Systematic Review [J]. Campbell Systematic Reviews, 2014, 10.

[404] Samuelson P. A. A Theory of Induced Innovation Along Kennedy-Weis-cker Lines [J]. Review of Economics and Statistics, 1965, 47 (04): 343 – 356.

[405] Sannigrahi S. , Chakraborti S. , Joshi P. K. et al. Ecosystem service value assessment of a natural reserve region for strengthening protection and conservation [J]. Journal of Environmental Management, 2019, 244: 208 – 227.

[406] Scherer F. M. Demand Pull and Technological In-vention: Schmookler revisited [J]. Journal of Industrial E-conomics, 1982, 30 (03): 225 – 238.

[407] Schmookler J. Invention and Economic Growth [M]. Cambridge: Harvard University Press, 1966.

[408] Singhal Kalyan, Feng Qi, Ganeshan Ram, et al. Introduction to the Special Issue on Perspectives on Big Data [J]. Production and Operations Management, 2018, 27 (09): 1639 – 1641.

[409] Slater W. E. G. Productivity and Technical Change [M]. Cambridge: Cambridge University Press, 1960.

[410] Song X. P. Global estimates of ecosystem service value and change: Taking into account uncertainties in Satellite-based Land Cover Data [J]. Ecological Economics, 2018, 143: 227 – 235.

[411] Stosch K. C. , Quilliam R. S. , Bunnefeld N. et al. Quantifying stakeholder understanding of an ecosystem service trade-off [J]. Science of the Total Environment, 2018, 651 (PT. 2): 2524 – 2534.

[412] Sven Wunder, Stefanie Engel, Stefano Pagiola. Takingstock: Acomparative analysis of payments for environmental services programs indeveloped and developing countries [J]. Ecological Economics, 2008, 65: 834 – 852.

[413] Tao F. , Cheng J. F. , Qi Q. L. , et al. Digital twin-driven product

design, manufacturing and service with big data [J]. The International Journal of Advanced Manufacturing Technology, 2018, 94: 3563 – 3576.

[414] Wainger L. A., Ryan H., Farge K. W. et al. Evidence of a shared value for nature [J]. Ecological Economics, 2018, 154: 107 – 116.

[415] Wang J. N. Environmental costs: Revive China's green GDP programme [J]. Nature, 2016, 534: 37.

[416] Wegner G. I. Payments for ecosystem services (PES): A flexible, participatory, and integrated approach for improved conservation and equity outcomes [J]. Environment, Development & Sustainability, 2016, 18 (03): 617 – 44.

[417] Xu X., Lu Q., Liu Y. et al. Designing blockchain-based applications a case study for imported product traceability [J]. Future Generation Computer Systems, 2019, 92: 399 – 406.

[418] Xu X. L., Xu X. F. Can resource policy adjustments effectively curb regional "resource curse"? New evidences from the "energy golden triangle area" of China [J]. Resources Policy, 2021, 73: 102146.

[419] Yost A., An L., Bilsborrow R. et al. Mechanisms behind concurrent payments for ecosystem services in a Chinese nature reserve [J]. Ecological Economics, 2020, 169.

[420] Zhai Y., Yao Y., Guan Q. et al. Simulating urban land use change by integrating a convolutional neural network with vector-based cellular automata [J]. International Journal of Geographical Information Science, 2020, 34 (07): 1475 – 1499.

[421] Zhang S., Liao J., Wu S. et al. A Traceability Public Service Cloud Platform Incorporating IDcode System and Colorful QR Code Technology for Important Product [J]. Mathematical Problems in Engineering, 2021.